Gesundheitsökonomik

Einführung

von

Dr. Kornelia van der Beek

und

Dr. Gregor van der Beek

Oldenbourg Verlag München

Bibliografische Information der Deutschen Nationalbibliothek

Die Deutsche Nationalbibliothek verzeichnet diese Publikation in der Deutschen Nationalbibliografie; detaillierte bibliografische Daten sind im Internet über <http://dnb.d-nb.de> abrufbar.

© 2011 Oldenbourg Wissenschaftsverlag GmbH
Rosenheimer Straße 145, D-81671 München
Telefon: (089) 45051-0
oldenbourg.de

Lektorat: Rainer Berger
Herstellung: Anna Grosser
Coverentwurf: hauser lacour   www.hauserlacour.de
Titelbild: iStockphoto
Gedruckt auf säure- und chlorfreiem Papier
Gesamtherstellung: Grafik + Druck GmbH, München

ISBN 978-3-486-58686-2

Vorwort

Seit mehreren Jahren haben wir an verschiedenen Hochschulen des In- und Auslandes gesundheitsökonomische Projekte und Lehrveranstaltungen durchgeführt. Auf der Grundlage dieser Zusammenarbeit entstand das Konzept für die vorliegende Einführung in die Gesundheitsökonomie.

Eine Besonderheit unseres Lehrbuches liegt darin, dass es sich nicht ausschließlich an die Studierenden und Hochschullehrer klassischer wirtschaftswissenschaftlicher Studiengänge richtet, sondern auch an Angehörige heilender, pflegender und anderer im medizinischen Bereich angesiedelter Berufe, welche ein Zusatzstudium bzw. eine Weiterbildung in Gesundheits-, Pflege- oder Krankenhausmanagement etc. anstreben und die in diesem Rahmen auch eine Veranstaltung in Gesundheitsökonomie belegen müssen. Die mittlerweile umfangreiche und durchaus inhaltlich beachtliche gesundheitsökonomische Literatur im deutschsprachigen Raum geht aber weitestgehend an den Bedürfnissen dieser Studierenden vorbei, wie wir in den Projekten und Lehrveranstaltungen mit solchen Studierenden feststellen mussten.

Mit diesem Buch versuchen wir diese Lücke zu schließen, indem es zunächst die fachfremden Studierenden mit der ökonomischen Denkweise vertraut macht – freilich immer orientiert an Beispielen aus dem Gesundheitsbereich – und erst darauf aufsetzend die Angebots-, Nachfrage- sowie Markt- und Staatsphänomene im Gesundheitsbereich analysiert. Für Fachstudierende der VWL und BWL können die ersten beiden hinführenden Kapitel in die volkswirtschaftlichen Kernkategorien übersprungen werden. Bei der Vorstellung des institutionellen Rahmens wurde meist auf die drei deutschsprachigen Länder Deutschland, Österreich und die Schweiz Bezug genommen, wobei ein Hauptgewicht auf dem deutschen System liegt; teilweise wurde eine international vergleichende Perspektive gewählt, die über den deutschsprachigen Raum hinausgeht.

Ziel dieses Buches ist, seine Leser zu befähigen, Sachverhalte im Gesundheitssektor unter ökonomischen Aspekten zu sehen, zu diskutieren und zu bewerten. Mit den medizinischen und ethischen Aspekten von Gesundheit sind die in diesem Bereich arbeitenden Menschen meist gut vertraut; das vorliegende Buch will dazu beitragen, dass sie die ökonomischen Aspekte neben den medizinischen und ethischen identifizieren, ohne Letztere zu vernachlässigen.

Viele haben zum Zustandekommen dieses Buches beigetragen, ihnen sei herzlich gedankt. Zuerst seien unsere Studierenden und Kursteilnehmer in Deutschland, Polen, Österreich, den USA und in Serbien genannt; ihnen schulden wir die Idee und viel Input für dieses Buch. Unter unseren Kollegen seien namentlich erwähnt: in Polen Prof. Dr. Piotr Błędowski, in Illinois Prof. Dr. Dick Arnold und Prof. Dr. Larry Neal, in Serbien Dr. Jelena Djukic MPH und in Deutschland in alter Verbundenheit unsere akademischen Lehrer: Prof. Dr. Klaus Tiepelmann, Prof. Dr. Dieter Cassel und Prof. Dr. Dr. Hans-Joachim Paffenholz, da sie unser Interesse an diesem Thema weckten. Den Mitarbeitern und Lektoren des Oldenbourg Verlags sei für ihre Geduld und Nachsicht gedankt.

Besondern Dank schulden wir dem Team der Universität in Koblenz; hier seien Claudia Jungbluth, Anne Marie Plaisant und Dorothée Zerwas genannt, bisweilen haben wir sie über Gebühr strapaziert. Eine Entschuldigung geht wieder einmal an unsere Kinder Nathanael, Theodora und Seraphina für unangemessene Gespräche der Eltern über die Uni bei Tisch, die sie nur mit „langweilig" kommentierten.

Koblenz im Januar 2011,

Kornelia und Gregor van der Beek

Inhalt

1 Hinführung in die Welt der Ökonomie

„Ökonomie, Volkswirtschaftslehre, Wirtschaftswissenschaften?" – Studenten, die zum ersten Mal mit diesem Fach konfrontiert werden, haben meist keine genaue Vorstellung davon, was sie inhaltlich eigentlich erwartet. Oft trifft man auf eine spontane Ablehnung dieses Faches, da mit „Wirtschaft" oder „wirtschaften" negative Assoziationen verbunden sind: „Im Augenblick sieht es mit der Wirtschaft nicht so gut aus"; „Erfolgreiches Wirtschaften geht immer auf Kosten der kleinen Leute", „Manchesterkapitalismus", „Wirtschaft hat immer mit trockenen Zahlen zu tun". Außerdem scheinen Ökonomen auch ein sehr unmenschliches Bild von vielen Dingen und Menschen zu haben, wie z. B. der Begriff „Humankapital" belegt; eigentlich beschäftigt man sich nicht so gerne mit diesem Fach, gerade wenn man in pflegenden und heilenden Berufen tätig ist.

1.1 Ökonomie ist Teil des Alltags

Diese Aversion gegen das Fach ist jedoch verwunderlich, denn betrachtet man den Alltag, so sind alle Menschen permanent mit Fragen der Ökonomie konfrontiert und alle treffen jeden Tag mehrfach Entscheidungen, die ökonomisch von Bedeutung sind:

- Morgens frühstücken sie Brötchen, die beim Bäcker um die Ecke produziert wurden oder Brot, welches im Supermarkt gekauft und in einer Fabrik hergestellt wurde. Es wird Kaffee aus Brasilien getrunken, Orangensaft aus Orangen sonnengereift in Kalifornien, deutsche Butter aus Norddeutschland, Milch aus Rheinland-Pfalz. Sie konsumieren eine Palette von Gütern, die an den verschiedensten Orten der Welt produziert werden und in Tausenden von Haushalten auf den Tisch gelangen. Irgendjemand hat entschieden diese Dinge zu produzieren und sie zu verkaufen, ohne dass ihm jemand gesagt hat, dass ausgerechnet diese Dinge auch wirklich konsumiert werden.

- Dann fahren sie mit ihrem Auto zu ihrem Arbeitsplatz, ärgern sich zwischendurch über die hohen Benzinpreise, deren Zustandekommen – abgesehen von der viel zu hohen Steuer – eher undurchsichtig ist. An ihrem Arbeitsplatz produzieren sie etwas oder erbringen eine Dienstleistung, für die sie entlohnt werden; gleichzeitig sind sie über ihren Arbeitgeber bei den gesetzlichen Kranken-, Arbeitslosen- und Rentenversicherungen versichert – ob sie wollen oder nicht. Der Staat hat entschieden, dass sie Teil dieser Systeme sind.

- Nachmittags haben sie einen Termin bei ihrer Bank, von der sie für den geplanten Bau ihres Hauses einen Kredit wollen. Sie informieren sich über Zinsen, Konditionen, Laufzeiten etc. Abends überprüfen sie noch ihr Aktiendepot und treffen Entscheidungen über Kauf und Verkauf ihrer Aktien. Bei den Wirtschaftsnachrichten haben sie eine vage Vorstellung, wie all diese Informationen zustande kommen, aber ein Gefühl der Unsicherheit, ob man alles so durchschaut hat, bleibt trotzdem.

An einem einzigen Tag waren sie Teilnehmer oder Mitspieler auf vielen verschiedenen Märkten, sie waren aktiv am Gütermarkt, Arbeitsmarkt und am Kapitalmarkt. Sie haben konsumiert und produziert, sie haben die Freiheit, dies zu tun oder zu lassen. Gleichzeitig sind sie aber meist auch Teil von ökonomischen Zwangssystemen, z. B. Mitglied des deutschen Krankenversicherungssystems.

Ohne größer darüber nachzudenken verbringen alle Einwohner eines Landes einen Großteil ihrer Zeit in einem ökonomischen System und in dessen Subsystemen oder anders ausgedrückt: Wir bewegen uns permanent auf den verschiedensten Märkten, treffen ökonomisch relevante Entscheidungen – ohne dies weiter zu hinterfragen. Dies gilt gerade auch im Gesundheitsbereich, wie noch zu sehen sein wird.

1.2   Womit beschäftigt sich die Ökonomie?

Um einen ersten Einblick in die Welt der Ökonomen zu bekommen, ist es wichtig zu wissen, womit sich Ökonomen genau beschäftigen und vielleicht auch, womit sie sich nicht beschäftigen. Oft werden die Betriebswirtschaftslehre und die Volkswirtschaftlehre in einem Atemzug genannt, was nicht korrekt ist. So lehrt die Betriebswirtschaftslehre Grundlagen, die konkret in einem Unternehmen gebraucht werden, wie Personalwesen, Steuerlehre, Controlling, Management, Finanzierung etc.; anders die Volkswirtschaftslehre, sie beschäftigt sich nicht mit dem einzelnen Betrieb oder Unternehmen, sondern mit gesamtwirtschaftlichen Phänomenen wie Wachstum, Konjunktur oder Beschäftigung. Sie ist den Sozialwissenschaften zugeordnet. Sie hat sich außerdem immer mehr spezialisiert auf einzelne Märkte, man unterscheidet z. B. Geld und Kredit, Umweltökonomie, Gesundheitsökonomie, Geschichte der Ökonomie oder Öffentliche Finanzwirtschaft.

Die Abbildung 1.1 veranschaulicht im Überblick eine Auswahl der wichtigsten Felder der Betriebswirtschaftslehre einerseits und der Volkswirtschaftslehre andererseits.

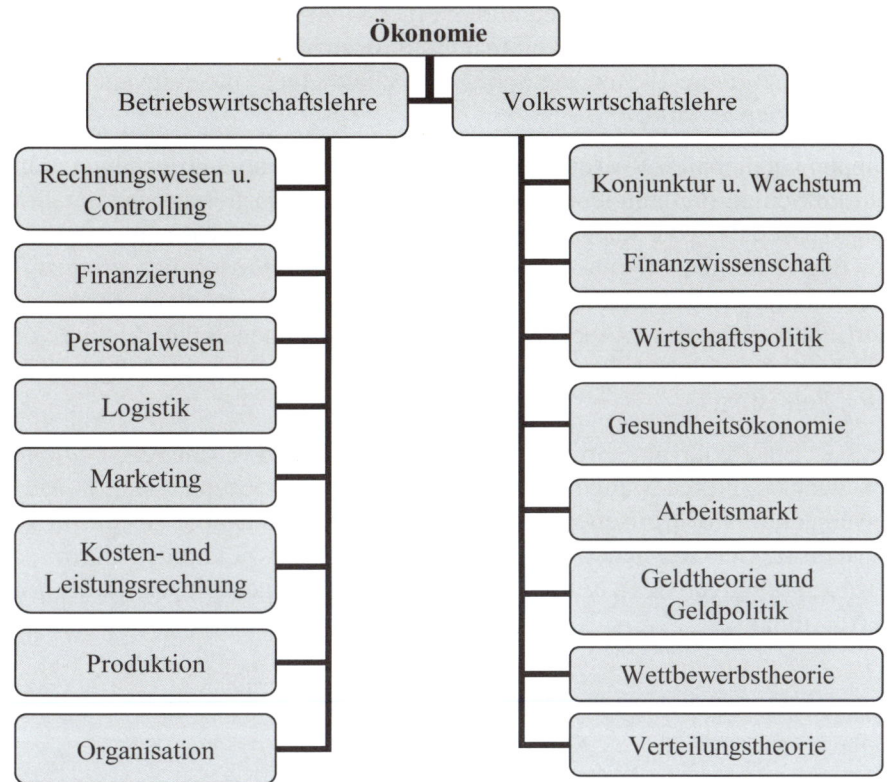

Abbildung 1-1: Felder der Ökonomie

In diesem Buch geht es primär um volkswirtschaftliche Probleme des Gesundheitssektors; daher sollten wir noch einmal einen Schritt zurückgehen und diese näher betrachten: Volkswirtschaftslehre beschäftigt sich mit der Beschreibung und Analyse von Märkten. Anders formuliert: Ökonomie beschreibt und analysiert,

- wie die Beteiligten einer Wirtschaft zu ihrer Bedürfnisbefriedigung die knappen verfügbaren Ressourcen, auch Produktionsmittel genannt, verwenden und somit Güter und Dienstleistungen produzieren (diese Verwendung von Ressourcen zur Produktion nennen Ökonomen auch Allokation) und

- wie diese Güter und Dienstleistungen unter den Angehörigen einer Gesellschaft verteilt werden (diese Verteilung der Produktion nennen Ökonomen auch Distribution).

Hier sind nun einige zentrale wirtschaftswissenschaftliche Begriffe gefallen, die einer tieferen Erklärung bedürfen.

- Beteiligte einer Wirtschaft: Die Beteiligten einer Volkswirtschaft sind Millionen von Haushalten, Unternehmen, der Staat, Interessenvertretungen und das Ausland. All diese Akteure treffen tagtäglich Entscheidungen, die relevant für die Wirtschaft als Ganzes sind.

- Die knappen verfügbaren Ressourcen oder Knappheit: Knappheit bedeutet, dass wir nicht im Schlaraffenland leben. Gemessen an den Bedürfnissen der Beteiligten einer Wirtschaft – die unendlich sein können – sind die vorhandenen Ressourcen (Bsp.: Energie, Arbeitskraft, Maschinen, Boden, Wasser) und produzierten Güter in einer Wirtschaft knapp. Knappheit ist das Grundproblem einer jeden Volkswirtschaft. Allerdings: Auch wenn Ressourcen in unendlicher Menge vorhanden wären, so hätten wir keine Zeit unendlich viele Güter zu produzieren, denn auch Zeit ist knapp.

- Bedürfnisse: Ein Bedürfnis wird definiert als ein Gefühl des Mangels, begleitet von dem Wunsch, diesen Mangel zu beseitigen. Man unterscheidet nach A. Maslow verschiedene Bedürfnisebenen: Grundbedürfnisse, Sicherheitsbedürfnisse, soziale Bedürfnisse, Wertschätzungsbedürfnisse und Entwicklungsbedürfnisse. Diese werden gängigerweise in Form einer Pyramide dargestellt wie in der folgenden Abbildung 1.2.

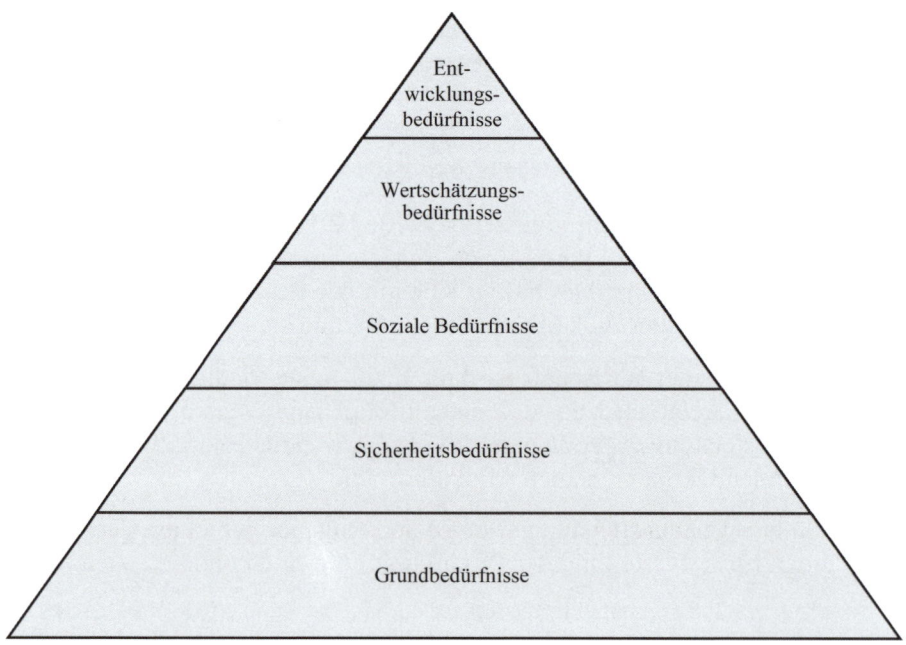

Abbildung 1-2: Die Bedürfnispyramide von Maslow

Kann man das Bedürfnis mit einem konkreten Gut ausdrücken, dann nennt man diese Konkretisierung des Bedürfnisses „Bedarf". Wird dieser Bedarf letztendlich mit den entsprechenden Mitteln (Geld oder andere Transaktionsmittel) erworben, dann spricht man von der „tatsächlichen Nachfrage" nach einem Gut, dies verdeutlicht nochmals die folgende Abbildung 1.3. Ökonomen beschäftigen sich in diesem Zusammenhang primär mit der tatsächlichen Nachfrage.

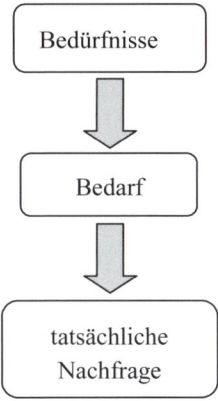

Abbildung 1-3: Ableitung der tatsächlichen Nachfrage

Des Weiteren werden in der Ökonomie, betreffend das Verhältnis von Bedürfnissen und Ressourcen, folgende plausible Annahmen getroffen:

- Individuen haben die unterschiedlichsten Bedürfnisse.

- Bedürfnisse sind verglichen mit den vorhanden (knappen, also beschränkten) Ressourcen unbegrenzt.

- Da Ressourcen unterschiedlich verwendet werden können, können sie auch unterschiedliche Bedürfnisse befriedigen.

Güter und Dienstleistungen: Ökonomen kategorisieren Güter in unterschiedlichster Weise. Eine grundlegende Art Güter zu unterscheiden ist die nach den folgenden drei Kriterien: materieller Gehalt, Dauerhaftigkeit und primärer Verwendungszweck:

Materieller Gehalt: Hier werden Sachgüter und Dienstleistungen unterschieden, beispielsweise ist ein Medikament ein Sachgut und ein Arztbesuch eine Dienstleistung.

Dauerhaftigkeit: Hier werden dauerhafte Güter und nicht dauerhafte Güter unterschieden, beispielsweise ist ein Medikament ein nicht dauerhaftes Gut, da es beim Konsum sofort vernichtet wird, hingegen ein Rollstuhl ein dauerhaftes Gut, da dieser beim Konsum nicht sofort vernichtet wird, er kann lange benutzt werden.

Primärer Verwendungszweck: Hier unterscheidet man Konsumgüter und Produktionsgüter: Produktionsgüter werden eingesetzt um Konsumgüter zu produzieren, Konsumgüter können sofort konsumiert werden. Klassische Produktionsgüter sind Maschinen und Energie, aber auch Forschung und Entwicklung in der Medizin (dies wäre eine Produktionsdienstleistung) gehören hierzu; hingegen sind die Dinge unseres täglichen Gebrauchs meist Konsumgüter (Fernseher, Autos, Kaffeemaschinen …).

Zentral ist auch der Begriff der Allokation. Allokation bedeutet so viel wie „Verwendung der knappen Ressourcen". Durch die Knappheit der Ressourcen können prinzipiell nicht alle Bedarfe erfüllt und somit nicht alle Bedürfnisse befriedigt werden. Es stellt sich die Frage, wie nun diese knappen Ressourcen so eingesetzt werden können, dass die dringlichsten Bedarfe erfüllt werden. Dabei geht es grundsätzlich nicht um die unter sozialen und ethischen Gesichtspunkten ermittelten Bedarfe, sondern um die durch die einzelnen Haushalte und Unternehmen artikulierten Bedarfe, welche in einem marktwirtschaftlichen Gesellschaftssystem durch eine kaufkräftige Nachfrage zum Ausdruck kommen.

Dieses Allokationsverfahren – also die Allokation über den Markt – ist in den meisten westlichen Industrienationen vorherrschend. Ein anderes Allokationsverfahren, welches jahrzehntelang in den sozialistischen Ländern vorherrschend war, ist die Allokation über den Staat: Der Staat ermittelt den Bedarf, lenkt die Produktion und verteilt die Güter; er bestimmt somit letztlich, wer was wie viel produziert und konsumiert. Im Gesundheitswesen findet die Allokation bisweilen nicht über Märkte statt, wie noch zu sehen sein wird.

Distribution heißt „Verteilung der Güter auf die Wirtschaftsakteure". Güter können durch eine kaufkräftige Nachfrage auf die Gesellschaftsmitglieder „verteilt" werden oder durch Zuweisung durch den Staat. Nach der obigen groben Unterscheidung der BWL und VWL und der gerade erläuterten sehr grundsätzlichen Definition von Volkswirtschaftlehre wird nun noch eine sehr wichtige Unterscheidung innerhalb der Volkswirtschaftlehre vorgestellt: Dies ist die Einteilung der Volkswirtschaftslehre in die Mikro- oder Makroökonomie.

Die Mikroökonomie beschäftigt sich mit dem Verhalten von einzelnen Individuen, Haushalten oder Unternehmungen. Die Fragestellung der Mikroökonomie ist: Wie treffen all diese einzelnen Wirtschaftseinheiten ihre Entscheidungen und was bewirken sie bei anderen Wirtschaftseinheiten. Hingegen untersucht die Makroökonomie gesamtwirtschaftliche Phänomene auf aggregierter (zusammengefasster) Ebene. Die Fragestellung ist: Was haben nun all die (mikroökonomischen) Einzelentscheidungen für eine gesamte Situation in der Wirtschaft bewirkt?

Dies sei anhand eines Beispiels illustriert. Der Mikroökonom fragt: Warum sparen die Haushalte? Oder anders: Warum konsumieren die Haushalte nicht? Er stellt z. B. fest: Die Haushalte sparen – und verzichten damit auf gegenwärtigen Konsum – um sich einen stetigen oder höheren Konsum in der Zukunft leisten zu können. Eine unsichere Wirtschaftslage trägt dazu bei, gegenwärtig auf Konsum zu verzichten und den Konsum auf einen späteren Zeitpunkt zu verlegen, um beispielsweise finanzielle Engpässe zu überbrücken. Für den einzelnen Haushalt ist bei einer unsicheren Wirtschaftslage die Strategie des Sparens durchaus rational und vernünftig.

Doch was passiert – so fragt der Makroökonom –, wenn sich alle Haushalte so verhalten? Er stellt die Frage nach der „allgemeinen Sparquote". Der Makroökonom würde feststellen, dass die Sparquote insgesamt relativ hoch ist (er betrachtet alle Haushalte aggregiert) und somit der Konsum insgesamt relativ niedrig. Gesamtwirtschaftlich (oder auf aggregierter Ebene) hat man damit einen Nachfrageausfall, der zu weniger Verkäufen bei den Unternehmen führt und damit zu größeren Lagerbeständen bei den Unternehmen.

Der Mikroökonom fragt nun wiederum, wie die einzelnen Unternehmen in solch einer Situation reagieren: Rational ist es für das einzelne Unternehmen, die Produktion einzuschränken. Hält der Nachfrageausfall an, so werden die Unternehmen über einen mittelfristigen Zeitraum auch weniger investieren und im schlimmsten Fall auch Arbeitsplätze abbauen. Der Makroökonom interessiert sich dabei für die gesamtwirtschaftlichen Effekte, also z. B. für die Entwicklung des Bruttoinlandsproduktes und der Arbeitslosenquote.

Weitere Beispiele mögen die unterschiedliche Perspektive von Mikroökonomie und Makroökonomie verdeutlichen:

Der Mikroökonom beschäftigt sich mit den Entscheidungen einzelner Unternehmen. Wie viel produzieren die Unternehmen von einem bestimmten Produkt? Warum produzieren sie dieses Produkt? Der Makroökonom beschäftigt sich in diesem Zusammenhang mit der nationalen Gesamtproduktion, z. B. mit dem Bruttoinlandsprodukt oder dem Wachstum der Wirtschaft.

Der Mikroökonom beschäftigt sich mit dem Zustandekommen einzelner Güter- und Dienstleistungspreise. Der Makroökonom beschäftigt sich in diesem Zusammenhang mit dem allgemeinen Preisniveau, mit Konsumentenpreisen, Produktionspreisen und mit dem Zustandekommen der Inflation.

Der Mikroökonom beschäftigt sich mit der Verteilung der Einkommen und Vermögen, wie Löhne zustande kommen, welche Auswirkungen Mindestlöhne haben. Der Makroökonom beschäftigt sich in diesem Zusammenhang mit dem nationalen Einkommen und Vermögen und mit den Gesamteinnahmen des Unternehmenssektors.

Der Mikroökonom beschäftigt sich mit den Entscheidungen einzelner Unternehmen, wie viele Arbeitskräfte eingestellt werden und wovon solche Entscheidungen abhängig sind. Der Makroökonom beschäftigt sich in diesem Zusammenhang mit der Arbeitslosen- oder Beschäftigtenquote.

Die oben genannten einzelnen Felder der Volkswirtschaftslehre (z. B. Finanzwissenschaft, Wirtschaftspolitik etc.) können jeweils eine makroökonomische und eine mikroökonomische Perspektive einnehmen.

1.3   Warum sollte man sich mit Ökonomie beschäftigen?

Grundkenntnisse in Ökonomie oder ein grundlegendes Verständnis von den Zusammenhängen der Wirtschaft sind hilfreich um einen Großteil des Funktionierens und der Geschichte der westlichen Industriegesellschaften zu verstehen. Ökonomische Entscheidungen von Unternehmen oder von Staaten oder auch von den vielen einzelnen Haushalten haben oft weitreichende Folgen auf einzelnen Märkten und diese können wiederum die Gesellschaft als Ganzes berühren. Ein historisches Beispiel mag dies verdeutlichen. Eine der drastischsten gesellschaftlichen Veränderungen brachte die industrielle Revolution Ende des 18., Anfang des 19. Jahrhunderts: Innerhalb weniger Jahrzehnte wandelte sich England von einer Agrarwirtschaft (zwei von drei Einwohnern arbeiteten am Anfang des 18. Jahrhunderts in der Landwirtschaft) zu einem Industriestaat. 1812 arbeitete nur noch einer von drei Einwohnern im Agrarsektor und im Jahre 1900 nur noch einer von zehn. Durch die zunehmende Industrialisierung lösten sich die alten sozialen Strukturen auf und neue Gesellschaftsformen mussten gefunden werden. Viele Menschen strömten vom Land in die Städte, wo sie auf Arbeit hofften.

Ökonomie zu studieren hilft zudem, ein Verständnis von weltwirtschaftlichen Phänomenen und Globalisierung zu bekommen. Unsere Wirtschaft wird immer stärker durch ökonomische Entscheidungen anderer Länder und supranationaler Organisationen und Institutionen (wie z. B. die WTO oder internationale Finanzplätze) berührt. Die Entwicklungen an der Börse machen dies sehr offensichtlich, denn die deutsche Börse bleibt meist nicht unberührt von Entwicklungen auf den anderen Börsenmärkten. Offensichtlich sind für uns Europäer zunehmend die Entscheidungen der Europäischen Union von Bedeutung, da durch die zunehmende europäische Integration auch immer mehr Entscheidungen auf EU-Ebene getroffen werden, welche den Alltag aller EU-Bürger berühren.

Der dritte Grund sich wissenschaftlich mit Ökonomie zu beschäftigen ist vielleicht der bedeutendste: die Beschäftigung lehrt, in ökonomischen Kategorien zu denken und sich somit auf eine neue Sichtweise der Dinge einzulassen, um dadurch neue Zusammenhänge zu erkennen. Dies trifft insbesondere auch auf die Gesundheitsökonomie zu. Mit ihrer speziellen Denkweise ist sie in der Lage Perspektiven zu vermitteln, die aus medizinischer oder ethischer Sicht nicht deutlich werden; dies sind Perspektiven, welche von Bedeutung sind, auch wenn sie nicht immer allen Beteiligten gefallen mögen.

1.4   Die Denkweise der Ökonomen

Ökonomen legen ihrer Wissenschaft ein bestimmtes Menschenbild, den „Homo oeconomicus", zu Grunde und unterstellen allen Individuen, Haushalten und dem Staat, dass sie sich verhalten wie der Homo oeconomicus. Den Homo oeconomicus kennzeichnen v. a. zwei Merkmale: zum einen handelt er immer eigennützig und zum anderen verfolgt er seine Ziele immer rational. d. h., wenn er eine ökonomische Entscheidung trifft, dann:

- sammelt er vorab alle relevanten Informationen,

- wägt Kosten und Nutzen ab und

- entscheidet sich immer für die nutzenmaximierende Variante.

Damit verfolgt der Homo oeconomicus das ökonomische Prinzip, wonach er die Variante wählt, mit der er nach seinen Informationen sein Ziel mit minimalen Kosten erreicht oder seinen Nutzen bei gegebenen Kosten maximiert. Mit dem Homo oeconomicus als theoretischem Konstrukt lassen sich viele Verhaltensweisen von Individuen auf den unterschiedlichsten Märkten erklären und begreifen, die auf den ersten Blick vielleicht eher abwegig sind.

1.4.1   Anreize

Dies heißt jedoch nicht, dass in der Ökonomie als Wissenschaft ausschließlich charakterlose, nur auf ihr eigenes Wohl bedachte, gewinnsüchtige Menschen vorzufinden sind, sondern es wird unterstellt, dass der Mensch als Homo oeconomicus konkreten Anreizsystemen folgt, was wiederum bedeutet, dass es nur eine Frage des Anreizsystems ist, ob für alle Beteiligten ein Nutzen herausspringt oder ob einige Individuen auf Kosten anderer Individuen Vorteile abschöpfen können. Anreize oder Anreizsysteme spielen eine zentrale Rolle, da unterstellt wird, dass Menschen auf Anreize reagieren und dadurch ihr Verhalten ändern. Jedes Individuum trifft also als Homo oeconomicus Entscheidungen. Aber vor welchem Hintergrund kommen diese Entscheidungen zustande?

1.4.2   Die permanente Alternative

Der Alltag stellt uns permanent vor Alternativen und wir haben gelernt in diesen Alternativen zu denken. Wollen wir konsumieren oder unser Geld sparen, mehr Arbeiten oder mehr Freizeit haben, eine saubere Umwelt, dafür aber ein niedrigeres Einkommen? – um nur einige Beispiele zu nennen. Wollen wir als Staatsbürger lieber mehr Sozialstaat oder mehr Verteidigung usw. Es gibt nichts umsonst, wenn wir etwas haben wollen, müssen wir etwas dafür geben. Dies kann Geld sein, oder wir müssen ein anderes Ziel aufgeben.

1.4.3   Opportunitätskosten

Hat man sich für eine Alternative entschieden oder erwägt man ein Gut zu erwerben,
dann wird eine Kosten-Nutzen-Abwägung angestellt. Die Kosten sind nicht rein
monetär, sondern sie sind die Güter, die man aufgeben muss, wenn man ein anderes
Gut erwirbt. Ökonomen sprechen dabei auch von Opportunitätskosten.

1.4.4   Grenzbetrachtungen

Wenn die Kosten und Nutzen für ein Gut erfasst sind und verglichen werden, dann
werden nicht die gesamten Kosten und Nutzen herangezogen, sondern die zusätzlichen Kosten und Nutzen. Diese zusätzlichen Kosten oder Nutzen nennt man auch
Grenzkosten (zusätzliche Kosten) und Grenznutzen (zusätzliche Nutzen). Vor allem
auch bei Investitionsentscheidungen spielen die Grenzkosten und -nutzen eine wichtige Rolle. Im Vorgriff auf spätere Anwendungen von Grenzbetrachtungen kann dies
an einem Beispiel – sagen wir etwa an dem eines Verkäufers von (frei verkäuflichen)
Gesundheitspräparaten – verdeutlichet werden.

Ein Verkäufer von Gesundheitspräparaten verkauft an einem Tag 300 Verpackungen
und macht damit einen Gewinn von 450 €. Seine Kosten für den Verkaufsstand betragen 100 €. Da seine Präparate ein gutes Image haben, könnte er am Tag 50 Pa-
ckungen mehr verkaufen und einen Gewinn von 525 € erzielen. Dafür müsste er
aber einen zusätzlichen Mitarbeiter einstellen, der ihn pro Tag 100 € Kosten würde.
Der zusätzliche Nutzen – nämlich ein zusätzlicher Gewinn von 75 € – wird durch
die zusätzlichen Kosten gänzlich aufgezehrt, ja der Gewinn verringert sich sogar.
Der Vergleich der zusätzlichen Kosten (Grenzkosten) und zusätzlichen Nutzen
(Grenznutzen) zeigt also, dass er nicht expandieren sollte, auch wenn der Vergleich
der Gesamtkosten und Gesamtnutzen höhere Gesamtnutzen (525 €) als Gesamtkosten (200 €) zeigt.

1.5   Welche Methoden benutzt die Ökonomie?

Um zu sinnvollen Aussagen über den Wirtschaftsablauf zu kommen unterscheidet
man in der Ökonomie zwei Arten von Aussagen: die positiven Aussagen und die
normativen Aussagen.

Positive Aussagen: Um ein Phänomen besser zu verstehen wird beschrieben, wie es
sich in der Realität darstellt – wie die Welt ist. Positive Aussagen machen Aussagen
zu Ursache-Wirkungs-Zusammenhängen. Die Feststellung, dass „mehr konsumiert
und gespart wird, wenn die Steuern sinken", ist eine positive Aussage, die eine Ursache (Sinken der Steuer) und einen Wirkungszusammenhang (mehr Konsum und
Ersparnis) darstellt. Positive Aussagen kann man empirisch auf ihre Gültigkeit überprüfen.

Normative Aussagen: Bei normativen Aussagen wird eine Bewertung des ökonomischen Phänomens vorgenommen; es wird hergeleitet, ob es also gut oder schlecht ist. Normative Aussagen sind präskriptiv und machen Aussagen dazu, wie die Welt sein sollte, z. B. könnte man die Aussage machen, dass in einem Industrieland kein Mensch ohne Arbeit sein sollte.

Normative Aussagen sollten immer auch eine Begründung für den jeweiligen Standpunkt enthalten. Um über die normative Aussage hinauszugehen und Empfehlungen zu geben, wie man den gewünschten Zustand erreichen kann, braucht man wiederum die positiven Aussagen, also Ursache- und Wirkungs-Zusammenhänge; dies um zu wissen, mit welchen Mitteln man den gewünschten Zustand herbeiführen könnte.

Wie kommen Ökonomen nun zu ihren normativen oder positiven Aussagen? Wie arbeiten sie praktisch? Eine idealtypische Vorgehensweise ist etwa die folgende, welche drei Schritte vorsieht:

Schritt 1 – Beobachtung: Der Ökonom beobachtet ein ökonomisches Phänomen. In einem ersten Schritt wird er Daten zusammenstellen, die das Phänomen beschreiben.

Schritt 2 – Theoriebildung: In einem zweiten Schritt wird er eine erklärende Theorie darüber aufstellen, wie dieses Phänomen seiner Meinung nach zustande kommt. Diese erklärende Theorie wird dann empirisch, statistisch oder ökonometrisch geprüft. Wird diese Theorie durch das Datenmaterial nicht bestätigt, dann wird sie verworfen und eine neue Theorie verfolgt. Wird die Theorie bestätigt, dann wird sie meist weiterverfolgt und auf ihrer Grundlage können Konzepte entworfen werden, welche die Wirtschaftspolitik umsetzen kann, um einen gewünschten Zustand zu erreichen. Auf der Basis solcher Theorieentwicklung werden also Prognosen für die Zukunft gegeben und Politikberatung gemacht.

Schritt 3 – Modellbildung: Um wirtschaftliche Zusammenhänge oder eine erste Theorie zu wirtschaftlichen Zusammenhängen darzustellen, arbeiten Ökonomen oft mit Modellen. Ein Modell ist eine Vereinfachung der Realität, um sie besser zu verstehen. Eine wichtige Vereinfachung ist, dass in Modellen angenommen wird, dass sich nur die betrachteten Größen ändern, während alle anderen möglichen Einflussfaktoren unverändert bleiben. Ökonomen sprechen von der Verwendung der Ceteris-Paribus-Klausel. Am Ende des ersten Kapitels wird ein Standardmodell vorgestellt, dessen sich Ökonomen häufig bedienen. Dieses Modell gibt einen vereinfachenden Einblick in den Wirtschaftskreislauf.

Bei der Modellbildung sind Ökonomen oft auf Ereignisse in der Geschichte angewiesen. Laborexperimente sind kaum – fast gar nicht – möglich. Beispielsweise hat John M. Keynes, einer der berühmtesten Ökonomen, seine Theorie der antizyklischen Wirtschaftssteuerung vor dem Hintergrund der Weltwirtschaftskrise 1929-1933 und der Massenarbeitslosigkeit der 30er-Jahre aufgestellt. Inwieweit solche Theorien dann auch auf andere ähnliche Situationen angewendet werden können, ist nur im speziellen historischen Fall zu klären.

1.6   Ein erstes Modell: Das Kreislaufdiagramm einer Volkswirtschaft

Das folgende Modell ist eine schematische Darstellung der Basisaktivitäten in einer Volkswirtschaft. Man nimmt an, es gäbe nur zwei Akteure in dieser Volkswirtschaft: Haushalte und Unternehmen. Abbildung 1.4 zeigt die Basiszusammenhänge dieser Akteure. Der innere Strom (Pfeil) repräsentiert die realen Ströme (Güter – Output oder Produktionsfaktoren – Input) und der äußere Strom (Pfeil) die monetären Ströme (Geldströme).

Die Haushalte kaufen Güter und Dienstleistungen und geben dafür Geld. Gleichzeitig verkaufen die Haushalte ihre Ressourcen (Produktionsfaktoren), nämlich Arbeit, Land und Kapital und erhalten dafür Geld.

Die Unternehmen auf der anderen Seite produzieren und verkaufen Güter und bekommen dafür Geld. Um produzieren zu können, beschäftigen und verwenden sie Produktionsfaktoren, welche sie wiederum von den Haushalten erhalten.

Unternehmen und Haushalte treffen sich auf zwei verschiedenen Märkten: auf dem Markt für Güter und Leistungen, wo Unternehmungen ihre Waren verkaufen und Haushalte diese Waren kaufen, und auf dem Faktormarkt, wo Unternehmen Produktionsfaktoren kaufen und die Haushalte diese Produktionsfaktoren, also ihre Arbeitskraft, Boden oder Kapital verkaufen.

Der auf der folgenden Seite dargestellte Kreislauf abstrahiert von zusätzlichen Akteuren – vor allem vom Staat und vom Ausland –, und zeigt die wesentliche Beziehung zwischen den beiden Akteuren Unternehmen und Haushalt. Natürlich sind weitere Akteure als die gerade genannten einbaubar. Dann wird das Modell aber um ein Vielfaches komplizierter und auch unübersichtlicher; ob man nun ein kompliziertes oder einfaches Modell anwendet, hängt vom Verwendungszusammenhang ab.

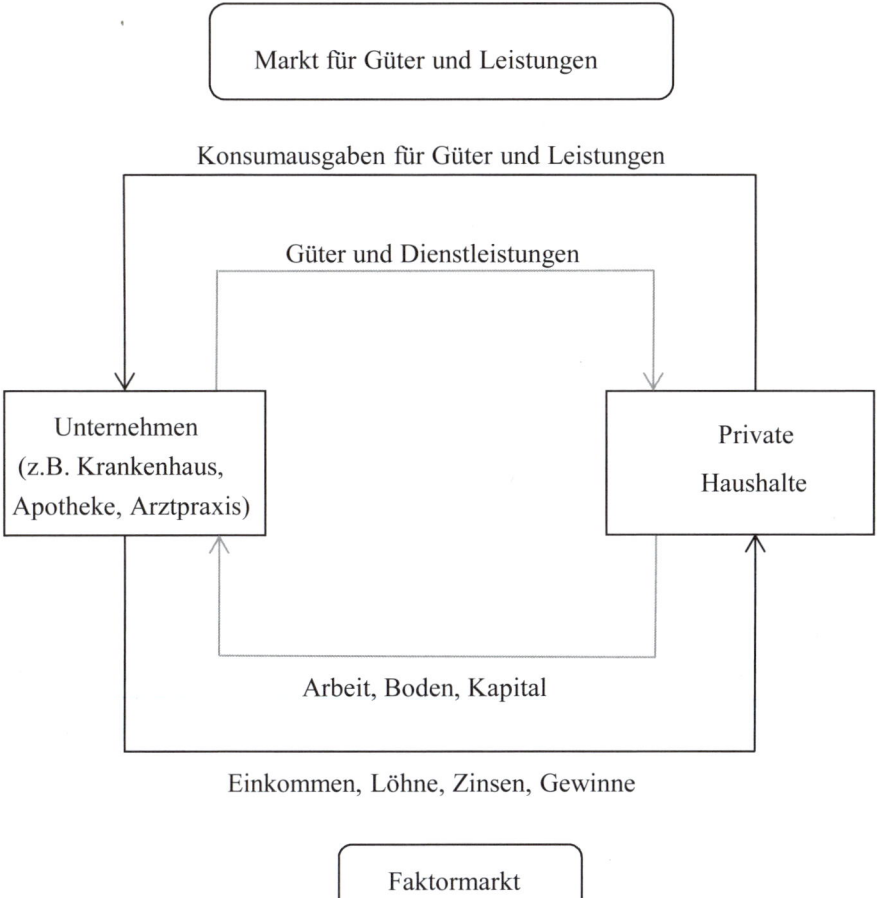

Abbildung 1-4: Kreislaufdiagramm einer Volkswirtschaft

1.7   Literatur zum Kapitel 1

Als Quellen für dieses Kapitel wurde primär die folgend aufgeführte Literatur genutzt, welche auch als vertiefende Lektüre empfohlen wird.

Einführungen in die Fragestellungen der Wirtschaftswissenschaft und in ihre Methode und Vorgehensweise finden sich in:

- *Case, K.E./Fair, R.C. (2008)*
- *Felderer, B./Homburg, St. (2005)*
- *Gottheil, F.M. (2009)*
- *Mankiw, N.G./Taylor, M.P. (2008)*
- *Varian, H.R. (2007)*

Einen ersten weniger theoretisch orientierten, und stattdessen institutionellen Einblick in die Fragestellungen der Volkswirtschaftslehre bietet:

- *Baßeler, U./Heinrich, J./Utecht, B. (2010)*

Vertiefende Einführungen in die verschiedenen Felder der Volkswirtschaftslehre finden sich in den Beiträgen im: Valens Kompendium der Wirtschaftstheorie und Wirtschaftspolitik:

- *Apolte, T./Bender, D./Berg, H. (2007)*

2 Hinführung in die Welt der Gesundheitsökonomie

Nach der kurzen Einführung in das weite Feld der Ökonomie und der Wirtschaftswissenschaft wird in diesem Kapitel die Anwendung des ökonomischen Instrumentariums auf den Gesundheitsbereich thematisiert. Die Gesundheit und das Gesundheitssystem beschäftigen uns alle, spätestens dann, wenn wir selbst oder ein uns nahestehender Mensch erkrankt. Diese besondere Bedeutung von Gesundheit heißt aber noch nicht, dass wir sie ökonomisch betrachten sollten oder können – im Gegenteil: Viele werden sich gegen eine solche Betrachtung wehren. Wie zu sehen sein wird, führt diese Ablehnung aber dazu, dass interessante Aspekte von Gesundheit unentdeckt bleiben.

Können wir es auf dem Automarkt akzeptieren, dass nicht alle Bürger einen Ferrari erwerben und fahren können und auch auf Lebensmittelmärkten, dass nicht alle Bürger Luxusklasse-Produkte erwerben, sondern die finanzielle Situation eines Haushaltes nur den Einkauf bei den Discountern zulässt, so sieht dies bezüglich des Gesundheitssystems oft anders aus: Dass Menschen – vermeintlich oder tatsächlich – vom Zugang zu bestimmten Leistungen ausgeschlossen werden könnten, weil sie nicht privat, sondern „nur" gesetzlich versichert sind oder weil sie sich keine Zusatzversicherung leisten können, ist für viele Mitglieder der Gesellschaft unerträglich und nicht hinnehmbar. Dies zeigt die immer wieder aufflammende Diskussion über das „ungerechte Ausmaß" unterschiedlicher Behandlung von Kassen- und Privatpatienten.

2.1 Gesundheit als elementares Gut

Würde man prinzipiell die marktlichen Mechanismen in diesem Bereich akzeptieren, dann dürfte man auf den ersten Blick nichts dagegen einzuwenden haben, denn Privatpatienten bringen den Ärzten eine höhere Vergütung als Kassenpatienten; sie zahlen dem Arzt also einen höheren Preis für die Leistung. Zum Beispiel regen wir uns beim Passagierflugverkehr auch nicht über die First-Class-Passagiere auf, haben sie doch oftmals den dreifachen oder vierfachen Preis für das Flugticket bezahlt. Aber die Akzeptanz dieser marktlichen Mechanismen ist für den Gesundheitsbereich

sehr umstritten, nicht nur in Politik und Gesellschaft, sondern auch unter Fachökonomen. Jeder kennt emotionale Äußerungen und Kommentare wie: „Gesundheit ist
das höchste Gut und um die Gesundheit zu erhalten darf nichts zu teuer sein", oder
„Nichts ist ohne Gesundheit".

Viele sind höchst irritiert und vielleicht sogar emotional empört, wenn sie zum ersten Mal etwas von einem „statistischen Leben" hören, denn ist ein Leben nicht über
alles zu stellen? Und wenn ein Leben messbar und evaluiert sein sollte, dann doch
bitte schön nur mit „unendlich wertvoll". Dass die Verwendung solcher fachspezifischen Termini auf keinen Fall den Wert eines Lebens gering schätzen will, sei hier
bereits ausdrücklich erwähnt und wird im weiteren Verlaufe noch deutlich werden.

Im schroffen Gegensatz zu der genannten Bewertung als „unendlich wertvoll" steht
auch, dass fast alle Menschen tagtäglich Entscheidungen treffen, die ihre gegenwärtige und zukünftige Gesundheit negativ berühren und auch die Dauer ihres Lebens.
Oftmals werden dabei Entscheidungen getroffen, mit denen erhebliche Gesundheitsrisiken verbunden sind, welche aber wie selbstverständlich in Kauf genommen werden.

Jeder Raucher ist sich mittlerweile darüber bewusst, dass Rauchen erhebliche negative gesundheitliche Folgen hat und damit die zukünftige Lebensqualität einschränken und sogar das Leben verkürzen kann. Trotzdem rauchen immer noch viele Menschen, vor allem Frauen und Jugendliche.

Seit Jahren zeigen Ärzte und Ernährungswissenschaftler die Folgewirkungen falscher Ernährung – besonders bei Kindern – auf. Dickleibigkeit wird zur Volkskrankheit. Trotzdem wird weiterhin falsch, insbesondere zu fett, zu süß und zu viel gegessen.

Viele Menschen wissen auch, dass bestimmte Sportarten erhebliche gesundheitliche
Risiken bergen (z. B. Ski fahren, Drachen fliegen, Autorennen fahren, boxen).
Trotzdem gewinnen diese Sportarten immer mehr an Popularität und haben großen
Zulauf von gesunden Menschen.

Solche Verhaltensweisen sind auf den ersten Blick irrational, und sie stehen offensichtlich im Gegensatz zu der genannten Bewertung von Gesundheit als „unendlich
wertvoll". Trotzdem haben viele Menschen doch ein gewisses Verständnis und eine
Menge guter Gründe für dieses „Fehlverhalten".

Ökonomen würden diese Fälle etwa folgendermaßen analysieren wollen: Jeder
Mensch ist –wie wir schon wissen –, ein ökonomisch handelndes Individuum, ein
Homo oeconomicus, und wenn dieses Individuum sich entschließt zu rauchen, dann
schätzt es den heutigen Nutzen einer Zigarette höher ein als die wahrscheinlich damit verbundene zukünftige Einschränkung seiner Gesundheit; später wird gezeigt,
dass der Ökonom hierbei von der „Minderschätzung zukünftiger Präferenzen"
spricht. Weiterhin schätzt dieses Individuum gegenwärtig den Nutzen des Rauchens

einer Zigarette höher ein als den Nutzen, den ihm ein anderes Gut, z. B. eine Tafel Schokolade, stiften könnte, es wurde bereits oben gezeigt, dass der Ökonom hier vom Opportunitätskostenkalkül spricht. Ganz analog kann man bei den beiden anderen genannten Beispielen, also unmäßigem Essen und gefährlichen Sportarten argumentieren.

Würde man nun in der ökonomischen Analyse weitergehen wollen und im normativen Sinne Empfehlungen geben, so wären zwei grundsätzliche Positionen möglich:

Zum einen kann man das Fehlverhalten und die sich daraus ergebenden Schäden komplett dem Markt überlassen. Der Nachfrager nach Zigaretten, nach zu fettem Essen oder nach waghalsigem Fallschirmspringen ist Herr über seine eigenen Entscheidungen, er allein trifft sie und hat sie zu verantworten. Folgerichtig überlässt man aber dann auch in letzter Konsequenz die Finanzierung eventuell auftretender Gesundheitsschäden komplett dem Markt, er muss also selbst für sie aufkommen. Dazu kann man verschiedene Szenarien unterscheiden:

Der Raucher versichert sich nicht und muss eine eventuell auftretende Behandlung selbst finanzieren.

Der Raucher versichert sich und muss höchstwahrscheinlich einen Aufschlag bei der Versicherung für das Risiko Rauchen zahlen.

Versicherungen versichern das Risiko Rauchen prinzipiell nicht, sodass der Raucher keine adäquate Versicherung findet.

Zum anderen könnte man eine staatliche Lösung anstreben und das Fehlverhalten korrigieren. Für diese Korrektur müssen dann von Seiten der Gesundheitspolitik Mechanismen gefunden werden. Da der Homo oeconomicus immer eine Kosten-Nutzen-Abwägung anstellt, wäre eine auf das Rauchen bezogene Methode, die Kosten für das Fehlverhalten oder für das Produkt, welches schädlich ist, so hoch anzusetzen, dass der Homo oeconomicus sein Fehlverhalten zukünftig unterlässt. Der Staat würde dann dieses Produkt z. B. höher als andere Produkte besteuern, wie es in Bezug auf Zigaretten ja auch in den meisten europäischen Ländern geschieht. Oder der Staat könnte solche Aktivitäten auch einfach untersagen. Wenn der Staat das genannte Fehlverhalten korrigiert, ist der Nachfrager allerdings nicht mehr der Herr über seine eigenen Entscheidungen, er wird bevormundet; und wer würde sich schon gerne den Genuss einer ungesunden Portion Pommes Frites durch höhere Preise oder Pommes-Frites-Verbot vermiesen lassen?

Beschäftigt uns die Gesundheit und das Gesundheitssystem oftmals erst dann, wenn wir – wie in den gerade genannten Beispielen – von Krankheit direkt oder indirekt betroffen sind (und dies ist mit zunehmenden Alter so), so betrifft es uns doch noch in einer anderen Weise: durch die Finanzierung. In Deutschland, Österreich und der Schweiz – wie auch in den anderen Ländern Kontinentaleuropas – werden wir gezwungen, uns gegen das Risiko Krankheit zu versichern. Für die meisten Bürger stehen dafür die gesetzlichen Krankenversicherungen bereit. In Deutschland z. B. hat man auf die Höhe des Krankenversicherungsbeitrags und auf die dafür gewährten Gesundheitsleistungen keinen direkten Einfluss. Im Gegenteil, wir müssen den Beitragssatz für die gesetzliche Krankenversicherung genauso hinnehmen wie alle anderen Beiträge des sozialen Sicherungssystems, also der Arbeitslosen-, Unfall-, Pflege- und Rentenversicherung. Offensichtlich greift der Staat also massiv in die Entscheidungen der Nachfrager ein, wenn es um Gesundheitsgüter geht; hiervon wird in den folgenden Kapiteln noch häufig die Rede sein.

2.2   Gesundheit als Wirtschaftsfaktor

Die Gesundheitsökonomie als Zweig der Ökonomie ist noch relativ jung. Sie hat ihren Ursprung und ihr Interesse in Deutschland, aber auch in Österreich und der Schweiz in den 70er-Jahren erfahren, als zum ersten Mal von der „Kostenexplosion im Gesundheitswesen" die Rede war. Spätestens seither ist der Gesundheitssektor ein wichtiger Wirtschaftsfaktor, wie die Aufwendungen der Bevölkerung und des Staates für Gesundheit belegen, und auch der Anteil des Gesundheitssektors an der gesamtwirtschaftlichen Wertschöpfung.

In absoluten Zahlen betrachtet setzt sich der ökonomische Bedeutungszuwachs auch in der jüngeren Vergangenheit fort, wie Tabelle 2.1 illustriert.

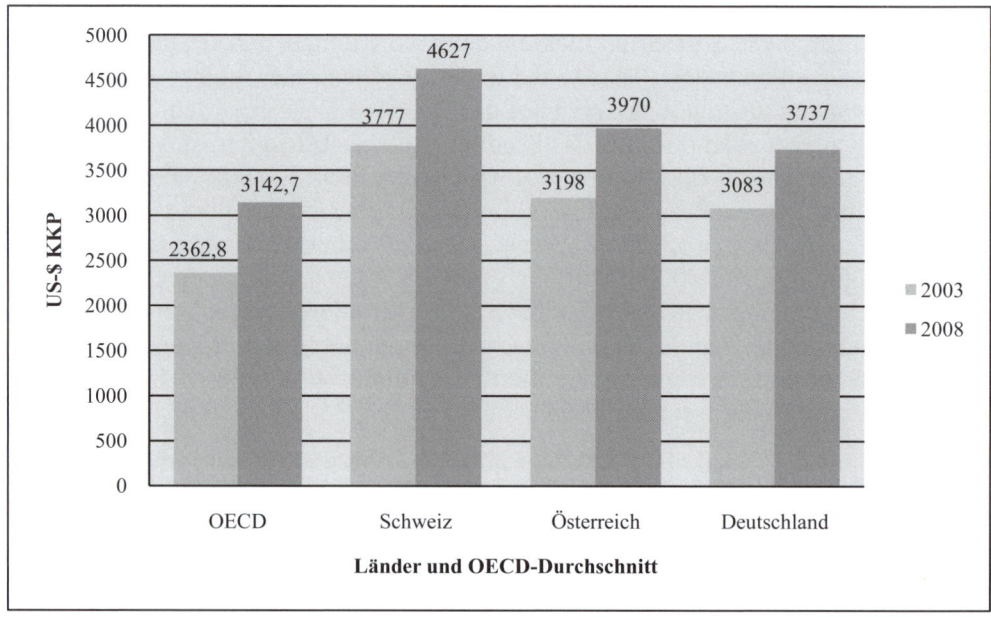

Abbildung 2-1: Pro-Kopf-Ausgaben in US-$ Kaufkraftparität

In jüngerer Zeit ist der Anstieg der Gesundheitsausgaben – welche sinnvollerweise pro Kopf zu vergleichen sind – in der Schweiz und auch in Österreich noch deutlicher angestiegen als in Deutschland. Dies geschah, obschon beide Länder bereits zu Beginn des Jahrzehntes ein höheres Ausgangsniveau der Pro-Kopf-Ausgaben hatten als Deutschland.

Setzt man diese Entwicklung jedoch in das Verhältnis zur allgemeinen wirtschaftlichen Entwicklung – also in das Verhältnis zur Entwicklung des Bruttoinlandsprodukts – so relativiert sich die These von der Kostenexplosion, wie Tabelle 2.2 illustriert. Gemessen am BIP liegt der Anteil seit den späten 90er-Jahren in den drei hier betrachteten Ländern bei circa 10 Prozent des BIPs. Der Anstieg im laufenden Jahrzehnt fällt in Deutschland und Österreich moderat aus, nur in der Schweiz ist auch in der relativen Betrachtung ein nennenswerter Anstieg festzustellen.

Im internationalen Vergleich liegen Deutschland, Österreich und die Schweiz mit diesem Anteil im oberen Bereich. Generell ist festzustellen, dass reiche Länder nicht nur absolut höhere Gesundheitsausgaben pro Kopf haben als ärmere Länder, sondern auch der Anteil der Aufwendungen für Gesundheit höher ist; im pro Kopf gesehen reichsten Land der Erde, den USA, liegt der Anteil der Gesundheitsausgaben am BIP bei circa 16 Prozent und damit deutlich höher als im deutschsprachigen Raum.

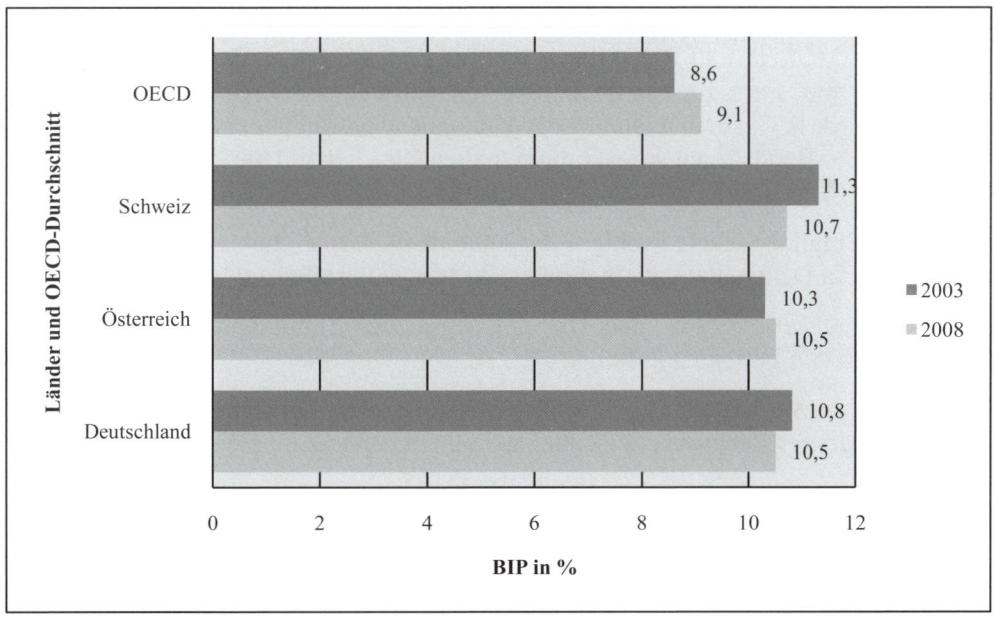

Abbildung 2-2: Anteil der Gesundheitsausgaben am BIP

In Deutschland erfolgte als Antwort auf die – vermeintliche oder tatsächliche – „Kostenexplosion" eine „staatliche Kostendämpfung", welche zum ersten Mal stärker ökonomische Aspekte im Gesundheitswesen betonte. Seitdem wurde vermehrt Forschung im gesundheitsökonomischen Bereich betrieben, was sich u. a. durch Neugründungen von gesundheitsökonomischen Lehrstühlen und Forschungsinstituten bemerkbar machte.

2.3   Gesundheitsökonomie: Der Versuch einer Definition

Eine einheitliche und allgemein akzeptierte Definition von Gesundheitsökonomie gibt es bis heute nicht. Die Auffassungen sind zu verschieden und sollen hier nicht im Einzelnen diskutiert werden. Hier wird eine Definition gewählt, welche die allgemeine Definition von Volkswirtschaftslehre auf den Gesundheitsbereich überträgt. Gesundheitsökonomie ist die Beschreibung und Analyse des Gesundheitssektors und seiner Teilnehmer mit Hilfe des ökonomischen Instrumentariums.

Es geht in der Gesundheitsökonomie genau wie in der allgemeinen Volkswirtschaftslehre in erster Linie um den Grundtatbestand der „Knappheit von Gütern". Zwar ist unter ethischen und sozialpolitischen Gesichtspunkten oftmals der Wunsch vorhanden, „so viel Medizin und Behandlung wie möglich für jeden, der es nötig hat" bereitzuhalten, aber auch im Gesundheitswesen hat sich mittlerweile die Erkenntnis durchgesetzt, dass Gesundheitsgüter der Knappheit unterliegen. Nicht jede Behandlung ist für alle Bedürftigen sofort möglich, dies wird anhand der folgenden Beispiele deutlich:

Besonders dringlich ist das Problem der Knappheit in der Transplantationsmedizin; leider gibt es in Deutschland nicht genügend Organe für alle Bedürftigen.

Gerade spezialisierte Ärzte haben oft ein begrenztes Zeitbudget und müssen ihre Zeit zwischen den Patienten aufteilen.

Zudem gibt es Wartelisten für Spezialoperationen im Krankenhaus; nicht für jede Behandlung gibt es unbegrenzte Bettenkapazitäten.

Mögen diese Beispiele auch dem Nicht-Ökonomen unmittelbar geläufig sein, so ist aus volkswirtschaftlicher Sicht mit Blick auf Knappheit zu betonen, dass jeder Euro, der im Gesundheitswesen ausgegeben wird, nicht mehr für andere Konsumzwecke oder für Bildung, Kindergärten oder arbeitsfördernde Maßnahmen usw. ausgegeben werden kann.

Greifen wir die Definition aus Kapitel 1 auf, dann können wir zusammenfassend sagen: Gesundheitsökonomie beschäftigt sich mit der Beschreibung und Analyse von Gesundheitsmärkten. Konkreter noch beschreibt und analysiert die Gesundheitsökonomie,

wie die Beteiligten des Gesundheitssektors (Patienten, Ärzte, Krankenhäuser, Unternehmen, Selbsthilfegruppen, gesetzliche und private Versicherungen und der Staat) zur Bedürfnisbefriedigung die knappen verfügbaren Ressourcen (Produktionsmittel) verwenden (Allokation) und somit Gesundheitsgüter und Dienstleistungen im Gesundheitssektor produzieren (Allokation im Gesundheitssystem) und zudem

wie diese Gesundheitsgüter auf die Bedürftigen in der Gesellschaft verteilt werden (Distribution im Gesundheitssystem).

Wenn man diese Definition zu Grunde legt, so ist offensichtlich, dass auch in der Gesundheitsökonomie eine methodisch normative und eine positive Vorgehensweise – wie sie in Kapitel 1 vorgestellt wurde – unterschieden wird.

Die normative Vorgehensweise fragt bezüglich des Gesundheitswesens, wie etwas sein sollte. Ihr Oberziel ist also die Antwort auf die Frage, wie die optimale Ausgestaltung eines Gesundheitssystems aussehen könnte, und dies vor dem Hintergrund der erheblichen Besonderheiten und Marktversagensprobleme, die es auf dem Gesundheitsmarkt gibt. Dabei wird diese Frage auf alle Bereiche des Gesundheitswesens angewendet, hier seien nur drei Beispiele genannt:

Wie sollen Krankenversicherungsverträge ausgestaltet werden? Zum Beispiel als gesetzliche oder Zwangsversicherung oder als freiwillige Versicherung? Dabei wird die normative Versicherungstheorie zu Rate gezogen.

Wie soll das Honorierungssystem im ambulanten und stationären Bereich ausgestaltet sein, damit keine Verschwendung stattfindet?

Welche Anreize muss man setzen, damit die Behandlungen und Diagnosen optimal für die Patienten geregelt sind?

Um diese normativen Fragen zu beantworten, muss natürlich klar sein, welche Organisationsstrukturen, welche Nachfrage nach und welches Angebot an Gesundheitsgütern überhaupt vorliegen; es ist also wichtig, die Ausgangslage auf dem Gesundheitsmarkt zu kennen und eine zunächst beschreibende ökonomische Analyse vorzunehmen. Die Analyse dessen, was bereits besteht, und eine Analyse der wahrscheinlichen Wirkung unterschiedlicher Maßnahmen und Gestaltungen ist – wie in Kapitel 1 gesehen – die typisch positive Vorgehensweise in der Ökonomie. Es ist also neben der normativen auch eine methodisch positive Vorgehensweise in der Gesundheitsökonomie erforderlich.

2.4   Das gesundheitsökonomische Programm

Ausgehend von der gerade vorgestellten Definition des Gegenstandsbereichs der Gesundheitsökonomie lässt sich als Programm der Gesundheitsökonomie die Analyse dreier Ebenen unterscheiden. Hiernach sind zu untersuchen:

- Die ordnungspolitischen Prinzipien des Gesundheitssystems

- Die Allokation und Distribution von Gesundheitsleistungen und

- Spezifische Steuerungsinstrumente im Gesundheitssystem

Dieses gesundheitsökonomische Programm mit seinen drei Ebenen wird implizit die weitere Struktur dieses Buches bestimmen, weshalb es hier kurz erläutert werden soll. Seine Beschreibung wird deutlich machen, worum es in den ausstehenden Kapiteln gehen wird.

2.4.1   Prinzipien des Gesundheitssystems

Zunächst wird die grundlegende Frage problematisiert, nach welchen fundamentalen Prinzipien ein Gesundheitssystem insgesamt aufgebaut werden kann und soll. Dabei steht im Vordergrund, ob die Organisation des Gesundheitswesens – und somit auch die Allokation von Gesundheitsgütern – prinzipiell über den Markt oder über den Staat erfolgen soll. Es geht also um eine ordnungstheoretische Fragestellung. Wenn die gesellschaftlich-politische Ordnung als freiheitliche Demokratie und das ökonomische System entsprechend freiheitlich über dem Marktmechanismus organisiert sind, so ist es nahe liegend kritisch zu hinterfragen, warum in den meisten Industrienationen und auch hier insbesondere in Deutschland, Österreich und der Schweiz das Gesundheitswesen ein Ausnahmebereich von diesen freiheitlich-marktwirtschaftlichen Grundsätzen ist.

Hierzu ist es erforderlich den Markt als Steuerungsinstrument näher kennenzulernen. Mit dieser Frage beschäftigt sich das Kapitel 3. Es beginnt mit dem einfachen ökonomischen Modell von Angebot und Nachfrage, welches auf Konkurrenzmärkte allgemein angewendet wird. Grundsätzlich zeigt die Koordination der Wirtschaft über den Preis für alle beteiligten Akteure Vorteile. Allerdings wird darauf hingewiesen, dass die Wirkungszusammenhänge und Annahmen für dieses Modell auf vielen anderen Märkten – vor allem auch auf dem Gesundheitsmarkt – meist nicht gelten.

Das Gut Gesundheit weißt viele Besonderheiten auf, die eine Verteilung von Gesundheitsgütern durch den Marktmechanismus stark behindern. Einige dieser Gründe werden hier bereits kurz vorgestellt und diskutiert. Der Ökonom spricht hier von der „Marktversagenstheorie" auf dem Gesundheitsmarkt.

2.4.2 Allokation und Distribution von Gesundheitsleistungen

Auf der nächsten Ebene geht es um die Allokation und Verteilung innerhalb des gewählten Systems und in den einzelnen Sektoren: stationäre Versorgung, ambulante Versorgung, Arzneimittelversorgung, Hilfs- und Heilmittel etc., aber auch auf dem Krankenversicherungsmarkt. Diese Ebene wird in den Kapiteln 4, 5 und 6 diskutiert.

In Kapitel 4 wird zunächst gezeigt, wie die konkrete Nachfrage nach Gesundheitsgütern zustande kommt. Aufbauend auf dem Schema „Bedarf, Bedürfnis und Nachfrage" aus dem ersten Kapitel werden die wichtigsten Determinanten der Nachfrage herausgearbeitet. Zentral wird dabei die wohl wichtigste Determinante der Nachfrage sein: der Gesundheitszustand eines Individuums.

Darüber hinaus spielen aber auch Preise im Gesundheitswesen – wie auf anderen Märkten – eine zentrale Rolle. Allerdings zahlen die Patienten ihre Behandlung nicht direkt, sondern in den meisten europäischen Ländern zahlt der Staat oder eine Versicherung für Gesundheitsgüter. Es ist zu problematisieren, welche Folgen es hat, dass der Preis für die Patienten subjektiv null ist, wenn die Krankenversicherung also die Kosten von Behandlungen übernimmt. Die Ausgestaltung der Krankenversicherung spielt auch eine wichtige Rolle bei der Regulierung der Nachfrage: So werden unterschiedliche Selbstbeteiligungsmodelle hinsichtlich ihrer Wirkung auf die Nachfrage aufgezeigt und diskutiert.

Da der Patient in der Regel nur ganz allgemein „eine Verbesserung des Gesundheitszustandes" nachfragen kann und bezüglich der konkreten Methoden und Hilfsmittel, die er für die Gesundung braucht, auf den Arzt angewiesen ist, ist die konkrete Nachfrage nach Gesundheitsgütern in einem hohen Maße abhängig vom Arzt. Der Arzt – der im Grunde ja Anbieter und nicht Nachfrager von Gesundheitsleistungen ist – spielt also eine besondere Rolle bei der Nachfrage nach Gesundheitsgütern. Hat er einen Vorteil von einer höheren Nachfrage, so wird er diese in der Regel ausnutzen. Auch dies wird zu thematisieren sein, der Ökonom nennt dies „anbieterinduzierte Nachfrage".

Das Kapitel 5 widmet sich dem „Angebot von Gesundheitsleistungen". Dabei ist das Angebot im ambulanten Sektor und im stationären Sektor zu unterscheiden. Die Gliederung folgt dabei der immer noch sehr starken Trennung von ambulanter und stationärer Behandlung im deutschen Gesundheitswesen.

Zunächst werden einige mikroökonomische Grundlagen speziell produktionstechnischer Natur des Angebots an Gesundheitsgütern eingeführt. Dann werden verschiedene, vergleichende empirisch-statistische Materialien vorgestellt: Was steht den Bürgern in Deutschland, Österreich und der Schweiz an Gesundheitseinrichtungen und Fachpersonal zur Verfügung?

In Kapitel 6 werden dann die Nachfrage und das Angebot nach Krankenversicherungsschutz erläutert. Hier werden insbesondere die sich auf diesem Markt ergebenden Probleme aufge-griffen, und es wird gefragt, ob und wie eine gesetzliche Krankenversicherung ökonomisch begründet werden kann oder ob die Krankenversicherung, wie andere Versicherungen auch, aus ökonomischer Sicht dem freien Markt überlassen werden kann.

2.4.3   Spezifische Steuerungsinstrumente im Gesundheitssystem

Auf der dritten Ebene beschäftigt sich die Gesundheitsökonomie zum einen mit konkreten Steuerungsinstrumenten im Gesundheitswesen – hierauf wird in den Kapiteln 7,8 und 9 besonders eingegangen –, und zum anderen mit den Kosten und Nutzen unterschiedlicher gesundheitspolitischer Maßnahmen, hierauf liegt in Kapitel 10 der Fokus.

Die Kombination verschiedener staatlicher und/oder marktlich-privater Steuerungsinstrumente führt in unterschiedlichen Ländern zu unterschiedlichen Gesundheitssystemen. Einige Gesundheitssysteme nutzen eher staatliche Steuerungsinstrumente wie etwa das britische System, andere setzen auf eher marktliche Steuerung wie etwa die USA. In Kapitel 7 werden verschiedene Gesundheitssysteme vorgestellt, und es wird herausgearbeitet, welche Vor- und Nachteile die Verwendung von unterschiedlichen Steuerungsinstrumenten in den Gesundheitssystemen hat.

In den letzten Jahrzehnten sind bei den Steuerungsinstrumenten im Gesundheitswesen unter dem Begriff „Managed Care" von der Gesundheitsökonomie verschiedene Ansätze zu einer effizienteren Gestaltung der Gesundheitsversorgung entwickelt worden, welche teilweise auch praktisch angewendet wurden. Diese Entwicklung fand vor allem in den USA statt. Wie der Begriff Managed Care schon ausdrückt, geht es dabei vor allem um die Anwendung von Managementprinzipien zur Kosten- und Qualitätssteuerung und –sicherung im Gesundheitssektor. Weitere besondere Merkmale sind die Aufhebung der Trennung von Leistungserstellung und -finanzierung und die Zulassung der freien und selektiven Kontrahierung zwischen Versicherungen und Leistungserstellern. Kapitel 8 wird konkrete Steuerungselemente von Managed Care vorstellen.

In Deutschland, Österreich und der Schweiz gibt es unter Ökonomen vermehrt die Forderung nach mehr Wettbewerb als Steuerungsinstrument im Gesundheitswesen. Inwiefern Wettbewerb Platz im Gesundheitswesen und v. a. in der Krankenversicherung hat, wird in Kapitel 9 thematisiert. Das Gesundheitswesen in Deutschland ist hierfür ein sehr gut geeignetes Beispiel, da es eine gesetzliche Komponente (gesetzliche Krankenversicherung) und eine privatwirtschaftliche Komponente (private Krankenversicherung) hat. Die zuvor besprochenen Instrumente des Managed Care sind bei der Diskussion um mehr Wettbewerb im Gesundheitswesen von besonderer Bedeutung.

Die „Evaluation von Gesundheitsleistungen" ist Gegenstand des zehnten Kapitels. Sie hat im Zuge der zunehmenden Bedeutung von Rationierungen und Wirtschaftlichkeitsfragen in Krankenhäusern an Bedeutung gewonnen. Die ökonomische Evaluation im Gesundheitswesen entspringt dem Bemühen, bei zunehmenden gesundheitspolitischen Ansprüchen und Möglichkeiten und gleichzeitig knappen Budgets die Mittel effizient einzusetzen, also entweder mit gegebenen Mitteln einen größtmöglichen Erfolg zu erlangen oder ein bestimmtes Ziel mit möglichst geringem Mittelaufwand zu erreichen. Immer häufiger werden dazu medizinische Maßnahmen evaluiert mit der Absicht, solche Maßnahmen zu identifizieren, die den größtmöglichen Nutzen im Gesundheitswesen stiften. In Abhängigkeit von der Maßnahme werden verschiedene Kosten-und-Nutzen-Konzepte angewendet.

Manche für das Gesundheitswesen wichtige Fragen lassen sich nicht eindeutig einer der genannten Ebenen zuordnen, sondern es sind Querschnittsthemen, welche alle drei Ebenen berühren. Das abschließende Kapitel 11 präsentiert solche Themen, welche gleichzeitig einen Ausblick über mögliche Entwicklungstendenzen vor dem Hintergrund wachsender Herausforderungen im Gesundheitswesen geben. Dabei sind insbesondere zu nennen:

Die zunehmende medizinisch-technische Entwicklung, die zu immer mehr Behandlungsmöglichkeiten im Gesundheitswesen beiträgt und damit zum Teil auch zu höheren Kosten.

Die demographische Entwicklung, die mit ihrem wachsenden Anteil an Menschen im fortgeschrittenen Alter auch zu einem höheren Finanzierungsbedarf beiträgt.

Die zunehmende (internationale) Integration der Arbeits-, Finanz- und Versicherungsmärkte, die auch die entsprechenden Märkte im Gesundheitssektor berührt, sowie die allgemeine Tendenz zur Vernetzung von Märkten.

Nicht zuletzt diese Entwicklungen werden dazu beitragen, dass Fragestellungen auf allen drei Ebenen des gesundheitsökonomischen Programms Zukunftsthemen bleiben.

2.5   Literatur zum Kapitel 2

Als Quellen für dieses Kapitel wurde primär die folgend aufgeführte Literatur genutzt, welche auch als vertiefende Lektüre empfohlen wird.

Vertiefende Einführungen in die Fragestellungen der Gesundheitsökonomie bieten:

- *Beek van der, K. (2002)*
- *Breyer, F./Zweifel, P./Kifmann, M. (2004)*
- *Folland, S./Goodman, A. C./Stano, M. (2007)*
- *Santerre, R. E./Neun, S.P. (2007)*
- *Schulenburg, M. F., Graf v.d./Greiner, W. (2007)*

Gesundheitsökonomische Aspekte im Rahmen der allgemeinen Sozialpolitik diskutieren z.B.

- *Lampert, H./Althammer, J. (2004)*
- *Rosner, P. G. (2003)*

3 Die Anwendung des Marktmodells auf Gesundheitsgüter

Zwei elementare ökonomische Grundprobleme sollen in westlichen Demokratien und Marktwirtschaften auf freien Märkten gelöst werden. Diese sind:

- die Verwirklichung von Konsumentensouveränität und

- die Koordination von Produktions- und Konsumtionsverhalten.

Wie die Lösung dieser Probleme geschieht und ob diese Lösung befriedigende Ergebnisse zeigt, wird in der Volkswirtschaftslehre mit dem grundlegenden Marktmodell, welches ein Modell von Angebot und Nachfrage ist, analysiert. Hier ist v. a. zu problematisieren, was die Anwendung dieses Modells auf Gesundheitsgüter bedeutet. Dazu sind zunächst das Marktmodell selbst und die genannten Grundprobleme zu beleuchten.

3.1 Konsumentensouveränität und Koordination

In westlichen Wirtschafts- und Gesellschaftssystemen hat jeder Bürger die Freiheit zu entscheiden, wie und mit welchen Gütern und Leistungen er seine Bedürfnisse befriedigen möchte. Dies bedeutet auch, dass er frei darüber bestimmt, wie er sein zur Verfügung stehendes Budget – oder die ihm zur Verfügung stehenden Transaktionsmittel – auf verschiedene Güter aufgeteilt. Oder dies einfacher ausgedrückt: Jeder hat die Freiheit zu entscheiden, was er kaufen will und was nicht. Dies ist eine elementare Annahme und ein normatives Postulat innerhalb der Volkswirtschaftslehre, von dem nur in sehr begründeten Ausnahmefällen abgerückt wird. Zwangskonsum sollte es also in freiheitlichen Gesellschaften in der Regel nicht geben. Ökonomen nennen die beschriebene Freiheit Konsumentensouveränität.

Aber wie ist nun gewährleistet, dass bei Geltung der Konsumentensouveränität die nachge-fragten Güter auch tatsächlich produziert werden? Wie kann erreicht werden, dass die Konsumentenwünsche so gut und schnell wie möglich erfüllt werden? Damit ist das Problem der Koordination von Produktions- und Konsumtionsverhalten angesprochen. Dies ist ein wesentlicher Punkt, denn für das Gleichgewicht einer Volkswirtschaft ist es nicht nur wesentlich, dass Güter produziert werden, sondern auch und vor allem, dass solche Güter produziert werden, die wirklich gewollt werden. Wie werden also die Wünsche und Bedürfnisse der Individuen in Einklang gebracht mit den Produktionsvorhaben der Unternehmen?

Von welchem enormen Ausmaß dieses Problem ist, soll folgendes Beispiel verdeutlichen. Letztlich geht es dabei um das oben bereits angesprochene Allokationsproblem: Wie sollen Ressourcen verwendet werden?

3.1.1   Die Komplexität des Allokationsproblems

Zur beispielhaften Illustration des Allokationsproblems wird hier ein sehr einfaches Modell verwendet. Es seien die folgenden stark vereinfachten Annahmen getroffen:

- Es leben in einer Modellwelt nur drei Individuen

- Mit den vorhandenen Ressourcen können nur drei Gütereinheiten produziert werden

- Jedes der drei Individuen erhält eine produzierte Gütereinheit

Es können nur zwei verschieden Güter produziert werden, welche in dem Beispiel Penicillin und Brot sind

Offensichtlich gibt es in dieser Modellwelt nun die vier folgenden Kombinationen diese beiden Güter zu produzieren:

- Kombination 1:   Penicillin   Penicillin   Penicillin

- Kombination 2:   Penicillin   Penicillin   Brot

- Kombination 3:   Penicillin   Brot   Brot

- Kombination 4:   Brot   Brot   Brot

Dies sind die kompletten Produktionsmöglichkeiten in dieser Modellwelt. Aber welche dieser vier Kombinationen soll produziert werden? Es sollte die sein, welche die Bedürfnisse der Konsumenten am besten bedient. Aber welche Kombination dies ist, wissen wir nicht. Wir wissen also nicht, welches die optimale Allokation in unserer Modellwelt ist. In unserer Modellwelt mit nur 3 Personen und zwei Güterarten, wobei jedes Individuum laut Definition nur ein Gut bekommt, wäre das Problem vielleicht noch zu bewältigen, indem man die Individuen einfach befragt, was sie denn haben möchten, um daraus das optimale Güterbündel herzuleiten. Aber dies stößt auf Grenzen, wie schon eine einfache Modifikation der Modellwelt zeigt.

Wenn nun die Möglichkeit der Produktion eines dritten Gutes dazukommt, z. B. Fernseher, aber wieder drei Personen in dieser Welt leben etc., dann hat die Gesellschaft die folgenden Möglichkeiten der Produktion:

- Kombination 1:   Penicillin   Penicillin   Penicillin

- Kombination 2:   Penicillin   Penicillin   Brot

- Kombination 3:   Penicillin   Brot   Brot

- Kombination 4:   Brot   Brot   Brot

- Kombination 5:   Penicillin   Penicillin   Fernseher

- Kombination 6:   Penicillin   Fernseher   Fernseher

- Kombination 7:   Fernseher   Fernseher   Fernseher

- Kombination 8:   Brot   Brot   Fernseher

- Kombination 9:   Brot   Fernseher   Fernseher

- Kombination 10:   Brot   Fernseher   Penicillin

Wir haben nun zehn Möglichkeiten verschiedene Güterkombinationen zu produzieren, aber es macht nur Sinn diejenige Kombination zu produzieren, die auch wirklich nachgefragt wird, denn: Die vorhandenen Güter in einer Wirtschaft sind gemessen an den vorhandenen Bedürfnissen knapp. Etwas zu produzieren, was nicht nachgefragt wird, ist Verschwendung. Welche Kombination gewählt werden sollte, ist also von den Wünschen der souveränen Konsumenten abhängig. Schon jetzt wäre das einfache Befragen der Konsumenten sehr aufwendig.

Es bedarf keiner näheren Erläuterung, dass sich das Problem der Kombinationsauswahl – also das Allokationsproblem – um ein Vielfaches verkompliziert, wenn wir etwas realistischer viele Individuen, viele Güterarten etc. annehmen. So gibt es z. B. in Deutschland nicht drei, sondern mehr als 80.000.000 Personen und wiederum ein Vielfaches dessen an Produktionsfaktoren und Gütern.

3.1.2   Ein Beispiel: Welches Bündel von Medikamenten soll produziert werden

Das Allokationsproblem kann anhand der zugelassenen Medikamente in Deutschland, welche in der so genannten roten Liste aufgelistet sind, verdeutlicht werden. Es sei restriktiv angenommen, dass es keine anderen Güter in Deutschland zu produzieren gibt als zugelassene Arzneimittel – solche restriktiven Annahmen sind ja in Modellen durchaus üblich. Nach der roten Liste gibt es 8778 zugelassene Arzneimittel. Nehmen wir zusätzlich sehr restriktiv an, dass jeder der 81,7 Millionen Einwohner nur ein Medikament pro Jahr bekommt, so ergibt sich daraus schoneine nicht mehr durch Befragung handhabbare Anzahl von Kombinationen.

Wie kann dann das optimale Bündel an Arzneimittel gefunden werden? Es zeigt sich, dass das Allokationsproblem kein triviales ist, welches schon bei einer Produktgruppe sicher nicht durch einfaches Befragen der Konsumenten zu lösen ist.

- Das genannte Koordinationsproblem lässt sich spezifizieren. Die Frage, welche Bedürfnisse befriedigt werden, wirft in der Folge weitere Fragen auf:

- Welche Güter sollen letztendlich produziert werden?

- Wie viel davon soll produziert werden?

- Wie soll produziert werden?

- Für wen soll produziert werden? Oder anders formuliert: Wer erhält das Produktionsergebnis?

Eine gelungene Koordination setzt voraus, dass es ein funktionierendes Informations- und Sanktionssystem gibt. Das Informationssystem muss die Wirtschaftssubjekte über Produktionsmöglichkeiten und Konsumwünsche informieren und das Sanktionssystem soll den Wirtschaftssubjekten einen Anreiz geben, entsprechend der Informationen zu reagieren. Es stellt sich somit die Frage nach den grundsätzlichen Möglichkeiten der Koordination von Produktion und Bedürfnissen.

3.2   Grundlegende Koordinationssysteme

Prinzipiell unterscheidet man zwei idealtypische Ordnungsformen, um eine Wirtschaft mit ihren vielen Millionen Unternehmen und Haushalten zu organisieren und im oben genannten Sinne zu koordinieren. Dies ist auf der einen Seite die Vertikale Koordination – als zentrale Planung – und auf der anderen die Horizontale Koordination als dezentrale Planung.

3.2.1   Zentrale Planung

Heute weniger gebräuchlich ist die Vertikale Koordination als zentrale Planung, wie sie in den sozialistischen Ländern Mittel- und Osteuropas bis zu Beginn der 1990er-Jahre praktiziert wurde. Eine zentrale Instanz, und hier konkret der Staat, bestimmt, wie viel von welchen Produkten produziert und somit angeboten wird. Damit wird indirekt auch vorgegeben, wie viel von welchen Produkten konsumiert wird. Solche Systeme werden auch Zentralverwaltungswirtschaften genannt; der bisweilen verwendete Ausdruck Planwirtschaft ist mehr als missverständlich, denn auch in Nicht-Zentralverwaltungswirtschaften wird geplant, eben nur nicht zentral, sondern dezentral.

3.2.2 Horizontale Koordination

Auf der anderen Seite kennt man als Organisations- und Koordinationsmechanismus die Horizontale Koordination als dezentrale Planung: hier entscheiden Unternehmen und Haushalte selbst über Konsum und Produktion. Ihre Produktions- und Konsumtionspläne werden durch den Preis gesteuert und sanktioniert – vorausgesetzt es herrscht funktionierender Wettbewerb. Die Koordination über den Preismechanismus findet mit Hilfe von Märkten statt und ist in den westlich orientierten Industrienationen heute die dominierende Koordinationsform. Solche Systeme werden auch Marktwirtschaften genannt.

Die Umbrüche seit 1989, als die meisten sozialistischen Länder anfingen demokratische Politikstrukturen und marktwirtschaftliche Wirtschaftsstrukturen zu etablieren, haben nach und nach die Defizite eines hierarchisch strukturierten Wirtschaftssystems offengelegt. Noch heute hat die Bundesrepublik Deutschland mit den Altlasten des ehemals zentralverwaltungswirtschaftlichen Wirtschaftssystems der DDR zu tun. Man kann sich vorstellen, welch ein Transaktionsaufwand und Informationsfluss notwendig ist, um eine ganze Volkswirtschaft straff hierarchisch – sozusagen wie ein einzelnes Unternehmen – zu führen. Die offensichtlichen Mängel der Zentralverwaltungswirtschaft waren Unterproduktion in einigen Bereichen und Überproduktion in anderen Bereichen. Das fehlende private Eigentum führte zu Verantwortungslosigkeit und Verschwendung der Ressourcen. Dies hat zur Folge, dass die vertikale Koordination auch in diesen Ländern aufgegeben wurde und die horizontale Koordination über den Preismechanismus auf Märkten übernommen wurde.

Aber wie funktionieren nun dieser Markt und dieser Preismechanismus und was sind seine Vorteile? Und wenn er denn der überlegene Koordinationsmechanismus ist, warum sind dann so viele Bereiche in den westlichen Industrienationen dem Markt entzogen, wie z. B. das Gesundheitssystem? Im weiteren Verlauf dieses Kapitels werden wir den idealtypischen Markt, seine Wirkungsweise und Funktionen kennenlernen. Dieser idealtypische Markt dient als Referenzmodell für die weitere Diskussion der verschiedenen Gesundheitsmärkte.

3.3 Idealtypische Marktallokation

Grundsätzlich werden auf Märkten zwei Marktseiten unterschieden: Die Nachfrageseite und die Angebotsseite. Wir werden diese beiden Seiten exemplarisch und stark vereinfacht betrachten. Es wird also nicht von einem realen Markt in all seiner Komplexität ausgegangen, sondern es wird eine Reduktion auf die wesentlichen Grundelemente vorgenommen, von denen angenommen wird, dass sie ohne Friktionen funktionieren; es wird also von einem idealtypischen Markt ausgegangen.

3.3.1   Marktnachfrage

Zunächst sei nach den Interessen und dem Verhalten der Nachfrager gefragt. Als Beispiel diene der Markt für Vitamintabletten. Die Nachfrager haben einen bestimmten Bedarf an Vitamintabletten und entsprechend ihrer Budgets und abhängig vom Preis der Tabletten fragen sie eine bestimmte Menge nach. Die Intensität des Bedürfnisses der einzelnen Nachfrager wird dabei unterschiedlich sein: Manche schätzen Vitamintabletten mehr als andere – aus welchen Gründen auch immer – und sind daher willens höhere – respektive niedrigere – Preise für eine Einheit, sagen wir z. B. eine Zehnerpackung, Vitamintabletten zu zahlen.

Man stelle sich nun vor, der Preis für Vitamintabletten sinke. Auch die Individuen mit einer relativ geringen Präferenz für Vitamintabletten werden nun solche nachfragen. D. h., bei sinkendem Preis steigt die nachgefragte Menge an Vitamintabletten. Aber nicht nur, weil bei sinkendem Preis zusätzliche Nachfrager auf den Markt treten, mag die nachgefragte Menge an Vitamintabletten steigen. Ein zweiter Grund ist, dass einige Nachfrager dann vielleicht weniger Obst essen werden, um ihren Vitaminbedarf zu decken, und stattdessen mehr Vitamintabletten konsumieren. Umgekehrt werden sie, wenn die Vitamintabletten teurer werden, versuchen die Vitaminzufuhr anders zu bewerkstelligen und vielleicht mehr Gemüsesaft trinken und somit weniger Vitamintabletten nachfragen.

Damit ergibt sich bis hierhin:

- Steigt der Preis eines Gutes, dann sinkt normalerweise die nachgefragte Menge nach diesem Gut.

- Sinkt der Preis eines Gutes, dann steigt normalerweise die nachgefragte Menge nach diesem Gut.

- Bei der Nachfrage liegt also ein inverser Zusammenhang zwischen Preis und Menge vor.

Dieser inverse Zusammenhang wird gängigerweise durch ein Preis-Mengen-Diagramm dargestellt, wie es die folgende Abbildung 3.1 zeigt.

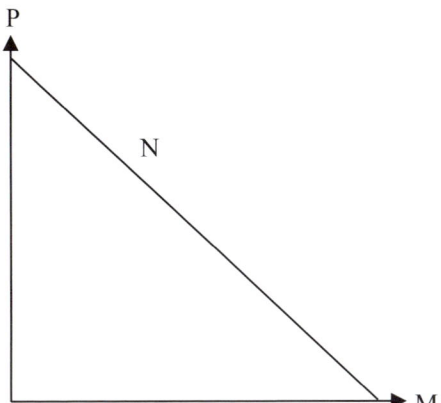

Abbildung 3-1: Die Nachfrage auf einem Wettbewerbsmarkt

Der Preis ist auf der vertikalen Achse abgetragen und wird mit P abgekürzt. Die Menge – z. B. an Vitamintabletten wie in der obigen Erläuterung – ist mit M abgekürzt und auf der Horizontalen Achse abgetragen. Es ergibt sich also eine fallende Kurve, welche hier rein zur Vereinfachung als Gerade eingezeichnet ist; es wird also von einem linearen Zusammenhang ausgegangen. Dies ist die so genannte Nachfragekurve.

3.3.2   Marktangebot

Wie ist aber das Verhalten der Anbieter? Welche Interessen haben die Anbieter und wie werden sie auf Preisveränderungen reagieren. Zunächst einmal ist in ökonomischen Modellen unterstellt, dass Unternehmen – oder genauer Unternehmer, die sich als Homo oeconomicus verhalten – versuchen, ihren Gewinn zu maximieren. Dies ist zumindest langfristig eine plausible Annahme.

Der Zusammenhang zwischen Preis und Menge ist bei den Anbietern umgekehrt verglichen mit den Nachfragern. Wenn der Preis von Vitamintabletten vergleichsweise hoch ist, dann werden sich immer mehr Unternehmen finden, die auf diesem Markt auftreten, um Vitamintabletten anzubieten, und auch bestehende Anbieter werden verstärkt Vitamintabletten auf den Markt bringen, denn durch den höheren Preis wird es lukrativer, diese anzubieten. Umgekehrt wird es bei einem niedrigen Preis unattraktiver sein, Vitamintabletten anzubieten. Einige Anbieter werden aus dem Markt ausscheiden, andere Unternehmen werden weniger Vitamintabletten produzieren und auf die Produktion anderer, lukrativerer Medikamente oder anderer Güter ausweichen oder sich verkleinern.

Damit ergibt sich bis hierin für das Angebot:

- Steigt der Preis eines Gutes, dann steigt normalerweise die angebotene Menge dieses Gutes.

- Sinkt der Preis eines Gutes, dann sinkt normalerweise die angebotene Menge dieses Gutes.

- Bei dem Angebot liegt also ein gleichgerichteter Zusammenhang zwischen Preis und Menge vor.

- Dieser gleichgerichtete Zusammenhang wird ebenfalls gängigerweise durch ein Preis-Mengen-Diagramm dargestellt, wie es die folgende Abbildung 3.2 zeigt.

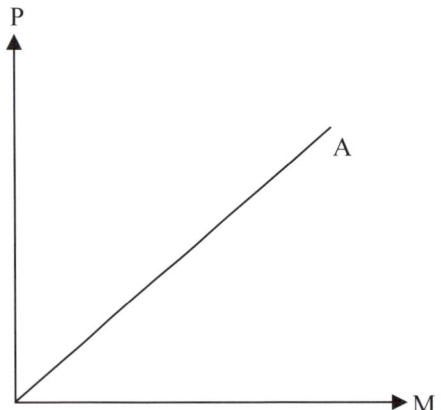

Abbildung 3-2: Das Angebot auf einem Wettbewerbsmarkt

Wie schon in Abbildung 3.1 ist der Preis (P) wieder auf der vertikalen Achse und die Menge (M) ist wieder auf der horizontalen Achse abgetragen. Es ergibt sich also eine aufsteigende Kurve, welche wiederum nur zur Vereinfachung als Gerade eingezeichnet ist; dies ist die so genannte Angebotskurve.

3.3.3   Der Marktplatz – Das Zusammentreffen der Marktseiten

Auf dem Markt treffen nun Angebot und Nachfrage zusammen; dieses Zusammentreffen kann wieder mit einer Grafik verdeutlicht werden, welche die letzten beiden Grafiken zusammenführt. Diese zeigt die Zusammenhänge zwischen Angebot, Nachfrage und Preisbildung in Form eines idealtypischen Marktmodells; siehe hierzu Abbildung 3.3.

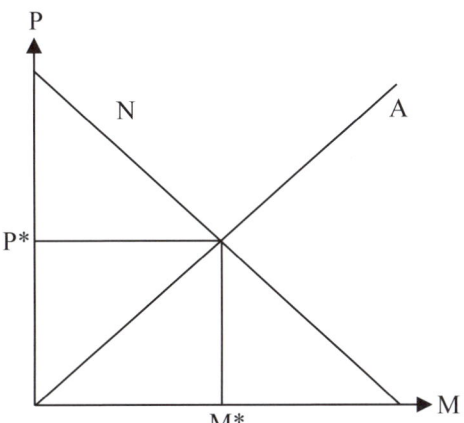

Abbildung 3-3:Das Zusammentreffen von Angebot und Nachfrage auf einem Wettbewerbsmarkt

Die fallende Kurve ist die bereits erläuterte Nachfragekurve. Sie stellt dar, welche Mengen des Gutes bei unterschiedlichen Preisen nachgefragt werden. Man kann auch sagen, sie zeigt, welche Mengen die Nachfrager bei welchen Preisen nachzufragen planen, sie zeigt also den „Nachfragerplan". Die aufsteigende Kurve ist die bereits erläuterte Angebotskurve. Sie stellt dar, welche Mengen des Gutes bei unterschiedlichen Preisen angeboten werden. Man kann auch sagen, sie zeigt, welche Mengen die Anbieter bei welchen Preisen anzubieten planen, sie zeigt also den „Anbieterplan".

Die Kurven schneiden sich in einem Punkt. In diesem Punkt stimmen die Pläne der Anbieter mit den Plänen der Nachfrager überein, denn bei diesem Preis – und nur bei diesem Preis – sind die Mengen, welche die Anbieter anzubieten planen und welche die Nachfrager nachzufragen planen, identisch. Es ergibt sich also beim Preis P* die Menge M*, was für beide Marktseiten akzeptabel ist. Ökonomen sagen, der Markt befindet sich im Gleichgewicht bei der Gleichgewichtsmenge M* und dem Gleichgewichtspreis P*.

3.3.4   Stabilität des Marktgleichgewichts

Was geschieht, wenn der Preis höher oder niedriger ist als der Gleichgewichtspreis? Diese Situation ist kein Gleichgewicht, und sie wird keinen Bestand haben: Bei einem Preis über dem Gleichgewichtspreis gibt es mehr Anbieter als Nachfrager, z. B. nach Vitamintabletten, um bei dem obigen Beispielmarkt zu bleiben. Da einige Anbieter ihre Vitamintabletten dann nicht am Markt absetzen können, werden sie die Preise senken bis zu dem Punkt, an dem alle Anbieter wieder einen Käufer für ihre Produkte finden, und dies ist beim Gleichgewichtspreis P* der Fall.

Umgekehrtes geschieht, wenn der Preis niedriger ist als der Gleichgewichtspreis. Auch diese Situation ist kein Gleichgewicht, und auch sie wird keinen Bestand haben: Bei einem Preis unter dem Gleichgewichtspreis gibt es mehr Nachfrager als Anbieter nach Vitamintabletten. Bei diesem Preis werden also einige Nachfrager keine Vitamintabletten auf dem Markt finden können. Diese werden also höhere Preise bieten, um in den Genuss der Tabletten zu kommen, was wiederum zusätzliches Angebot auf den Markt lockt. Der Preis der Vitamintabletten wird also steigen, bis er wieder den Gleichgewichtspreis P* erreicht hat.

Das Marktgleichgewicht verändert sich jedoch, wenn sich die Nachfrage oder das Angebot selbst verändern. Bisher wurde gezeigt, wie sich in Abhängigkeit von veränderten Preisen die nachgefragte Menge und die angebotene Menge verändern und wie sich beim Gleichgewichtspreis eine Gleichgewichtsmenge einstellt. Wir haben also Veränderungen betrachtet, die sozusagen entlang der gegebenen Angebots- und Nachfragekurven stattfanden. Davon streng zu unterscheiden ist die Frage, wann sich die Nachfrage selbst oder das Angebot selbst verändern oder um es anhand der Grafik zu sagen: Bisher haben wir preisinduzierte Bewegungen auf der Nachfrage- bzw. auf der Angebotskurve beobachtet, welche – wie gesehen – durch nichts anderes als eine Preisveränderung hervorgerufen werden.

Nun sei gefragt, was zur Verschiebung der Angebots- bzw. Nachfragekurve führt, was also zu Veränderungen der Nachfrage und des Angebotes selbst führt. Um diese Effekte zu analysieren, muss herausgearbeitet werden, was bei einem gegebenen Preis zu einer Veränderung der nachgefragten bzw. angebotenen Menge führen kann.

3.4   Nachfrageveränderungen

Betrachten wir zunächst die Nachfrageveränderungen bzw. die Veränderung der Nachfragekurve wie in Abbildlung 3.4 dargestellt.

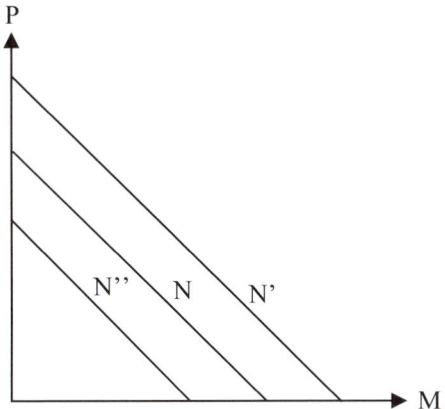

Abbildung 3-4: Verschiebung der Nachfragekurve

Grundsätzlich sind vier Faktoren zu unterscheiden, welche zu einer Verschiebung der Nachfragekurve führen:

- eine Einkommensveränderung,

- eine Veränderung der Vorlieben und des Geschmacks;

- eine Veränderung des Preises anderer Güter und

- die Veränderung der Anzahl der Nachfrager

- Diese Faktoren seien nun im Einzelnen betrachtet.

3.4.1 Einkommensveränderungen

Es sei angenommen, der Preis eines bestimmten Gutes – sagen wir einmal einer Rückenmassage im Wellness-Center – bleibe unverändert, aber das Einkommen eines Nachfragers nach Massagen steigt. Mag es sein, dass der Arbeitgeber des Nachfragers sich generös zeigt oder dass er bei der nationalen Lotterie einen monatlichen Scheck über 1.000 € gewonnen hat, oder sein Einkommen aus anderen Gründen steigt. In diesem Fall wird sich die Menge des Gutes, welches er nachfragt, erhöhen, einfach weil er sich mit dem höheren Einkommen diese Massage häufiger leisten kann.

Die Veränderung der Menge ist jedoch nicht durch eine Preisveränderung induziert, daher findet keine Bewegung entlang der Nachfragekurve statt, sondern es verschiebt sich in diesem Fall die Kurve. Offensichtlich wird sie sich im Falle einer Einkommenserhöhung nach rechts oben verschieben (nach außen) und im Falle einer Einkommensreduzierung – etwa in Folge von Arbeitslosigkeit – nach links unten (nach innen) verschieben. Zusammenfassend ergibt sich also, dass eine Erhöhung des Einkommens zu einer Rechtsverschiebung und eine Verringerung des Einkommens zu einer Linksverschiebung der Nachfragekurve führen.

3.4.2   Veränderung der Vorlieben und des Geschmacks

Bei dem Beispiel der Rückenmassage im Wellness-Center bleibend, wird sich die Menge der nachgefragten Massagen tendenziell erhöhen, wenn sich die Vorlieben für Massagen erhöhen, und zwar auch dann, wenn der Preis unverändert bleibt. Ökonomen nennen dies meist nicht veränderte Vorlieben, sondern sie sprechen von einer Veränderung der Präferenzen. Diese Präferenzänderung mag durch den neuesten Modetrend induziert sein – auch alle Super-Models gehen ins Wellness-Center zur Rückenmassage –, oder durch neue wissenschaftliche Erkenntnisse, welche die therapeutische Wirkung der Rückenmassage nochmals bekräftigen. Natürlich wirkt es auch umgekehrt. Kommen Rückenmassagen aus der Mode, so wird sich die nachgefragte Menge für Massagen bei gegebenem Preis reduzieren. Fassen wir zusammen: Eine Intensivierung der Vorlieben für ein bestimmtes Gut führt zu einer Rechtsverschiebung der Nachfragekurve, während eine Reduzierung der Vorlieben zu einer Linksverschiebung führt.

3.4.3   Veränderung des Preises anderer Güter

Bei der Nachfrageverschiebung infolge der Veränderung des Preises anderer Güter sind grundsätzlich zwei Fälle zu unterscheiden, denn abhängig davon, um welches andere Gut es sich handelt, kann eine Preiserhöhung zu einer Nachfrageerhöhung oder einer Nachfragereduktion des betrachteten Gutes führen. Analoges gilt für eine Preissenkung anderer Güter.

Dies sei wieder am Beispiel der Rückenmassage im Wellness-Center erläutert. Es sei angenommen, das Rückenleiden, welches Anlass für die Massage war, könne nicht nur durch die genannte Massage, sondern auch durch Rückengymnastik therapiert werden. Ökonomen sprechen hier von „substitutiven Gütern", denn das Ziel der Linderung von Rückenschmerzen kann entweder durch die Massage oder durch die Gymnastik erzielt werden. Gymnastik ist also durch Massage substituierbar und vice versa.

Es sei zudem angenommen, der Preis für Rückengymnastik reduziere sich, während der Preis für die Rückenmassage unverändert bliebe. In diesem Fall wird es – gegeben der unveränderte Preis für die Massage – zu einer Reduktion der Nachfrage nach Massageleistung kommen, da viele Patienten von der Massage zu dem relativ billiger gewordenen Gymnastiktraining ausweichen. Ökonomen sagen, Individuen substituieren das eine Gut durch das andere: Massage und Gymnastik sind in diesem Fall substitutive Güter. Damit kann man abstrahierend zusammenfassen: Fällt der Preis eines substitutiven Gutes (in unserem Beispiel der Gymnastik), so verschiebt sich die Nachfragekurve des hier betrachteten Gutes nach innen (links unten), während sich bei einer Preiserhöhung des substitutiven Gutes die Nachfragekurve des hier betrachteten Gutes nach außen (rechts oben) verschiebt.

Umgekehrt verhält es sich jedoch bei Gütern, die grundsätzlich gemeinsam konsumiert werden, der Ökonom spricht hier von komplementären Gütern. Es sei z. B. angenommen, dass ein bestimmtes Massageöl immer gemeinsam mit der Massage verwendet wird. Massage und Massageöl sind in diesem Fall komplementäre Güter. Steigt nun der Preis des komplementären Gutes Massageöl, so wird nicht nur die nachgefragte Menge nach Massageöl zurückgehen – dies wäre eine Bewegung auf der Nachfragekurve für Massageöl –, sondern auch der Nachfrage nach Massagen, was einer Linksverschiebung der Nachfragekurve nach medizinischen Massagen entspricht. Umgekehrt bewirkt eine Verbilligung von Massageöl, dass die Nachfrage nach Massagen steigt. Zusammenfassend ergibt sich: Eine Preissteigerung bei komplementären Gütern führt zu einer Verringerung der Nachfrage des betrachteten Gutes. Das Gleiche gilt analog für eine Preiserhöhung.

3.4.4 Veränderung der Anzahl der Nachfrager

Unmittelbar einsichtig erscheint, dass die Nachfrage nach einem bestimmten Gut steigt, wenn die Bevölkerung ansteigt. Bezogen auf das Beispiel heißt das, dass die Erweiterung der Bevölkerungszahl zu einer Erhöhung der Nachfrage nach Massagen führt und vice versa.

3.5 Angebotsveränderungen

Ebenso lassen sich nun die Faktoren herausbilden, welche zu einer Veränderung des Angebots führen. Dabei sind grundsätzlich drei Faktoren zu unterscheiden:

- eine technologische Innovation,

- eine Veränderung der Inputpreise bzw. Veränderung der Verfügbarkeit von Inputs und

- eine Veränderung der Anzahl der Anbieter.

Da die grundsätzlichen Überlegungen hier analog zur Veränderung der Nachfrage gelten, können wir uns hier etwas kürzer fassen. Als Beispiel wollen wir ebenfalls das Angebot an Massagen nehmen.

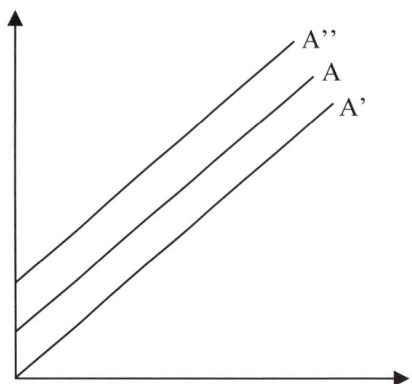

Abbildung 3-5: Verschiebung der Angebotskurve

3.5.1   Technologische Innovation

Werden z. B. neue kostengünstigere Massagegeräte oder Massagemethoden entwickelt, so werden Massagen auf den Markt kommen, die diese neue Technologie verwenden, und zwar neben dem schon bestehenden Angebot. Oder wenn diese neue Technologie preisgünstiger ist als die alte, so wird mehr von ihnen angeboten, auch wenn sie die alten Methoden verdrängen. In beiden Fällen wird das Angebot an Massagen steigen. Das heißt abstrakter: Technischer Fortschritt auf dem jeweils betrachteten Produktmarkt erhöht somit das Angebot.

3.5.2   Veränderung der Inputpreise und Verfügbarkeit von Inputs

Der wohl wichtigste Input für Massagen ist der Faktor Arbeit, konkret der Masseur. Dass sich das Angebot an Massagen verändert, wenn sich der Preis dieses Inputs verändert oder sich schlicht die Anzahl von Masseuren verändert – also die Verfügbarkeit dieses Faktors steigt – , erscheint unmittelbar einsichtig. Gibt es mehr Masseure, so bieten sie ein Mehr an Massagen an, dies ist eine Erhöhung der Verfügbarkeit des Inputs. Oder wenn die Gehälter von Masseuren niedriger werden, so werden Massagepraxen ceteris paribus mehr Masseure einstellen und damit mehr Massagen anbieten. Das heißt abstrakter: Sinken die Preise für einen Input oder steigt dessen Verfügbarkeit, so wird sich das Angebot tendenziell ausweiten und steigen umgekehrt die Preise für Inputs oder fällt deren Verfügbarkeit, so sinkt das Angebot.

3.5.3   Veränderung der Anzahl der Anbieter

Der einfachste Fall, der zu einer Veränderung des Angebotes führt, ist die Veränderung der Zahl der Anbieter. Entstehen in einer Stadt mehr Massagepraxen so steigt offensichtlich das Angebot an Massagen und umgekehrt. Wiederum allgemeiner formuliert führt ein Ansteigen der Zahl der Anbieter zu einem Anstieg des Angebots und eine Reduktion der Zahl der Anbieter zu einem Rückgang des Angebots, ceteris paribus.

3.6   Elastizitäten

Ein weiteres wichtiges Konzept zum Verständnis von Angebot und Nachfrage ist das der Elastizität. Wir haben bereits gesehen, dass sich die angebotene und nachgefragte Menge bei Veränderungen des Preises verändert. Mit dem Konzept der Elastizität können wir nun nicht nur beschreiben, dass sich in Folge von Preisänderungen nachgefragte bzw. angebotene Mengen verändern, sondern wir können genauer spezifizieren, um wie viel sich diese Mengen bei Preisänderungen verändern. Ganz allgemein beschreibt somit die Elastizität, wie sensibel Anbieter und Nachfrager auf Preisänderungen reagieren. Um dies zu erfassen, wird der relativen Änderung der Menge (etwa eine X-prozentige Änderung der nachgefragten bzw. angebotenen Menge) eine relative Änderung des Preises gegenübergestellt (etwa eine 1-prozentigen Änderung des Preises). Die Elastizität gibt also an, wie hoch die prozentuale Änderung der nachgefragten bzw. angebotenen Menge bei einer 1-prozentigen Änderung des Preises ist.

In formaler Hinsicht lässt sich das wie folgt darstellen:

$$E_p = \frac{\%\Delta Q}{\%\Delta P}$$

$\%\Delta Q$ meint dabei die prozentuale Änderung der Menge und

$\%\Delta P$ meint die prozentuale Änderung des Preises.

Dabei kann die prozentuale Änderung von Q auch geschrieben werden als:

$$\frac{\text{absolute Mengenänderung}}{\text{ursprüngliche Menge}}$$

und die prozentuale Änderung des Preises kann auch geschrieben werden als

$$\frac{\text{absolute Preisveränderung}}{\text{Ausgangspreis}}$$

was die empirische Erfassung von Elastizitäten unmittelbar möglich macht.

Ohne hier nähere Details zu präsentieren lässt sich zusammenfassend feststellen, dass wir bei einem Elastizitätswert größer als 1 von preiselastischen und bei einem Elastizitätswert kleiner als 1 von preisunelastischen Nachfragereaktionen sprechen. Den Sonderfall, dass die relative Preis- und die relative Mengenänderung identisch ausfallen, nennt man isoelastische Preisreaktion. Es kann somit genauer beschrieben werden, wie sensibel Anbieter und Nachfrager auf Preisänderungen reagieren, was später bei der Betrachtung von Gesundheitsmärkten noch von Bedeutung sein wird.

Damit mag auch ein erster Blick auf die Funktionsweise von idealtypischen Märkten und Gleichgewichtspreisen genügen. Es stellt sich jedoch die Frage, unter welchen Bedingungen ein solcher idealer Markt funktioniert, und v. a. in welchen Segmenten des Gesundheitswesens ein solcher idealer Markt anzutreffen ist.

3.7   Voraussetzungen für das Funktionieren des Marktmodells

Das bis hierhin vorgestellte idealtypische Marktmodell funktioniert nur unter bestimmten Bedingungen; einige dieser Bedingungen seien hier exemplarisch genannt:

- Es muss ein Markt sein, auf dem sowohl Nachfrager als auch Anbieter so zahlreich sind, dass ein einzelner Akteur keinen Einfluss auf den Preis haben kann.

- Weiterhin müssen die Akteure unabhängig voneinander agieren; Nachfrager und Anbieter treffen autonom ihre Entscheidungen, damit ist auch die Konsumentensouveränität sichergestellt.

- Die angebotenen Güter sind alle vollkommen gleich; Ökonomen sprechen auch von homogenen Gütern, so dass keine Präferenz für einen bestimmten Nachfrager oder einen bestimmten Anbieter entsteht.

- Es besteht vollkommene Information über alle entscheidungsrelevanten Faktoren wie Qualität und Preis auf beiden Marktseiten.

- Damit besteht auch vollkommene Information über die Zahlungsbereitschaft der Nachfrager und die Angebotspreise der Anbieter.

Wie sieht es nun mit dem Gesundheitsmarkt aus, liegen diese Bedingungen für das Funktionieren von Märkten vor? Viele Märkte, die man aus dem alltäglichen Leben kennt, weisen Verletzungen der Voraussetzungen für das Funktionieren des Marktmodells auf, ohne dass ein wesentlicher Eingriff staatlicherseits erfolgt oder der Markt sogar dem Marktmechanismus entzogen würde. Dies ist bei Gesundheitsgütern anders: Sie weisen so erhebliche Marktversagensphänomene auf, dass man sie in vielen grundsätzlich marktwirtschaftlichen Ländern dem Marktmechanismus entzieht. Schon hier seien einige dieser Verletzungen der Voraussetzungen angedeutet. Sie werden im Laufe der weiteren Kapitel noch eingehender zu behandeln sein.

3.7.1   Informationsprobleme

Auf Gesundheitsmärkten bestehen erhebliche Informationsdefizite, vor allem sei die Konsumentensouveränität nicht gegeben, wird bisweilen behauptet. Dies führe dazu, dass die sich unter der Bedingung mangelnder Konsumentensouveränität entfaltende Nachfrage ein unzureichendes Angebot hervorbringt. Dabei unterscheidet man verschiedene Argumentationslinien: die Unfähigkeit rationale Entscheidungen zu treffen, die Minderschätzung zukünftiger Bedürfnisse, die asymmetrische Informationsverteilung und anderes.

All diesen Informationsproblemen ist gemeinsam, dass ein funktionierender Markt nicht zustande kommt. Wie in späteren Kapiteln – insbesondere in Kapitel 6 – noch zu sehen sein wird, verdrängen im schlimmsten Fall die qualitativ schlechteren Anbieter die qualitativ guten Anbieter vom Markt, wodurch offensichtlich eine optimale Befriedigung der Nachfrage nicht erreicht werden kann. Schon an dieser Stelle sei daher angedeutet, dass Informationsasymmetrien zu Marktversagen führen können und dass dieses Argument im Gesundheitsbereich von besonderer Bedeutung ist.

3.7.2   Externalitäten

Zudem werden Gesundheitsgütern oft positive externe Effekte zugeschrieben. Positive externe Effekte liegen dann vor, wenn es Akteure gibt, die in den Genuss von Gesundheitsleistungen kommen, ohne dafür zu zahlen. Das wohl prominenteste Beispiel dafür ist der Impfschutz: Wenn ein gewisser hoher Prozentsatz der Bevölkerung vor einer epidemischen Krankheit geimpft ist, so bietet dies offensichtlich auch Schutz für solche Individuen, die sich nicht haben impfen lassen, einfach weil das Ansteckungsrisiko durch die große Population der Geimpften geringer wird. Treten solche Externalitäten auf – gibt es also Nutznießer, die nicht für ihren Nutzen zahlen – so lässt sich ebenfalls zeigen, dass der Markt insofern versagt, als die bereitgestellte Menge suboptimal ist.

3.7.3   Optionsgutcharakter

Ein ähnliches Phänomen tritt bei so genannten Optionsgütern auf. Das prominenteste Beispiel hier sind Krankenhausbetten: Auch wenn ein Individuum Krankenhausbetten aktuell nicht effektiv nachfragt – weil es nicht akut krank ist –, so wird es doch für die Vorhaltung von Krankenhausbetten sein, einfach für den Fall, dass es krank wird, um dann die „Option" zu haben, ein Krankenhausbett zu belegen. Da für solche Optionsgüter aber niemand als effektiver Nachfrager auftritt, kommt auch kein Angebot auf privaten Märkten zustande. Bei Optionsgütern liegt also ein Problem vor, weil ohne zahlungswillige Nachfrage kein Angebot zustande kommt. Auch hier versagt der Markt.

3.7.4   Meritorik und Verteilungsgerechtigkeit

Ein weiteres häufig genanntes Argument für Marktversagen im Gesundheitsbereich ist das der meritorischen Güter und der Verteilungsgerechtigkeit. Meritorische Güter seien von besonders wertvoller Art – so das Argument – und sie müssten daher über das Maß hinaus bereitgestellt werden, welches durch eine marktliche Allokation zustande kommen würde. Obschon es theoretisch schwer herleitbar ist, welche Güter nun besonders wertvolle „meritorische" seien, so wird doch häufig angeführt, dass Gesundheitsgüter einen solchen Charakter hätten.

Damit verbunden ist auch der Aspekt der Verteilungsgerechtigkeit im Gesundheitssektor. Häufig wird angeführt, dass man die Allokation von Gesundheitsgütern nicht dem Markt überlassen könne, weil dann ärmere Bevölkerungsschichten nicht in den Genuss dieser Güter kommen. In der Tat scheint ein Konsens darüber zu bestehen, dass Gesundheitsgüter unabhängig vom persönlichen Einkommen und Vermögen konsumierbar sein sollten. Auch hier werden somit Formen des Marktversagens vermutet.

Wie in den späteren Kapiteln noch an verschiedensten Stellen zu sehen sein wird, spielen diese und auch andere Formen des Marktversagens eine besondere Rolle und führen dazu, dass die Allokation von Gesundheitsgütern nicht dem Markt überlassen wird. Wenn bis hierhin erläutert wurde, wie ein idealtypischer Markt funktioniert, und angedeutet wurde, wann der Markt u. U. versagt und wie dies im Zusammenhang mit Gesundheitsgütern anwendbar ist, so können nun in den folgenden beiden Kapiteln sowohl das Angebot an als auch die Nachfrage nach Gesundheitsgütern näher vorgestellt werden.

3.8   Literatur zum Kapitel 3

Als Quellen für dieses Kapitel wurde primär die folgend aufgeführte Literatur genutzt, welche auch als vertiefende Lektüre empfohlen wird.

Vertiefende Einführungen in die vorgestellten mikroökonomische Grundlagen finden sich in:

-   *Case, K.E./Fair, R.C. (2008)*
-   *Mankiw, N.G./Taylor, M.P. (2008)*
-   *Pindyck, R.S./Rubinfeld, D.L. (2009)*

Eine umfassende Einführung in die vorgestellten Aspekte des Marktversagens findet sich in:

-   *Fritsch, M./Wein, Th./Ewers, H.-J. (2007)*

Überblicke hierzu finden sich in:

- *Beek van der, K. (2002)*
- *Blankart, C. B. (2008)*

4 Die Nachfrage nach Gesundheitsgütern

Dass es einen Markt für Gesundheit gibt, hat seinen Ausgangspunkt darin, dass Menschen krank werden und daher Diagnose und Behandlung nachfragen. Sie fragen also Gesundheitsgüter als Patienten nach. Im ersten Kapitel wurde gezeigt, dass die Volkswirtschaftlehre Güter nach unterschiedlichen Kriterien einteilt. Die meisten Güter können nach der dort getroffenen Unterscheidung – materieller Gehalt, Dauerhaftigkeit und Verwendungszweck – charakterisiert werden. Wenn man vom Gut „Gesundheit" spricht, so ist die Charakterisierung anhand dieser Kriterien hilfreich, aber nicht hinreichend. Das Gut Gesundheit ist in vieler Hinsicht ein besonderes Gut mit speziellen Aspekten, wie auch im vorhergehenden Kapitel betont wurde. Für die Nachfrage nach Gesundheitsgütern sind zwei weitere Charakteristika hervorzuheben:

Gesundheit stiftet einen sehr hohen Nutzen im Vergleich zu den meisten anderen Gütern: Jeder Mensch will sich wohl fühlen, gesund sein und ein möglichst langes Leben haben. Fragt man nach den Wünschen oder Zielen der Menschen ganz allgemein, dann steht die Gesundheit meist an erster Stelle auf der Wunschliste.

Dies ist offensichtlich auch vor dem Hintergrund zu sehen, dass Gesundheit die Voraussetzung für viele andere Dinge im Leben ist, vor allem Voraussetzung für den Einsatz auf dem Arbeitsmarkt. Gesundheit ist somit auch ein Kapitalgut – in der Ökonomie gehört es zum Humankapital. Es ist aber auch Voraussetzung dafür, die schönen Dinge im Leben zu konsumieren, also Freizeitaktivitäten zu unternehmen und diese zu genießen. Es ist also ein komplementäres Gut zu sehr vielen Konsumgütern des täglichen Lebens.

Somit ist Gesundheit ein zentrales Gut, vielleicht das wichtigste Gut schlechthin, das von allen Individuen in einem hohen Maße nachgefragt wird. Allerdings wird „Gesundheit" nicht direkt nachgefragt, sondern es können nur Güter oder Leistungen nachgefragt werden, die:

- die Gesundheit erhalten – also Güter zur Prävention – oder welche
- die Abwesenheit von Gesundheit feststellen und spezifizieren – also Güter zur Diagnose – oder welche

- die Gesundheit wiederherstellen – also Güter zur Therapie.

All dies sind die so genannten Gesundheitsgüter. Hierzu zählen zunächst noch nicht die Güter, welche von Krankenversicherungen bereitgestellt werden; die Nachfrage und das Angebot an Krankenversicherungen wird später noch im Kapitel 6 als gesonderter Markt zu betrachten sein.

Wie viele Gesundheitsgüter ein Individuum nachfragt, hängt – wie in diesem Kapitel deutlich werden wird –, von ganz unterschiedlichen Faktoren ab. Diese Faktoren genauer zu identifizieren ist wichtig, da sich Nachfrage und Angebot im Hinblick auf Gesundheitsgüter in den meisten Industrieländern nicht auf einem freien und unregulierten Markt treffen. Im Gegenteil: Die Allokation und Distribution von Gesundheitsgütern sind in den meisten Fällen dem Marktmechanismus entzogen und werden über staatliche oder staatsnahe Organisation und Institutionen vorgenommen. Da diese staatlich bereitgestellten Gesundheitsgüter dann auch in der Regel von der Allgemeinheit über Steuern oder Beiträge finanziert werden, sollten sie auch der Allgemeinheit in angemessenem Umfang zur Verfügung stehen. Um dieses Ziel zu erreichen, ist es wichtig zu identifizieren, welche Faktoren die Nachfrage bestimmen. Die folgenden drei Kategorien umfassen die wichtigsten Faktoren der Nachfrage nach Gesundheitsgütern. Hier sind zu nennen:

- Der individuelle Gesundheitszustand

- Der Preis von Gesundheitsgütern auf einem Wettbewerbsmarkt bzw. bei Vorhandensein einer Versicherung

- Die Nachfrage, die durch die Anbieter induziert wird

Diese Faktoren sollen folgend näher beleuchtet werden.

4.1   Individueller Gesundheitszustand und Nachfrage

Der Gesundheitszustand ist wohl die wichtigste Determinante für die Nachfrage nach Gesundheitsgütern. Entsprechend dem individuellen Gesundheitszustand wird von den Individuen ein Bedarf festgestellt. Dabei ist es plausibel, dass, je schlechter der Gesundheitszustand eines Individuums oder der Bevölkerung ist, der Bedarf umso größer wird und damit letztendlich die Nachfrage nach Gesundheitsgütern. Ein guter Gesundheitszustand kann somit diese Nachfrage verringern. Um einen guten Gesundheitszustand für eine Bevölkerung zu erreichen, müssen die Determinanten des Gesundheitszustandes bekannt sein, um gezielt darauf einwirken zu können.

Die Determinanten des Gesundheitszustands eines Individuums und damit einer Bevölkerung sind sehr heterogen. Hier wird eine in der Literatur verbreitete Systematik aufgegriffen und erweitert. Als Hauptdeterminanten sind zu unterscheiden:

- Demographische und sozioökonomische Determinanten

- Individuelle Determinanten

- Strukturelle Determinanten und

- Medizinische Determinanten

In jeder Kategorie gibt es Determinanten, die zum Teil von den Individuen selbst beeinflusst werden können, andere Determinanten können vom Staat oder der Gesellschaft beeinflusst werden, und wieder andere Determinanten können weder vom Individuum selbst noch staatlicherseits gesteuert werden. Wichtig scheint, solche Determinanten zu identifizieren, die vom Individuum oder vom Staat beeinflusst werden können, da nur diese ein Ansatz für gesundheitspolitische Maßnahmen sein können. Abbildung 4.1 zeigt die Hauptdeterminanten des Gesundheitszustandes.

1. Demographische / sozioökonomische Determinanten	2. Individuelle Determinanten	3. Strukturelle Determinanten	4. Medizinische Determinanten
– Alter – Geschlecht – Ethnische Abstammung – Familienstand – Familiengröße – Einkommen – Beruf / Ausbildung – Wohnsituation – Stellung in der Arbeitswelt	– Erbfaktoren – Krankheitsgeschichte – Lebensstil – Eß- und Trinkgewohnheiten – Gesundheitsbewusstsein – eigene Wahrnehmung von Symptomen	– Arbeitsbedingungen – Lebensbedingungen – Umweltbedingungen – Versicherungsschutz – Höhe und Struktur von Gesundheitsausgaben	– Verfügbarkeit medizinischer Einrichtungen – Nutzung medizinischer Einrichtungen – Medizinisches Wissen – Entwicklung medizinischer Technologie

Abbildung 4-1: Hauptdeterminanten des Mortalitäts- und Morbiditätsrisikos

Allerdings ist eine genaue Quantifizierung des relativen Gewichts der einzelnen Einflussfaktoren auf die Gesundheit kaum möglich. Die qualitative Bedeutung einzelner Ursachen des Mortalitäts- und Morbiditätsrisikos kann aber Aufschluss über den gegenwärtigen und zukünftigen Gesundheitszustand von Individuen und der

Bevölkerung geben und damit auch über das zukünftige Nachfrageverhalten. Einige wichtige Trends werden hier aufgeführt.

4.1.1   Demographische und sozioökonomische Determinanten

Unter den demographischen und sozioökonomischen Determinanten spielt das Alter eine besondere Rolle. Der Gesundheitszustand eines jeden Menschen wird mit zunehmendem Alter schlechter und somit steigen im Alter der Bedarf und die Nachfrage nach Gesundheitsgütern. Gesamtgesellschaftlich wird dies in den nächsten Jahrzehnten große Probleme mit sich bringen, da in den meisten Industrieländern die Geburtenraten rückläufig sind bei gleichzeitig steigender Lebenserwartung. Dies bedeutet eine zunehmend alternde Bevölkerung, die auch einen erhöhten Bedarf an Gesundheitsleistungen hat.

Weiterhin gilt als gesichert, dass der Gesundheitszustand von Familien mit niedrigem Einkommen und geringer Berufsausbildung schlechter ist als von Familien mit hohem Einkommen und höherer Ausbildung. Auch diese Determinanten sind gesellschaftliche Probleme, die zum Teil mit einer entsprechenden Politik abgemildert werden können.

4.1.2   Individuelle Determinanten

Individuelle Determinanten sind solche, die das Individuum qua Geburt mitbringt, also Erbfaktoren, und zudem auch solche, die es teilweise selbst beeinflussen kann. Staatlicherseits können diese Faktoren nur indirekt beeinflusst werden. Vor allem das allgemeine Gesundheitsbewusstsein trägt erheblich dazu bei, wie die einzelnen Individuen mit sich und ihrer Gesundheit umgehen und wie sich nachhaltig ihre Gesundheit und damit die Nachfrage nach Gesundheitsgütern entwickeln. Oftmals sind die Konsequenzen von schlechten Eß- und Trinkgewohnheiten, von Risikosportarten oder vom Rauchen bekannt, und trotzdem werden diese gesundheitsschädlichen Güter konsumiert.

4.1.3   Strukturelle Determinanten

Unter den strukturellen Determinanten spielt der Versicherungsschutz eine großer Rolle, der im nächsten Punkt eingehender besprochen werden soll, da er den durch den Nachfrager wahrgenommenen Preis von Gesundheitsgütern beeinflusst. Auch die allgemeinen Arbeits-, Lebens- und Umweltbedingungen spielen eine große Rolle für den Gesundheitszustand der Menschen, was ganz drastisch sichtbar wird im Vergleich der Industrienationen mit weniger entwickelten Ländern: In letzteren ist die Lebenserwartung meist wesentlich geringer als in den Industrienationen.

4.1.4   Medizinische Determinanten

Die medizinischen Determinanten beeinflussen die Nachfrage sozusagen über den Umweg der Angebotsseite. Mit zunehmendem medizinischen Wissen und neuen medizinisch-technologischen Entwicklungen werden immer mehr Möglichkeiten der Behandlung von Krankheiten geschaffen. Besteht die Möglichkeit einer neuen Behandlung, dann wird von allen, die von dieser neuen Behandlung eine Verbesserung ihres Gesundheitszustandes erwarten, ein Bedarf entwickelt und – soweit die finanziellen Möglichkeiten gegeben sind –, auch Nachgefrage entfaltet. Je höher das medizinische Wissen, die Verfügbarkeit und die Nutzung medizinischer Einrichtungen sind, umso höher ist in der Regel auch der Gesundheitszustand.

4.2   Nachfrage und Preis von Gesundheitsgütern

Wie auf allen Märkten spielt der Preis bei der Nachfrage nach Gesundheitsgütern eine erhebliche Rolle. Unter der Annahme, dass der Gesundheitssektor ein völlig unregulierter Markt ist, ist die Nachfrage eines Individuums nach Gesundheitsgütern – wie auf jedem anderen Wettbewerbsmarkt – abhängig vom Preis der Gesundheitsgüter selbst.

Verwandt mit der Relevanz des Preises sind zudem für die Nachfrage nach Gesundheitsgütern:

- das Einkommen des Nachfragers
- Zeitkosten und
- Preise von Substitutionsgütern

Da sich Gesundheitsgüter unter diesem Aspekt nicht von anderen knappen Gütern unterscheiden, konnte diese Analyse bereits in Kapitel 3 durchgeführt werden – die dort vorgestellte Instrumentarien sind insofern auf einen Gesundheitsmarkt unter Wettbewerbsbedingungen übertragbar.

4.2.1   Elementare Wirkung des Preises auf die nachgefragte Menge

Wie für andere Güter auch besteht zwischen dem Preis von und der nachgefragten Menge nach Gesundheitsgütern ein inverser Zusammenhang. Die Intensität dieses Zusammenhangs lässt sich mit dem ebenfalls in Kapitel 3 vorgestellten Konzept der Elastizität erfassen. Die Elastizität der Nachfrage variiert durchaus in Abhängigkeit des Gesundheitszustandes des Individuums.

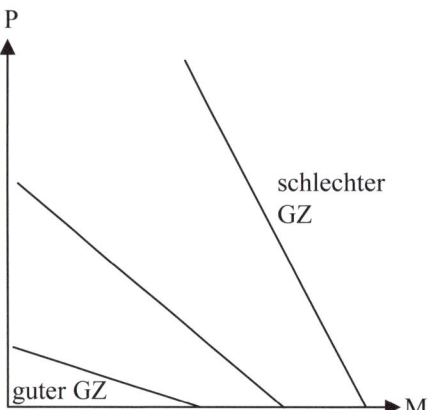

Abbildung 4-2: Normale Nachfragekurven mit unterschiedlichen Gesundheitszuständen

Abbildung 4.2 zeigt verschiedene Nachfragekurven nach Gesundheitsgütern unter Wettbewerbsbedingungen. Dabei ist davon auszugehen, dass die Nachfrage umso unelastischer ist, je schlechter der Gesundheitszustand des Nachfragers ist. Gleichzeitig wird das Individuum mit dem schlechteren Gesundheitszustand bei gleichem Preis der Gesundheitsgüter mehr Gesundheitsleistungen nachfragen. Die geringere Elastizität der Individuen – man spricht auch von der starreren Nachfrage – mit schlechtem Gesundheitszustand erklärt sich daraus, dass solche Menschen stärker auf Gesundheitsleistungen angewiesen sind als tendenziell gesündere Menschen, erstere also eine bestimmte Menge an diesen Leistungen benötigen ganz unabhängig davon, wie hoch der Preis ist. Auch wenn sich der Preis erhöht, werden sie die Menge nicht reduzieren können und umgekehrt.

In der obigen Abbildung 4.2 äußert sich die geringer werdende Elastizität mit besserem Gesundheitszustand darin, dass die Nachfragekurve der Patienten mit dem schlechtesten Gesundheitszustand am steilsten ist – im Extremfall ist sie senkrecht –, während die für den mittleren Gesundheitszustand flacher und die für die Patienten mit dem guten Gesundheitszustand am flachsten ist. Grafisch äußert sich der Umstand, dass Patienten mit schlechtem Gesundheitszustand mehr Gesundheitsgüter nachfragen, darin, dass die Nachfragekurve umso weiter nach rechts bzw. außen liegt, je schlechter der Gesundheitszustand ist, und folglich auch die horizontale Achse an unterschiedlichen Punkten von den Nachfragekurven geschnitten wird. Für den schlechtesten Gesundheitszustand liegt der Schnittpunkt am weitesten rechts – also bei der höchsten Menge –, und entsprechend liegen die Schnittpunkte weiter zum Ursprung hin bei dem mittleren und dem guten Gesundheitszustand. Bis hierhin wurden keine wirklichen Besonderheiten gegenüber normalen Märkten modelliert, und es fand nur eine Anwendung des aus Kapitel 3 bereits bekannten Marktmodells statt.

4.2.2   Preiswirkungen auf die Nachfrage bei Kostenübernahme durch Dritte

Die Annahme von bestehendem und funktionierendem Wettbewerb auf den Gesundheitsmärkten ist allerdings eher unrealistisch; in den meisten westlichen Industrieländern besteht ein Versicherungszwang oder eine staatliche Versorgung mit Gesundheitsgütern, wie später – v. a. im Kapitel 7, in dem es um Gesundheitssysteme geht – noch zu sehen sein wird. Unter der Annahme eines vollständigen Versicherungsschutzes, also der Übernahme aller Kosten für eine Krankenbehandlung durch die Versicherung oder eine steuerfinanzierte Bereitstellung, beträgt der Preis für Gesundheitsgüter aus der Perspektive des Nachfragers gleich null. Bei einem wahrgenommenen Preis von null spielt dieser keine Rolle und es wird die Nachfrage nach Gesundheitsgütern bis zur Sättigungsmenge ausgedehnt.

Exakter lässt sich dieser Zusammenhang wieder mit dem Begriff der Elastizität fassen. Ist die nachgefragte Menge immer gleich, und zwar bei der Menge, die der Sättigungsmenge entspricht, so ist die Nachfrage völlig unelastisch bezüglich des Preises. Grafisch zeigt sich dies in einer vollkommen senkrechten Nachfragekurve. Abb. 4.3 zeigt unterschiedliche Nachfragekurven bei vollem Versicherungsschutz.

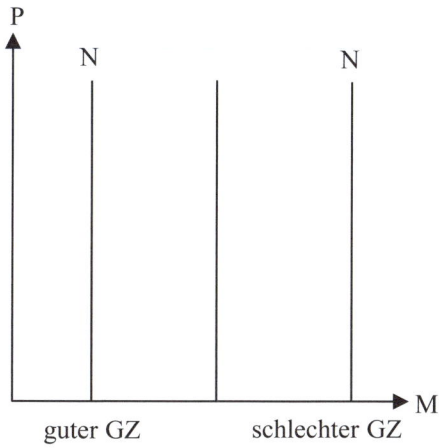

Abbildung 4-3: Kostenübernahme durch Dritte für guten, schlechten und mittleren Gesundheitszustand

Die Nachfrage ist nun wieder nur vom Gesundheitszustand des Nachfragers abhängig und die nachgefragte Sättigungsmenge wird umso höher sein, je schlechter der Gesundheitszustand des Individuums ist. Die Schnittpunkte mit der horizontalen Achse sind somit hier identisch mit denen in Abbildung 4.2, nur die Steigungen der Nachfragekurven sind andere.

4.2.3 Moral Hazard in der Nachfrage bei Kostenübernahme durch Dritte

Allerdings birgt ein vollständiger Versicherungsschutz und damit verbunden ein Preis von null für Gesundheitsgüter aus der Perspektive der Nachfrager erhebliche Probleme für die Versicherung. Das wohl bedeutendste Problem ist das so genannte Moral Hazard; in dem Kapitel, in dem es um den Markt für Krankenversicherungen geht, wird davon noch eingehender zu sprechen sein. Hier werden nur solche Aspekte angesprochen, die für das Nachfrageverhalten von Bedeutung sind.

Moral Hazard ist ein Phänomen, das oftmals bei vollständigem Versicherungsschutz beobachtet wird, wenn die Nachfrage von den Individuen nicht nur bis zur Sättigungsmenge ausgedehnt wird, sondern noch darüber hinaus. Moral Hazard kann ins Deutsche übersetzt werden mit „Moralisches Risiko" und soll hier kurz skizziert werden.

In einem Versicherungsverhältnis – und speziell auf dem Krankenversicherungsmarkt – wird eine Versicherungsprämie vereinbart, für die der Versicherungsnehmer eine Leistung erhält, nämlich die Übernahme der Behandlungskosten, wie in Kapitel 6 noch zu sehen sein wird. Dieser Krankenversicherungsvertrag wird sich in der Regel über einen längeren Zeitraum erstrecken, beide Vertragsparteien – also Patienten und Krankenversicherungen – sind langfristig aneinander gebunden. Die Leistung der Versicherung ist an das Eintreten bestimmter Ereignisse gebunden, in der Krankenversicherung an das Eintreten des Krankheitsfalles. Moral Hazard oder die überzogene Inanspruchnahme von Gesundheitsgütern kann in diesem Vertragsverhältnis nun in verschiedenen Formen auftreten:

Das Individuum kann durch Prävention bzw. durch seine allgemeine Lebensweise seinen Gesundheitszustand beeinflussen, wie wir bei den Determinanten des Gesundheitszustandes bereits gesehen haben. Durch einen Krankenversicherungsschutz, welcher die gesamten Krankheitskosten übernimmt, hat das Individuum weniger Anreiz sich so zu verhalten, dass die Wahrscheinlichkeit krank zu werden minimiert wird. In der Tendenz wird es sein Verhalten so verändern, dass es Vorbeugungsmaßnahmen unterlässt, in seiner Lebensweise nicht auf seine Gesundheit achtet, riskantere Aktivitäten unternimmt oder einfach Maßnahmen zur Vermeidung von Krankheit unterlässt.

Tritt der Krankheitsfall dann tatsächlich ein, so stehen am Anfang in der Regel weder die Behandlung noch die damit verbundenen Kosten eindeutig fest, da es teure und billige Behandlungsmethoden gibt. Da die Kosten für den Versicherten bei Vollversicherungsschutz aber in allen Fällen null betragen, hat es keinen Anreiz, darauf zu achten die kostengünstigste Behandlungsmethode zu bekommen. Im Gegenteil, oft wird der Patient die teurere Behandlung auch für die bessere Behandlung halten (auch wenn dies medizinisch unbegründet ist), und er wird immer einer teureren Behandlungsmethode zustimmen.

Es besteht also ein risikoerhöhendes oder ein mengenmäßig erhöhendes Moral-Hazard-Verhalten. Das Verhalten der Versicherten ist durchaus als rational zu bezeichnen, da keine Anreize für ein kostenvermeidendes Verhalten bestehen – in den meisten Fällen haben die Patienten zudem keine Information über die Kosten.

4.2.4   Reduktion der Nachfrage bei Moral Hazard

Das Phänomen Moral Hazard ist auch mehrfach empirisch belegt worden. Studien, welche primär in den USA angefertigt wurden, zeigen, dass die Nachfrage der Versicherten bei vollem Versicherungsschutz bezüglich aller Nachfrageparameter (Arztkontakte, ambulante Ausgaben, Krankenhausaufenthalte etc.) höher ist als bei Einführung einer Selbstbeteiligung. Obschon diese Ergebnisse eindeutig waren, ist der Einsatz finanzieller Beteiligungen an den Krankheitskosten als Instrument die Nachfrage zu begrenzen, in der Gesundheitsökonomie eine sehr umstrittene Frage. Diskutiert werden als Instrumente der Eindämmung des Moral Hazards folgende Formen: Selbstbeteiligungen, Selbstbehalte, Beitragsrückerstattungen und festgelegtes Maximum. Diese sollen folgend näher vorgestellt werden.

- Selbstbeteiligungen: Bei den Selbstbeteiligungen zahlt der Patient einen vorher festgelegten Betrag für jede Behandlung. Selbstbeteiligungen wirken auf die Nachfrageelastizität ein, und zwar in der Weise, dass, je höher die Selbstbeteiligung der Versicherten, die Nachfrage desto elastischer wird. Außerdem hofft man durch Selbstbeteiligungen die aktive Mitwirkung des Patienten am Heilungsprozess zu gewinnen und zu stärken, da sich eine Selbstbeteiligung für den Patienten finanziell spürbar auf jede weitere Behandlung auswirkt. Ein Teil der Nachfrage lässt sich in der Tat auf die Unterlassung aktiver Mitwirkung zurückführen.

- Selbstbehalte: Zu Vertragsbeginn wird zwischen Versichertem und Versicherung ein Betrag vereinbart, bis zu dem der Versicherte in einem bestimmten Zeitraum – meist ein Jahr – seine Arztkosten selbst trägt. Was darüber hinaus an Kosten anfällt, wird dann von der Versicherung übernommen. Zum Beispiel wird vereinbart, dass der Versicherte 1.000 € im Jahr selbst zahlt, alle weiteren Kosten zahlt die Versicherung. Selbstbehalte haben eine Steuerungsfunktion bis zu dem Betrag, der als Selbstbehalt vereinbart wurde. Bis zu diesem Betrag spielt für den Nachfrager der Preis eine Rolle, liegen seine Krankheitskosten jedoch über diesem Betrag, so wird er seine Nachfrage unter vollkommenem Versicherungsschutz entfalten, d. h., er wird sie mindestens ausdehnen bis zur Sättigungsgrenze. Es besteht sogar dann eine erhöhte Gefahr von Moral–Hazard-Verhalten, da der Versicherte nun den Selbstbehalt durch eine überzogene Nachfrage „kompensieren" will. Selbstbehalte werden auch oft in der deutschen privaten Krankenversicherung vereinbart; in der Regel kann durch die Vereinbarung eines Selbstbehalts die Prämie für den Versicherungsschutz gesenkt werden.

- Beitragsrückerstattungen: Diese werden gewährt, wenn die Krankenversicherung in einem bestimmten Zeitraum nicht in Anspruch genommen wurde. Dadurch wird ein Anreiz gesetzt, den Eintritt des Schadensfalls zu vermeiden. Auch diese Regelung findet sich häufig in der deutschen privaten Krankenversicherung.

- Festgelegtes Maximum: Bei Vertragsbeginn wird ein festgelegtes Maximum zwischen Krankenversicherung und Versicherungsnehmer vereinbart, so dass die Versicherung im Schadensfall nur bis zu diesem festgelegten Betrag die Krankheitskosten finanzieren muss. Kosten, die darüber hinaus entstehen, sind vom Versicherten selbst zu tragen. Das finanzielle Risiko eines solchen Vertrages ist für den Versicherten relativ groß und in der Praxis wird das festgelegte Maximum eher auf einzelne Leistungen angewendet als auf alle Versicherungsleistungen.

Weiterhin gibt es aber auch Instrumente, die darauf hinwirken, den Schadensfall erst gar nicht eintreten zu lassen. Diese Instrumente zielen besonders auf Präventionsmaßnahmen ab; beispielsweise hängt in Deutschland die Übernahme der Kosten von Zahnersatz von vorausgegangenen regelmäßigen Zahnarztbesuchen ab.

4.3 Anbieterinduzierte Nachfrage

Die Diskussion des dritten und letzten Faktors, welcher die Nachfrage nach Gesundheitsgütern, bestimmt steht noch aus: die anbieterinduzierte Nachfrage. Zu ihrem Verständnis rufen wir uns nochmals die Analyse eines Wettbewerbsmarktes in Kapitel 3 ins Gedächtnis. Es wurde dort analysiert, wie sich Angebot und Nachfrage auf wettbewerblichen Märkten verhalten; der Wettbewerbsmarkt ist also wiederum der Referenzpunkt. Nimmt man an, dass der Gesundheitsmarkt ein Wettbewerbs Markt ist, so würden sich Angebot und Nachfrage nach Gesundheitsleistungen – vor allem nach einer Arztbehandlung – genauso verhalten wie auf anderen Märkten.

Für den hier geforderten Zusammenhang sind nun die Effekte einer Ausweitung des Angebots von Interesse. In Kapitel 3 wurde bereits abstrakt erläutert, welche Faktoren zu einer Veränderung des Angebots führen: technologische Innovationen, Veränderungen der Inputpreise bzw. Veränderung der Verfügbarkeit von Inputs und Veränderungen der Anzahl der Anbieter. Hier geht es um den einfachsten Fall, die Angebotskurve verschiebt sich, weil die Anzahl der Anbieter steigt; es geht also um die Effekte einer Erhöhung der Zahl der Ärzte oder Krankenhausbetten in einem bestimmten Gebiet.

Eine Ausweitung des Angebots auf dem Markt für Arztbehandlung würde im Grundmodell dazu führen, dass der Preis für die Arztbehandlung sinkt und die Menge der Inanspruchnahme von Ärzten steigt. Dies zeigt Abbildung 4.4. Die Verschiebung der Angebotskurve von A auf A' führt zu einer Senkung des Preises von P* auf P*', und die Menge weitet sich von M* auf M*' aus.

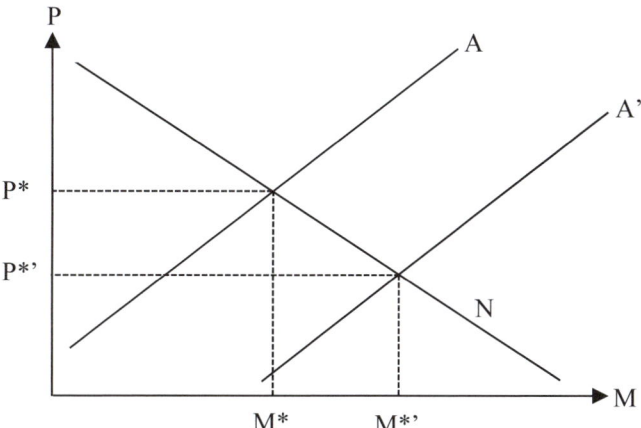

Abbildung 4-4: Ausweitung der Anzahl der Ärzte auf einem funktionierenden Wettbewerbsmarkt

Wie im vorhergehenden Unterpunkt über den Preis als Faktor für die Nachfrage nach Gesundheitsgütern aber festgestellt wurde, ist die Nachfragekurve beim Vorliegen von Krankenversicherungsschutz nicht elastisch, sondern vollkommen unelastisch und die Nachfrage wird bis zur Sättigungsmenge ausgedehnt. Geht man von einer normal elastischen Angebotskurve – also einer aufsteigenden – aus und von einer vollkommen unelastischen Nachfragekurve, so würde eine Erhöhung des Ärzteangebots nur zu einer Preissenkung führen. Unter sonst gleichen Bedingungen – also ceteris paribus – bleibt die Menge gleich, da es vorher wie nachher die Sättigungsmenge ist, die umgesetzt wird auf diesem Markt. Dies ist in Abbildung 4.5 dargestellt. Die Verschiebung der Angebotskurve von A auf A' führt nun nur zu einer Senkung des Preises von P* auf P*', und die Mengen M* und M*' bleiben identisch.

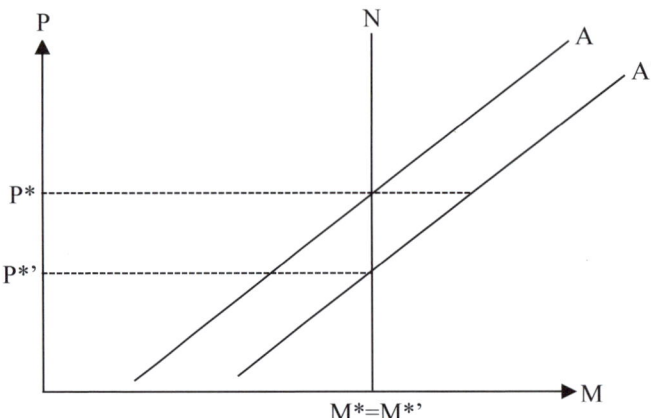

Abbildung 4-5: Ausweitung der Anzahl der Ärzte bei vollständiger Kostenübernahme durch eine Versicherung

Im Gegensatz zu dieser theoretischen Analyse stellt man aber in der Realität häufig fest, dass es trotz der Unelastizität der Nachfrage bei einer Ausweitung der Ärztezahl, also bei einer Erhöhung des Angebots, nicht nur zu Preissenkungen kommt, sondern dass die Inanspruchnahme von ärztlichen Leistungen in der Bevölkerung steigt, d. h., die Nachfrage nach ärztlichen Leistungen steigt. In der Grafik äußert sich dies in einer Rechtsverschiebung der unelastischen Nachfragekurve wie in Abbildung 4.6 dargestellt.

Zunächst führt die Verschiebung der Angebotskurve von A auf A' nur zu einer Senkung des Preises von P* auf P*', und die Menge bleibt unverändert; die daraufhin einsetzende Verschiebung der Nachfragekurve von N auf N' führt nun zu einer Erhöhung des Preises auf den ursprünglichen Preis von P*, und die Menge erhöht sich auf M*'. Insgesamt hat sich die Menge also erhöht und der Preis ist wieder auf das ursprüngliche Niveau gestiegen.

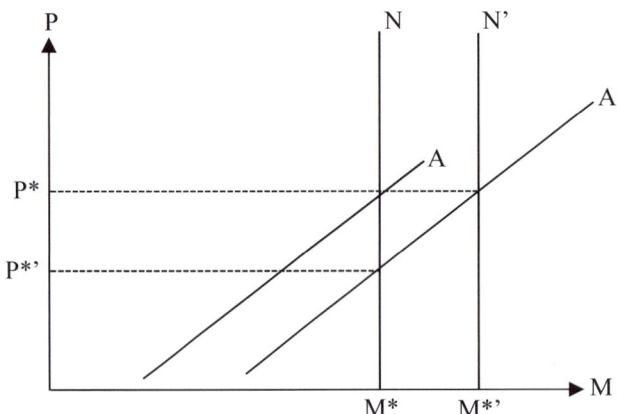

Abbildung 4-6: Auswirkungen von Angebot und Nachfrage bei anbieterinduziertem Verhalten

Dieses für bestimmte gesundheitsökonomische Teilmärkte empirisch belegte Phänomen nennt man anbieterinduzierte Nachfrage, denn die Verschiebung der Nachfrage wird induziert durch eine vorherige Ausweitung des Angebots. Wie schon mehrfach erwähnt fragt ein Patient normalerweise „Gesundheit" oder eine Arztbehandlung nach. Da er selbst in der Regel keine medizinischen Kenntnisse besitzt, braucht er für eine Behandlung einen Arzt seines Vertrauens. Der Erkrankte entscheidet also, ob er zum Arzt geht oder nicht. Dieser Arzt wird eine Diagnose stellen und eine Behandlung vornehmen, für die er Gesundheitsgüter braucht. Der Arzt entscheidet über die gegenwärtige Behandlung und wird Empfehlungen geben für die weitere Behandlung. Der Patient wird sich – vertraut er dem Arzt – an diese Empfehlung halten. Die dazu notwendigen Gesundheitsgüter werden also nicht vom Patienten selbst nachgefragt, sondern der Arzt veranlasst die Nachfrage.

4.4   Das Prinzipal-Agent-Verhältnis von Arzt und Patient

Die Ärzte – also im Grunde die Anbieter auf diesem Markt – haben somit einen erheblichen Einfluss auf die Nachfrage nach Gesundheitsleistungen. Diese Tatsache allein stellte noch kein großes Problem dar, wenn sich der Arzt als vollkommener „Sachwalter" des Patienten verhalten würde. Abstrakter formuliert haben Patient und Arzt eine – wie Ökonomen sie nennen – Prinzipal-Agenten-Beziehung: Der Prinzipal – hier der Patient – beauftragt den Agenten – hier den Arzt – für ihn einen Auftrag, also Diagnose und Behandlung, zu erledigen. Mit diesem Auftrag sind viele Entscheidungen verbunden. Der Prinzipal delegiert diese Entscheidungen an einen Agenten, weil er weiß, dass dieser Agent besser qualifiziert und informiert ist für die zu bewältigende Aufgabe als er selbst. Solche Beziehungen kommen nicht nur im Gesundheitswesen vor, sondern sind in vielen Bereichen notwendig (z. B. für Manager, die durch Aktionäre beauftragt werden, oder Anwälte, die durch ihre Mandanten beauftragt werden, oder Politiker, die durch die Wähler beauftragt werden).

Typisch für die Prinzipal-Agenten-Beziehung ist das Bestehen einer Informationsasymmetrie. Der Prinzipal bringt dem Agenten sein Vertrauen entgegen und hofft, dass der Agent vollkommen in seinem Sinne handelt, d. h., er handelt so, wie der Prinzipal handeln würde, hätte er das Wissen und die Information des Agenten. Dies ist aber tendenziell nicht der Fall, denn neben dem Ziel den Patienten zu heilen verfolgt der Arzt noch ein weiteres, eigenes Ziel, nämlich das der Einkommensmaximierung. Der Arzt fragt also nicht nur so viele Gesundheitsleistungen nach, wie der Patient selbst nachfragen würde, sondern eine höhere Menge, um sein Einkommen zu verbessern. Die Versorgung des Patienten geht also in diesem Fall über das notwendige und v. a. sinnvolle Maß hinaus. Es kommt zu einer Überversorgung.

Dabei begünstigen:

- die Unkenntnis des Patienten,

- eine relativ große Unsicherheit über die Wirkung einer Therapie und

- und die Gewissheit den Patienten nicht direkt finanziell zu belasten

diese Überversorgung.

Der Arzt verhält sich damit nicht wie der perfekte Sachwalter des Patienten. Er verhält sich als Homo oeconomicus vollkommen rational und verfolgt auch sein eigenes Ziele der Einkommenserzielung, was die Nachfrage nach Gesundheitsgütern noch weiter ansteigen lässt.

Auch dieses Verhalten wurde in verschiedenen empirischen Studien belegt. Aufgabe von Gesundheitsökonomie und -politik ist es, Lösungsansätze zu finden, die dem Arzt Anreize setzen, sich so zu verhalten wie der perfekte Sachwalter des Patienten. Dabei spielen die Honorierungs- oder Organisationsformen eine große Rolle, welche in späteren Kapiteln noch näher zu betrachten sind.

4.5   Komplexität und quantitative Bedeutung

Es hat sich gezeigt, dass die Nachfrage nach Gesundheitsgütern komplexer ist als die nach den meisten anderen Gütern. Meist ist die Nachfrage eher unelastisch, den Preis für die Inanspruchnahme zahlen meist nicht die Nachfrager selbst, und wie bei kaum einem anderen Gut kann die Angebotsseite die Nachfrage bestimmen. Es hat sich gezeigt, dass all dies Effekte hat, welche die Nachfrageentscheidung auf diesem Markt verzerren im Vergleich zu einer nach idealisierten Marktbedingungen getroffenen Entscheidung.

Dabei gibt die Bevölkerung im deutschsprachigen Raum – wie im vorhergehenden Kapitel bereits angedeutet – direkt oder indirekt mehr als 10 Prozent des Einkommens für Gesundheitsgüter aus, quantitativ ist die hier vorgestellte Nachfrage also durchaus von Bedeutung. Von den Dimensionen des Gesundheitsmarktes wird im folgenden Kapitel noch ausführlicher die Rede sein, wenn es um das Angebot an Gesundheitsgütern geht.

4.6   Literatur zum Kapitel 4

Als Quellen für dieses Kapitel wurde primär die folgend aufgeführte Literatur genutzt, welche auch als vertiefende Lektüre empfohlen wird.

Vertiefende Einführungen in die mikroökonomischen Aspekte der Nachfrage bieten:

- *Case, K.E./Fair, R.C. (2008)*
- *Folland, S./Goodman, A. C./Stano, M. (2007)*
- *Pindyck, R.S./Rubinfeld, D.L. (2009)*
- *Santerre, R. E./Neun, S.P. (2007)*

Einführung in die Besonderheiten der Gesundheitsnachfrage bieten:

- *Amelung, V./Cornelius, F. (2007)*
- *Beek van der, K. (2002)*
- *Breyer, F./Zweifel, P./Kifmann, M. (2004)*
- *Henke, K.-D. (1992)*

5 Das Angebot von Gesundheitsgütern

Wie schon bei der Darstellung der Gesundheitsgüter betreffenden Nachfrageseite im vorhergehenden Kapitel, so müssen auch bei der Vorstellung des Angebots von Gesundheitsleistungen zunächst einige modelltheoretische Grundlagen gelegt werden, bevor auf die einzelnen Komponenten des Gesundheitsangebots wie das Angebot an stationären und ambulanten Einrichtungen eingegangen werden kann. Die modelltheoretischen Grundlagen betreffen die volkswirtschaftlichen Aspekte der Produktion von Gesundheit bzw. von Gesundheitsgütern.

5.1 Produktionstheoretische Grundlagen des Angebots von Gesundheitsgütern

Offensichtlich muss ein Angebot an Gesundheitsleistungen, wie z. B. die Diagnose und Therapierung eines entzündeten Blinddarms oder die einer fiebrigen Erkältung, von Gesundheitseinrichtungen, wie z. B. Arztpraxen oder Krankenhäusern, produziert werden, ein Angebot von Gesundheitsgütern setzt also dessen Produktion voraus. Es ist daher sinnvoll sich einige grundlegende Facetten der Produktion dieser Güter zunächst einmal anzusehen, wobei die Produktion vereinfacht als Einsatz und Kombination von Inputs zur Erstellung des Outputs Gesundheitsgüter aufgefasst werden kann. Ökonomen beschreiben diesen Zusammenhang zwischen Inputs und (gesundheitsökonomischem) Output oft mit Hilfe von so genannten Produktionsfunktionen. Die Abbildungen 5.1 und 5.2 zeigen eine solche stark vereinfachte Produktionsfunktion.

5.1.1 Gesamtproduktion

Auf der vertikalen Achse der Abbildung 5.1 sei das Endergebnis der Produktion von Gesundheitsgütern, der Gesundheitszustand einer Gesellschaft, oder genauer die absolute Höhe des Gesundheitszustandes abgetragen. Wie in Kapitel 4 bereits gesehen ist der Gesundheitszustand von mannigfaltigen Faktoren abhängig; hier sei jedoch – unter Verwendung der Ceteris-paribus-Klausel – darauf abgestellt, dass dieser Gesundheitszustand von der Menge der eingesetzten gesundheitsökonomischen

Inputs – wie z. B. der Anzahl der eingesetzten Ärzte und Krankenpfleger, der eingesetzten Medizintechnik, der verordneten Medikationen etc. – abhängig ist. Die Inputs sind auf der horizontalen Achse abgetragen.

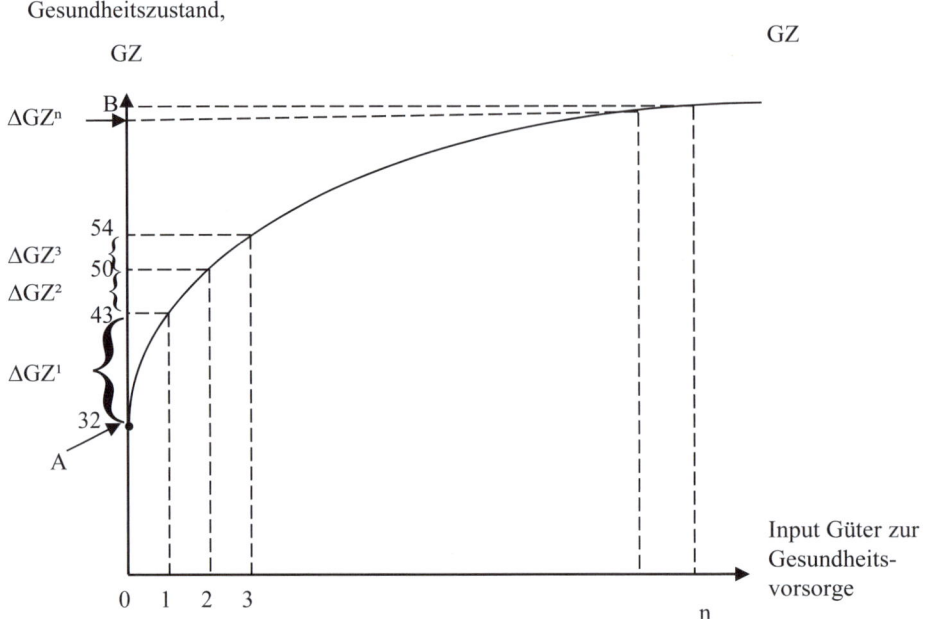

Abbildung 5-1: Produktionsfunktion Gesundheit

Noch wenig überraschend zeigt sich, dass die Menge der eingesetzten gesundheitsökonomischen Inputs und der Gesundheitszustand positiv miteinander korreliert sind: Ein Mehr an gesundheitsökonomischem Input führt zu einer Verbesserung des Gesundheitszustandes. Auffällig ist jedoch, dass die Intensität dieses gleichgerichteten Zusammenhangs variiert. Während bei einem relativ geringen Gesundheitszustand ein Mehr an Input eine vergleichsweise starke Verbesserung des Gesundheitszustandes bewirkt, erzielt die gleiche Vermehrung des Inputs nur eine relativ geringe Verbesserung des Gesundheitszustandes, wenn dieser schon vergleichsweise gut ist, wie die Zahlenbeispiele in der Abbildung 5.1 illustrieren.

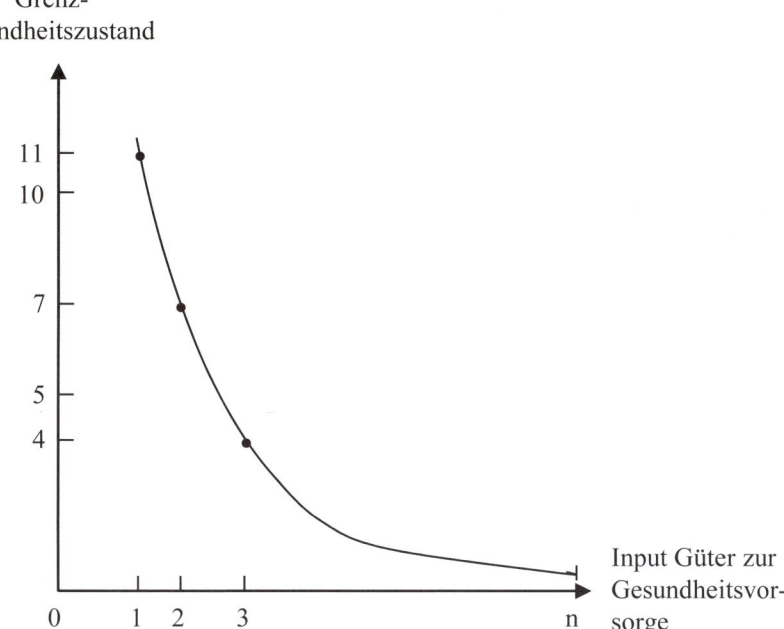

Abbildung 5-2: Grenzproduktionsfunktion Gesundheit

Dieser Umstand führt in der oberen Kurve des Gesamtgesundheitszustandes zu dem typisch positiven, aber abflachenden Verlauf. Während der Gesamtgesundheitszustand einer Gesellschaft also bei vermehrtem Einsatz von gesundheitsökonomischen Inputs zunimmt, nimmt die zusätzliche Verbesserung des Gesundheitszustandes, welche durch den Einsatz einer weiteren Einheit gesundheitsökonomischen Inputs hervorgerufen wird, ab; dies kommt besonders im unteren Teil der Abbildung 5.2 zum Ausdruck.

5.1.2   Grenzproduktion

Dort ist auf der horizontalen Achse wiederum die Menge der eingesetzten gesundheitsökonomischen Inputs abgetragen, auf der Ordinate findet sich jetzt hingegen nicht der Gesamtgesundheitszustand, sondern die durch eine Variation des Inputs hervorgerufene Veränderung des Gesundheitszustandes, der Grenzgesundheitszustand. Dieser sinkt, korrespondierend mit dem Flacherwerden der oberen Kurve. Dieser Kurvenverlauf spiegelt wider, dass – wie andere Inputs auch – gesundheitsökonomische Inputs zwar eine positive, aber abnehmende Grenzproduktivität haben.

Dieser Kurvenverlauf entspricht zudem auch durchaus unserer Alltagserfahrung: In einer Situation, in der die gesundheitliche Lage sehr schlecht ist – etwa hohe Säuglings- und Müttersterblichkeit in einem Entwicklungsland – führt eine Erhöhung der

Inputs, etwa in Form von 10 zusätzlichen Gynäkologen und 100 zusätzlichen Krankenhausbetten, zu einer stärkeren Reduktion von Mütter- und Kindersterblichkeit als
die gleiche Erhöhung der Ärzte und Krankenhausbetten in einem Industrieland mit
bereits geringem Niveau an Kinder- und Müttersterblichkeit. Oder stark vereinfacht
ausgedrückt: Ein Gynäkologe in Zentralafrika rettet mehr Mütter- und Säuglingsle-
ben als ein Gynäkologe im deutschsprachigen Raum Mitteleuropas.

5.1.3   Kombination der Inputs

Bei der Darstellung der Produktionsfunktion in den Abbildungen 5.1 und 5.2 wurde
vereinfachend davon ausgegangen, dass die Inputs en block variiert wurden, in dem
zur Illustration genannten Beispiel waren es 10 zusätzliche Gynäkologen und 100
zusätzliche Krankenhausbetten. Dabei wurde davon abstrahiert, dass ein bestimmtes
Outputniveau – in unserem Beispiel ein bestimmter gesamtgesellschaftlicher Gesundheitszustand – unter Umständen auch mit unterschiedlichen Kombinationen von
verschiedenen Inputs erzielt werden kann. Ob und bis zu welchem Grade ein bestimmtes Outputniveau – sagen wir z. B. die Reduzierung von Infektionen, welche
nach chirurgischen Eingriffen entstehen, auf ein bestimmtes Niveau – mit unterschiedlichen Kombinationen von Inputs – sagen wir z. B. durch intensivere Gabe
von Medikamenten oder durch weiter gehende Hygienemaßnahmen – herstellbar ist,
ist eine weitere Frage, welche sich mit Hilfe von Produktionsfunktionen analysieren
lässt, wie die Abbildungen 5.3 und 5.4 zeigen.

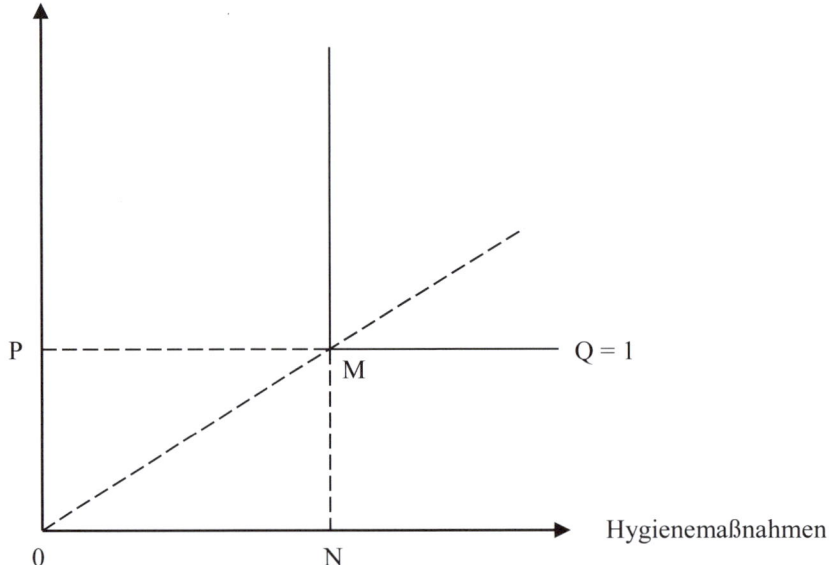

Abbildung 5-3: Limitationale Produktion

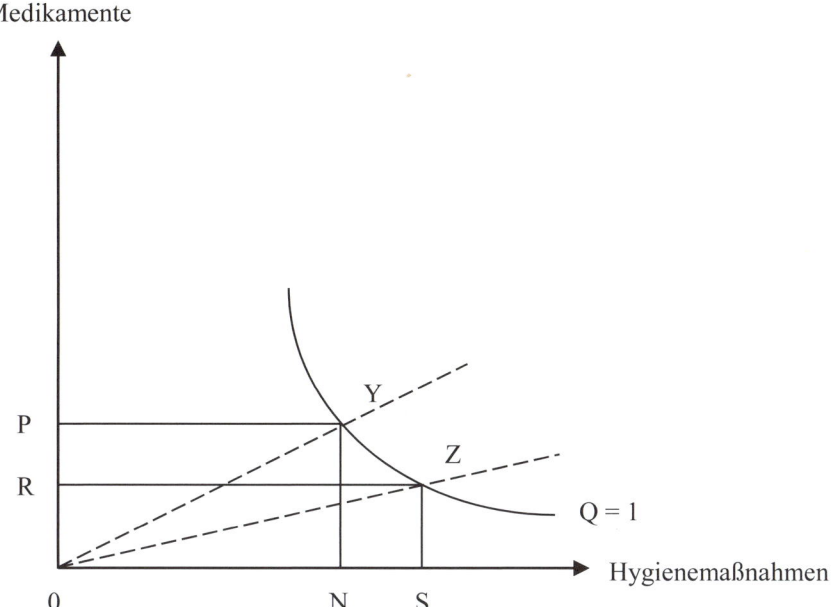

Abbildung 5-4: Substitutionale Produktion

Dabei werden die beiden betrachteten Inputs, in dem genannten Beispiel also Hygienemaßnahmen einerseits und Medikamente andererseits, auf den beiden Achsen abgetragen. Die geknickte Kurve in Abbildung 5.3 bzw. die konvexe Kurve in Abbildung 5.4 symbolisiert nun jeweils identische Outputniveaus, welche mit Kombinationen der beiden Inputs produzierbar sind. Diese Kurven werden Isoquanten genannt, weil alle Punkte auf einer dieser Kurven identische Quantitäten symbolisieren.

5.1.4   Substitutionale Produktion

Gehen wir davon aus, dass ein bestimmtes Outputniveau erzielt werden kann – durch etwas mehr Hygiene und eine etwas geringere Menge an Medikamenten oder aber auch durch eine etwas höhere Menge an Medikamenten und etwas weniger strikte Hygiene –, gehen wir also davon aus, dass man den einen Input durch den anderen ersetzten kann ohne das Outputniveau zu verändern, so ist dies in Abbildung 5.4 der Fall. Die Isoquante hat einen konvexen Verlauf, denn das avisierte Outputniveau (Reduktion der Folgeinfektionen), welches durch diese Isoquante dargestellt ist, lässt sich z. B. mit N Einheiten Hygiene und P Einheiten Medikamente oder aber mit S Einheiten Hygiene und R Einheiten Medikamente erzielen. Lässt sich ein Outputniveau mit solch unterschiedlichen Kombinationen der Inputs herstellen, so sprechen Ökonomen von substitutionalen Produktionsfunktionen. Hierauf wird in Kapitel 10, wenn es um gesundheitsökonomische Evaluation geht, noch zurückzukommen sein.

5.1.5   Limitationale Produktion

Es gibt aber auch die Situation, dass ein bestimmtes Outputniveau immer ein festes Einsatzverhältnis der Inputs erfordert, dass man den einen Input also nicht durch den anderen ersetzten kann ohne das Outputniveau zu verändern. Dann spricht man von limitationalen Produktionsfunktionen; dies ist in Abbildung 5.3 dargestellt. Das durch die geknickte Isoquante dargestellte Outputniveau ist nur durch die Kombination von N Einheiten Hygiene und P Einheiten Medikamente erzielbar. Ein plausibleres Beispiel als Folgeinfektionen mag hierfür ein computergesteuertes radiologisches Gerät sein – für Ökonomen wäre dies ein Beispiel für den Faktor Kapital – welches immer von genau einer Person – für Ökonomen wäre dies ein Beispiel für den Faktor Arbeit – gesteuert werden muss. Zwei oder mehr dieser Geräte generieren dann ohne die entsprechende Variation der bedienenden Personen keinen höhern Output, und umgekehrt führen mehr steuernde Personen ohne die entsprechende Variation der Geräte ebenfalls nicht zu einem höheren Output. Lässt sich ein Outputniveau nur mit einer bestimmten Kombination der Inputs herstellen, so sprechen Ökonomen von limitationalen Produktionsfunktionen.

Ob im Gesundheitswesen primär limitationale oder substitutionale Produktionsfunktionen vorherrschen, lässt sich nur im Einzelfall klären. Die Bedeutung dieser Frage ist offensichtlich; gerade in den personalintensiven gesundheitsökonomischen Bereichen wie der Langzeitpflege stellt sich die Frage, ob bestimmte Leistungen nicht auch durch Geräte oder durch Medikation erbracht werden könnten, was unter Umständen langfristig zur Reduktion von Kosten führen könnte. Brisant ist diese Frage jedoch auch unter dem Aspekt, dass diese Bereiche häufig durch menschliche Zuwendung gekennzeichnet sind, welche durch Geräte offensichtlich nicht vermittelt werden kann. So wäre es technisch sicher möglich, die Nahrungsaufnahme von schwer Pflegebedürftigen weiter gehend als bisher zu automatisieren, ob dies menschlich zu vertreten ist, ist hingegen eine andere Frage.

Auch innerhalb des Faktors Arbeit stellt sich die Frage des Grades der Substitutionalität; so hat es in den USA in der Vergangenheit eine Tendenz gegeben, standardisierte Personalleistungen, welche früher von Ärzten selbst erbracht wurden, nun durch speziell ausgebildete Pfleger und Schwestern durchführen zu lassen; eine Entwicklung, die im deutschsprachigen Raum noch am Anfang steht. Die Frage der Substitutionalität bzw. Limitationalität der Produktionsfunktion ist also anders als in anderen Bereichen im Gesundheitssektor nicht nur eine rein produktionstechnische, sondern sie hat auch den subjektiven Aspekt, welche Rolle menschliches Handeln für die Produktion von Gesundheit hat.

5.2   Gutspezifische Grundlagen des Angebots von Gesundheitsgütern

Ein weiteres grundlegendes Charakteristikum des Angebots von Gesundheitsgütern ist, dass es nicht nur den Patienten Nutzen stiftet, die das Angebot effektiv nachfragen und konsumieren, sondern auch denjenigen, die es nicht direkt nachfragen. Oft tritt ein Krankheitsfall plötzlich und unerwartet auf. Ist er eingetreten, dann braucht man in den meisten Fällen sofort Gesundheitsgüter (eine Behandlung, ein Krankenhausbett, Medikamente etc.). Somit stiftet allein schon die „Option" im Krankheitsfalle sofort in den Genuss einer Behandlung mit allen dazu notwendigen Leistungen zu kommen, für die meisten Individuen einen Nutzen. Güter, die auch durch ihre Vorhaltung einen Nutzen stiften, nennt man Optionsgüter. Viele Güter im Gesundheitswesen sind Optionsgüter und es stellt sich in diesem Zusammenhang die Frage nach deren Finanzierung, da sie ja nicht nur den tatsächlichen Nutzern zur Verfügung stehen. Da sie einem Großteil der Bevölkerung Nutzen stiften, wäre zu erwägen, solche Güter über Steuern zu finanzieren.

Wenn Gesundheitsgüter gebraucht werden, so fehlt dem Patienten meist das Wissen die angebotenen Gesundheitsgüter angemessen zu beurteilen. Auch kann er die Leistung nicht ausprobieren, um dann vielleicht eine Alternative in Anspruch zu nehmen. Solche Güter, die man erst nach der Konsumption auf ihre Qualität hin untersuchen kann, nennt man Erfahrungsgüter oder Glaubensgüter. Letztere zeichnen sich zudem dadurch aus, dass ihre Qualität auch von Faktoren abhängt, auf die der Anbieter keinen Einfluss hat; bei Gesundheitsgütern besteht eine solche Abhängigkeit z. B. von den individuellen Heilungskräften und dem Heilungswillen des Patienten, der so genannten Compliance. Anders als bei den normalen Gütern, deren Qualität durch den Käufer leicht festgestellt werden kann, ist es bei Glaubensgütern wichtig, qualitative Standards zu bestimmen und deren Einhaltung zu kontrollieren. Auch dies ist wieder ein Argument für die starke staatliche Intervention in das Gesundheitsangebot.

Neben den schon in den vorhergehenden Kapiteln genannten Gründen für eine staatliche Intervention in das Gesundheitswesen, welche sich aus den Besonderheiten der Nachfrage nach Gesundheitsgütern ergaben, sind die gerade genannten die angebotsseitigen Gründe, weshalb das Gesundheitssystem nicht dem Markt allein überlassen wird. Vielmehr wird die Bereitstellung von Gesundheitsgütern sowohl von gewinnorientierten Unternehmen (Arztpraxen oder Krankenhäuser, Pharmaunternehmen) als auch von karitativen nicht-gewinnorientierten Einrichtungen (z. B. kirchlichen Krankenhäusern), aber auch direkt vom Staat (z. B. Landeskrankenhäusern oder Gesundheitsämtern) geleistet. Dabei spielen der Staat mit direkten Eingriffen und semi-staatliche Institutionen (Kassen, Berufsverbände, Kassenärztliche Vereinigung) eine große Rolle. Wegen der starken staatlichen Komponente bei der

Gesundheitsbereitstellung spricht man im Gesundheitssektor bisweilen auch von der „Versorgung" mit Gesundheitsgütern statt vom Gesundheitsangebot.

5.3   Die quantitative Bedeutung des Gesundheitsangebots

Nach der Erläuterung einiger theoretischer Aspekte des Angebots an Gesundheitsleistungen wird nun der Umfang der Leistungserbringung in Deutschland, Österreich und der Schweiz vorgestellt. Wie im Kapitel 2 bereits kurz angedeutet werden in den Gesundheitssystemen in Deutschland, Österreich und der Schweiz für die Bereitstellung des Gesundheitsangebots rund 10 bis 11 Prozent des Bruttoinlandsprodukts aufgewendet. Damit nehmen diese Länder im internationalen Vergleich eine obere Position ein zusammen mit z. B. Belgien, Portugal und Frankreich; die USA weist einen noch höheren Anteil am BIP mit circa 16 Prozent auf. Ähnlich verhält es sich mit den Gesundheitsausgaben pro Kopf, wobei innerhalb der hier primär betrachteten deutschsprachigen Länder die Schweiz eine hervorgehobene Stellung hat. Die USA weisen auch in der Pro-Kopf-Betrachtung besonders hohe Werte auf. Mit der Schweiz vergleichbare Werte haben Norwegen und Luxemburg. Abbildung 5.5 gibt einen Überblick über die Gesundheitsausgaben in ausgewählten Industrienationen.

Mit 10-11 Prozent Anteil am BIP ist der Gesundheitsbereich ein bedeutender Wirtschaftssektor in Deutschland, Österreich und der Schweiz. In diesem Sektor werden vor allem Dienstleistungen bereitgestellt, was mit einem hohen Anteil an Personal und Personalaufwendungen verbunden ist. Der Großteil dieses Dienstleistungsangebots wird in allen drei Ländern primär vom öffentlichen Sektor bereitgestellt, wie Abbildung 5.6 illustriert.

	Ausgaben in % des BIP	Pro-Kopf Ausgaben in US-Dollar
Belgien	10,4	3.488
Dänemark	9,5	3.349
Deutschland	10,6	3.371
Frankreich	11,1	3.449
Kanada	10	3.678
Niederlande	9,3	3.391
Schweiz	11,3	4.311
USA	15,3	6.714
OECD	8,9	2.824

Abbildung 5-5: Gesundheitsausgaben im Ländervergleich

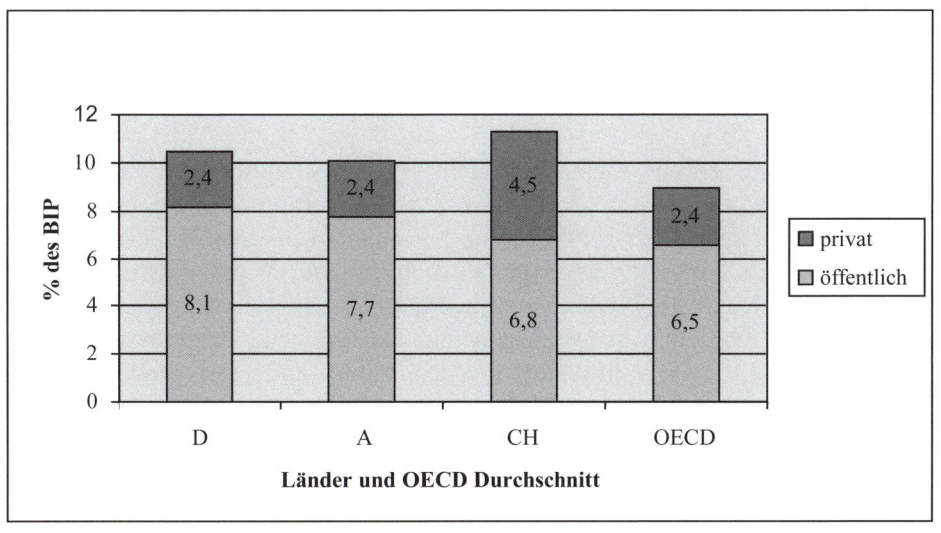

Abbildung 5-6: Öffentlicher und privater Anteil am BIP in % 2006

Die Schweiz nimmt auch hierbei eine gewisse Sonderrolle ein, da hier der Anteil, welcher im Privatsektor bereitgestellt wird, höher ist als in den beiden anderen Ländern.

5.3.1   Die Struktur des Angebots im Gesundheitswesen

Gesundheitsleistungen oder eine Krankenbehandlung erhält man in den Gesundheitssystemen Deutschlands, der Schweiz und Österreichs traditionell auf zwei Wegen, entweder über den ambulant niedergelassenen Arzt oder über einen stationären Aufenthalt in einem Krankenhaus. Diese beiden Institutionen sind die zwei zentralen Sektoren der Angebotsseite, wobei in der ambulanten Versorgung noch die zahnärztliche Versorgung hinzukommt. Weiterhin zur Angebotsseite zählen alle materiellen Güter wie Arzneimittel, Heil- und Hilfsmittel und Medizintechnik. Abbildung 5.7 gibt eine erste Übersicht über das Angebot von Institutionen, Unternehmen und Gütern, welche in unterschiedliche Sektoren eingeteilt werden können.

Ambulanter Sektor	Stationärer Sektor	Arzneimittel	Heil- und Hilfsmittel	Medizintechnik
– Haus- und Fachärzte – Zahnärzte – sonstige medizinische Berufe – Ambulante Pflegeeinrichtungen	– Krankenhäuser – Reha-Einrichtungen – stationäre Pflegeeinrichtungen	– Pharmaproduzenten – Großhandel – Apotheken	Sehr heterogenes Gesundheitshandwerk	– medizinische Großgeräte – Verbrauchsmaterialien

Abbildung 5-7: Das Gesundheitsangebot nach Sektoren

Die genannten Bereiche kann man vereinfacht als eigenständige Märkte auffassen und analysieren, obwohl jede Entscheidung oder Veränderung des Angebots in dem einen Bereich häufig auch Auswirkungen auf das Angebot in einem anderen Bereich hat. Auffällig an dem Versorgungssystem in Deutschland ist die strikte Trennung zwischen ambulanter und stationärer Versorgung, welche in vielen anderen Gesundheitssystemen, so auch schon in Österreich und der Schweiz, durchlässiger ist. In erster Linie sind hier die USA zu nennen, in denen bestimmte Institutionen sowohl ambulante als auch stationäre Hilfe anbieten; von solchen Versorgungsformen wird in Kapitel 8 noch die Rede sein.

5.3.2 Der ambulante Sektor

In Deutschland und abgestuft auch in Österreich und der Schweiz werden die Leistungen im ambulanten Sektor durch freiberuflich niedergelassene Ärzte erbracht. Dabei sind diese Ärzte größtenteils Vertragsärzte der gesetzlichen Krankenversicherung, nur ein sehr kleiner Teil der niedergelassenen Ärzteschaft behandelt ausschließlich privat versicherte Patienten. Für die gesetzlich zugelassenen Ärzte spielt in Deutschland die Kassenärztliche Vereinigung eine große Rolle, welche die Abrechnung für die Ärzte abwickelt und die vertragsärztliche Versorgung für das ganze Land übernimmt.

Wie schon vorgestellt haben die Ärzte einen erheblichen Einfluss auf die Nachfrage. Durch das Phänomen der anbieterinduzierten Nachfrage können sie ein Angebot schaffen, das unter Wettbewerbs-Bedingungen nicht so zustande kommen würde. Zwar ist die Anzahl der Vertragsärzte in einem bestimmten Gebiet staatlich reglementiert durch Bedarfspläne, wie viele Leistungen in welcher Art ein Arzt erbringt, hängt aber vor allem von dem Vergütungssystem ab. Dieses Vergütungs- oder Honorierungssystem – auf das später in diesem Kapitel noch eingegangen wird – ist nicht Verhandlungsgegenstand zwischen Arzt und Patient, sondern wird auch vom Staat vorgegeben. Weiterhin ist die Politik in Deutschland dazu übergegangen ein begrenztes Budget für Gesundheitsausgaben einzuführen; auf solche Entwicklungen wird in Kapitel 9 noch näher eingegangen.

5.3.3 Die Ärztestruktur

In allen drei Ländern ist vorgesehen, dass die Ärzte für Allgemeinmedizin der erste Ansprechpartner im Erkrankungsfall sein und die Patientenströme steuern sollen, falls weitere Untersuchungen erforderlich werden; dies geschieht mittels Überweisungen an die jeweiligen Fachärzte. Die nachstehende Abbildung 5.8 zeigt einen Überblick über die Anzahl der Ärzte nach ausgewählten Fachgruppen.

Insgesamt lässt sich in allen Ländern der Trend erkennen, dass die Zahl der Fachärzte gegenüber der der Allgemeinärzte deutlich steigt. So hat sich z. B. in Österreich in den letzten 25 Jahren die Zahl der Fachärzte verdreifacht, die Zahl der Allgemeinmediziner ist dagegen deutlich geringer angestiegen.

Jahr: 2007	Deutschland	Österreich	Schweiz
Allgemeinmedizin	134.605	12.725	8.071
Fachärzte insgesamt	180.295	18.450	20.981
Anästhesiologie	17.891	2.073	1229
Augenheilkunde	6.613	745	707
Chirurgie	19.430	1.401	1085
Frauenheilkunde	15.950	1.545	1210
Hautkrankheiten	5.114	653	420
HNO-Heilkunde	5.566	582	370
Innere Medizin	40.980	3.243	5077
Kinder- und Jugendmedizin	11.788	1.165	1257
Orthopädie	9.618	741	741
Psychiatrie und Psychotherapie	7.499	1.110	2603
Radiologie	6.631	1.033	566
Urologie	4.950	481	205

Abbildung 5-8: Anzahl der Ärzte nach Fachgruppen

5.3.4 Die Ärztedichte

Die Zahl der berufstätigen Ärzte ist wie bereits gezeigt in allen drei Ländern hoch und hat im Laufe der Jahre bei weitgehend beständiger Bevölkerungsanzahl permanent zugenommen. Betrachtet man die Ärztedichte als Kennzahl, so erkennt man aus untenstehender Tabelle, dass in Deutschland und in der Schweiz die Werte ab 2003 ähnlich verlaufen. Demnach steht im Jahr 2007 262 Schweizern ein Arzt zur Verfügung. In Deutschland versorgt ein Arzt 261 Einwohner. In Österreich ist die Ärztedichte höher, hier steht 221 Einwohnern ein Arzt zur Verfügung. Insgesamt ist in allen drei Ländern eine stetig steigende Ärztedichte zu erkennen, wie Abbildung 5.9 zeigt.

Einwohner je berufstätigen Arzt								
	2000	2001	2002	2003	2004	2005	2006	2007
D	279	277	274	271	269	268	264	261
A	260	252	248	243	238	232	225	221
CH	286	286	284	272	269	266	262	262

Abbildung 5-9: Einwohner je berufstätigem Arzt

Abbildung 5.9 bezieht sich auf die berufstätigen Ärzte in den jeweiligen Ländern. Vergleicht man ausschließlich die praktizierenden Ärzte, so kommt man zu dem Ergebnis, dass nach OECD-Angaben in Österreich im Jahr 2006 3,6 praktizierende Ärzte auf 1.000 Einwohner fallen. In Deutschland waren es 3,5 und in der Schweiz 3,8 Ärzte. Verglichen mit dem OECD-Durchschnitt, der eine Ärztedichte von 3,1 aufweist, liegen alle drei Länder deutlich darüber.

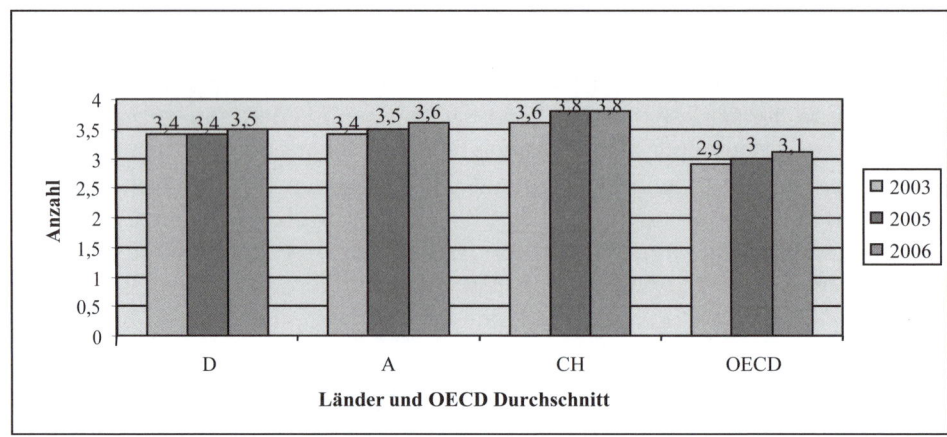

Abbildung 5-10: Ärztedichte je 1.000 Einwohner

Bezogen auf praktizierende Ärzte hat die Schweiz die höchste Dichte, Österreich verzeichnet die höchste Dichte bei den berufstätigen Ärzten. Daraus lässt sich folgern, dass es in Österreich übermäßig viele berufstätige Ärzte gibt, die aber nicht praktizieren. Es ist allerdings darauf hinzuweisen, dass sich die Versorgungsdichte in Deutschland, Österreich und der Schweiz in einzelnen Gebieten erheblich unterscheidet. Demnach weisen vor allem ländliche Regionen niedrigere Dichten auf. Dagegen steht den Patienten in Städten ein größeres Ärzteangebot gegenüber. In der Schweiz lassen sich noch weitere Unterschiede zwischen den Sprachregionen erkennen.

5.3.5   Stationärer Sektor

Besondere Aufmerksamkeit hat in den letzten Jahren der stationäre Sektor erfahren, da er gemessen an den Gesamtausgaben den größten Kostenblock im Gesundheitswesen darstellt. Der für Deutschland gebräuchliche Begriff Krankenhaus findet sich in Österreich in der Bezeichnung Krankenanstalt (KA) und in der Schweiz als Spital wieder. Daneben werden weitere Bezeichnungen wie Versorgungshäuser, Einrichtungen oder Kliniken verwendet.

Als Besonderheit wird in Deutschland das Krankenhaus dual finanziert, d. h., ist ein Krankenhaus im Krankenhausbedarfsplan aufgeführt, so werden die Investitionskosten aus den allgemeinen Steuermitteln finanziert. Die laufenden variablen Kosten müssen von den Krankenkassen in Form von Pflegesätzen oder Fallpauschalen übernommen werden. Diskutiert wird immer wieder, ob dieses System abgelöst werden sollte von einer monistischen Finanzierung, in der die Investitionskosten über die Erträge der stationären Behandlung finanziert werden. Über die Krankenhausbedarfsplanung und die Finanzierung der Investitionen hat der Staat einen erheblichen direkten Einfluss auf das Angebot von stationären Leistungen.

Drei gängige Indikatoren für das tatsächliche Angebot im stationären Sektor, welche folgend erläutert werden, sind:

- die Anzahl an Krankenhäuser,

- die Bettenzahl bzw. die Bettenauslastung und

- die durchschnittliche Verweildauer im Krankenhaus.

5.3.6   Die Anzahl der Krankenhäuser

Bereits seit einem längeren Zeitraum kann im stationären Bereich des Gesundheitswesens in allen drei Ländern ein Kapazitätsabbau beobachtet werden, wie Abbildung 5.10 illustriert. So ist die Zahl der Krankenhäuser in Deutschland im Jahr 2005 von 2.139 Häusern auf 2.104 im Jahr 2006 gesunken, dies zeigt eine Veränderungsrate von minus 1,64 Prozent. Gegenüber dem Jahr 2000 war die Veränderungsrate fast viermal so groß (minus 6,16 Prozent). Auch in den beiden Nachbarländern lässt sich ein Rückgang in der Anzahl der Spitäler erkennen. Gab es in Österreich im Jahr 2000 noch 312 Krankenanstalten, so waren es Ende 2006 insgesamt 264 Krankenanstalten, die die stationäre medizinische Versorgung für die österreichische Bevölkerung sichergestellt haben. Dieser anhaltende Rückgang lässt sich seit Mitte der 90er-Jahre erkennen. Die Entwicklung in der Schweizer Spitallandschaft verzeichnete bis Ende 2006 einen Rücklauf um 40 Spitäler auf 332, darunter 141 allgemeine Krankenhäuser und 191 Spezialkliniken.

Der rückläufige Trend lässt sich im Wesentlichen auf Kostendämpfungsmaßnahmen zurückführen. Dieser führte zu Schließungen ganzer Häuser, Fusionen zwischen den Krankenhäusern oder aber zu Umstrukturierungen, z. B. zu einem Pflegeheim.

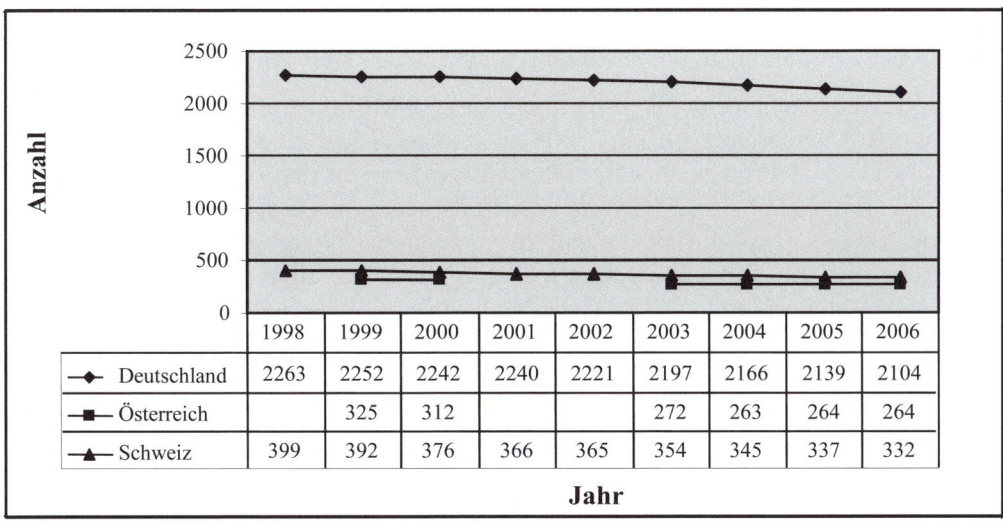

	1998	1999	2000	2001	2002	2003	2004	2005	2006
Deutschland	2263	2252	2242	2240	2221	2197	2166	2139	2104
Österreich		325	312			272	263	264	264
Schweiz	399	392	376	366	365	354	345	337	332

Abbildung 5-11: Krankenhauszahlen seit 1998

5.3.7   Bettenzahlen und Bettenauslastung

Der zuvor festgestellte Rückgang der Krankenhauszahlen lässt ebenfalls einen Rückgang der Bettenzahl vermuten. In Deutschland ist die Zahl der Krankenhausbetten bereits Anfang der 90er-Jahre stetig gesunken. Waren es 1991 noch 665.565 Krankenhausbetten, ist die Anzahl von 559.651 Betten im Jahr 2000 auf 510.767 im Jahr 2006 gesunken. Gegenüber dem Vorjahr ist die Zahl um 2,5 Prozent gesunken. Mehr als die Hälfte der Krankenhausbetten (260.993 Betten) wurde von den öffentlichen Krankenhausträgern bereitgestellt, danach folgten die freigemeinnützigen Krankenhäuser mit 180.200 aufgestellten Betten (35,3 Prozent) und die privaten Einrichtungen mit 69.574 Betten (13,6 Prozent). Dabei lassen sich eine Bettenausstattung von nahezu 88 Prozent bei den allgemeinen Fachabteilungen und der Rest bei den psychiatrischen Fachabteilungen ansiedeln. Von den insgesamt 447.285 Betten der allgemeinen Fachabteilungen stehen fast 38 Prozent der inneren Medizin zur Verfügung, ein weiterer wichtiger Bereich ist die Chirurgie mit 25 Prozent der Betten sowie die Fachabteilung der Frauenheilkunde und Geburtenhilfe, die mit fast 9 Prozent der Betten ausgestattet ist. Rund 20.000 Betten verzeichnen jeweils die Fachabteilungen der Kinderheilkunde, der Neurologie und der Orthopädie. Die Versorgungsdichte in der Akutversorgung lag im Jahr 2006 bei 6,2 Betten pro 1.000 Einwohner, gegenüber 2000 mit 6,8 Betten ist sie um etwa 10 Prozent gesunken.

Im Jahr 2006 gab es in Deutschland etwa 17 Millionen Behandlungsfälle, dies waren 1,7 Prozent mehr als im Vorjahr. Der Auslastungsgrad der Betten im Jahr 2006 hat sich gegenüber dem Vorjahr (74,9 Prozent) auf 76,3 Prozent erhöht. Trotz dieses leichten Anstiegs lässt sich mittelfristig ein Rückgang in der Bettenauslastung erkennen (Vergleich 2000: minus 6,84 Prozent). 7 Prozent der Krankenhäuser in Deutschland sind mit weniger als 200 Betten ausgestattet, eine Größenordnung von 200 bis 500 Betten findet man in 662 deutschen Krankenhäusern (32 Prozent), 11 Prozent der Einrichtungen (248) sind mit mehr als 500 Betten ausgestattet.

In der österreichischen Bevölkerung mit etwa 8,28 Millionen Einwohnern belief sich die stationäre Versorgung im Jahr 2006 auf circa 2,7 Millionen Patienten. Mehr als zwei Drittel (74,4 Prozent) der Spitalbetten werden von den öffentlichen Krankenhäusern bereitgestellt. In Österreich ist bereits seit Ende der 70er-Jahre ein Rückgang der Bettenanzahl um 19 Prozent zu verzeichnen: Waren es 1980 noch 78.525 Betten, ist die Zahl im Jahr 2000 auf 66.395 Betten gefallen. 2006 waren die 264 Krankenhäuser noch mit 63.354 tatsächlich aufgestellten Betten ausgestattet. Dies entspricht einer Versorgung von 7,7 Betten pro 1.000 Einwohner, die den deutschen Versorgungsgrad mit 6,2 Betten übersteigt. Die österreichischen KA sind überwiegend mit einer niedrigeren Anzahl an Betten ausgestattet und zeigen somit einen gering strukturierten stationären Bereich. Nur zehn KA überschreiten eine Bettenkapazität von 1.000 und mehr Betten, dazu zählen z. B. die Universitätskliniken oder die allgemeinen Krankenhäuser in den Großstädten.

In der Schweiz hat die Bettenanzahl der Krankenhäuser im Jahr 2006 mit 41.769 Betten gegenüber dem Vorjahr um 1,87 Prozent abgenommen. Gegenüber dem Jahr 2000 (mit 45.569 Betten) lässt sich ein Bettenabbau von über 8 Prozent erkennen. In den allgemeinen Krankenhäusern standen 2006 13.676 Betten für die Zentrumsversorgung bereit und 11.849 Betten für eine Grundversorgung.

Im Spezialklinikbereich der Schweiz belief sich die Zahl auf insgesamt 16.244 Betten. Die Durchschnittsbettenzahl bei den großen Einrichtungen liegt bei 740 Betten, zu den mittleren zählt man 220 aufgestellte Betten und in die kleine Kategorie fallen Häuser mit durchschnittlich 70 Betten. Der Auslastungsgrad der Betten im Jahr 2006 ist im Gegensatz zum deutschen und österreichischen höher und lag bei 89 Prozent. Im Jahr 2006 wurden 1.432.393 Fälle behandelt. Bereits im Jahr 2000 wurde mit 1.326.996 Hospitalisierungen eine hohe Bettenbelegungsquote von 87 Prozent in den Schweizer Krankenhäusern erreicht.

Die genannten Ergebnisse zur Bettendichte verdeutlicht auch die Abbildung 5.11. Demnach verzeichnet die Schweiz in der Anzahl der Betten je 1.000 Einwohner einen leichten Rückgang, der im Vergleich zu Deutschland und Österreich geringer ist. Die Spitzenposition und damit eine hohe Anzahl an bereitgestellten Betten trotz des beschriebenen Bettenabbaus belegen die Krankenhäuser in Österreich. Dennoch lässt sich in allen drei Ländern ein Abbau an Kapazitäten erkennen. Es ist davon auszugehen, dass dieser Abbau auch in Zukunft in Deutschland, Österreich und der Schweiz weiter voranschreitet.

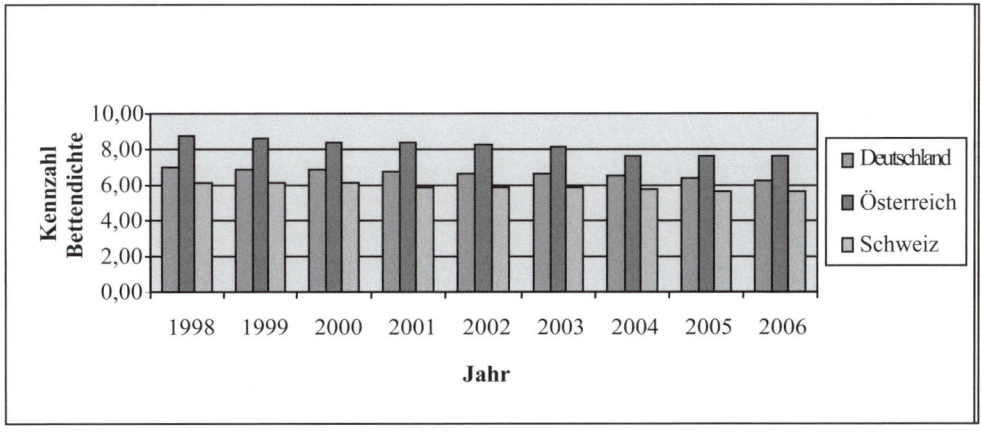

Abbildung 5-12: Bettendichte je 1.000 Einwohner von 1998 bis 2006

5.3.8   Die Verweildauer

Die Verweildauern in den drei betrachteten Ländern sind in Abbildung 5.12 dargestellt. Im Jahr 2000 lag die durchschnittliche Verweildauer eines Patienten in Deutschland bei 9,7 Tagen, auch die Schweiz verbucht mit 9,3 Tagen eine hohe Aufenthaltsdauer im Krankenhaus, 1998 waren es in den beiden genannten Ländern durchschnittlich 10 Tage. In Österreich lag die Zahl 1998 bereits 2,5 Tage unter dem Durchschnittswert der beiden Nachbarländer. Bis 2006 erkennt man in allen drei Ländern einen kontinuierlichen Rückgang in der Verweildauer. Deutschland lag mit 8,5 Tagen weiterhin knapp über der Schweiz mit 8,2 Tagen, in Österreich verweilten die Patienten durchschnittlich 5,8 Tage in den Krankenanstalten.

Für die Verweildauer im stationären Sektor spielt unter anderem die Form der Vergütung eine große Rolle. So wurden bis vor einigen Jahren sämtliche im Krankenhaus entstandenen Kosten durch Tagessätze vergütet. Der Effekt war, dass die Patienten so lange wie möglich im Krankenhaus gehalten wurden, daher resultiert auch noch immer die lange Verweildauer in deutschen Krankenhäusern; hierauf wird in den Kapiteln 8 und 9 noch zurückzukommen sein.

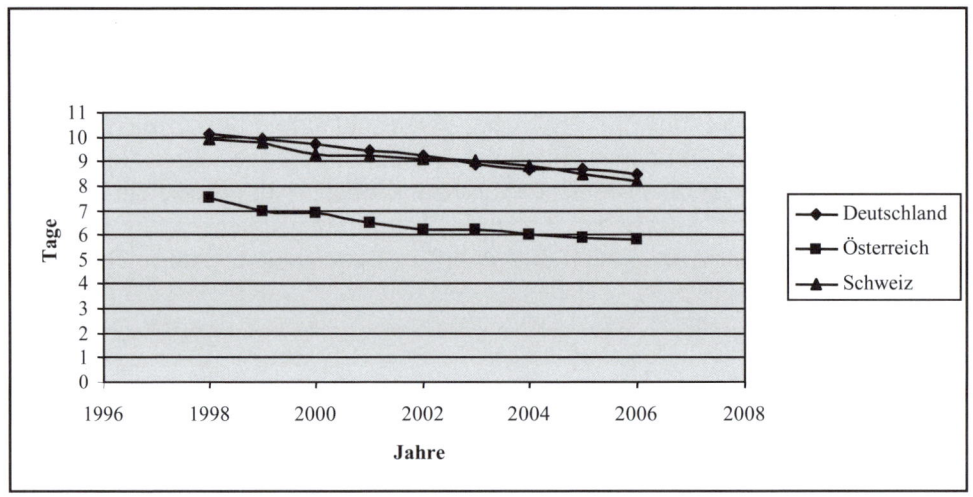

Abbildung 5-13: Durchschnittliche Verweildauer 1998 bis 2006

5.3.9   Zusammenschau der ambulanten und stationären Versorgung

Da die Leistungen im Gesundheitswesen von Ärzten und den dazugehörigen Institutionen (niedergelassene Praxis oder Krankenhaus) erbracht werden, werden auch diese als Indikator für den Versorgungsgrad herangezogen: Speziell wird die Anzahl der Ärzte, Betten und Krankenhäuser als Indikator der Gesundheitsversorgung verwendet. Eine Zusammenschau dieser und anderer Indikatoren für Deutschland, Österreich und die Schweiz findet sich in Abbildung 5.13, sie präsentiert einschlägige Kennziffern der Länder im Überblick.

	Deutschland	Österreich	Schweiz
Gesundheitsausgaben	245 Mrd. Euro	26 Mrd. Euro	36,5 Mrd. Euro
Anteil am BIP in %	10,6 %	10,1 %	11,3 %
Anzahl der berufstätigen Ärzte	314.912	37.634	29.052
Durchschnittsalter:			
Niedergelassener Arzt	51 Jahre	24 % der niedergelassen Ärzte sind zwischen 45 und 49 Jahre alt	47 Jahre
Krankenhausarzt	41 Jahre		40 Jahre
Ärztedichte	3,5	3,6	3,8
Trägerschaften	öffentliche (34%), freigemeinnützige (38%), private (28%)	öffentliche und private Träger jeweils mit und ohne Öffentlichkeits-recht	öffentlich oder subventioniert (61%)
Krankenhausanzahl	2.104	264	332
Fallzahl	17 Mio.	2,7 Mio.	1,4 Mio.
Bettenanzahl	510.767	63.354	41.769
Bettenauslastungsgrad	76,3 %	keine Angabe	89 %
Bettendichte je 1.000 Einwohner	6,2	7,7	5,4
Durchschnittliche Verweildauer	8,5 Tage	5,8 Tage	8,2 Tage

Abbildung 5-14: Kennziffern für das Angebot in Deutschland, Österreich und der Schweiz im Überblick

5.3.10 Arzneimittelsektor

Der Arzneimittelsektor besteht in Deutschland aus den Pharmaunternehmen, dem Pharmagroßhandel und den Apotheken. Alle drei Bereiche unterliegen speziellen staatlichen Eingriffen, die in erheblichem Maße das Angebot an Medikamenten und deren Preise bestimmen. Während die Hersteller weitgehend frei in ihrer Preisgestaltung sind, wird dagegen der weitere Vertrieb von Medikamenten relativ stark reguliert: auf der Stufe des Großhandels durch die Begrenzung der maximalen Aufschläge und auf der Stufe der Apotheken durch Festpreise. Häufig wird kritisiert, dass die staatliche Regulierung auf der Herstellerebene nur unzureichend sei und aus diesem Grund die Medikamentenpreise zu hoch seien; die Medikamentenpreise werden nicht direkt staatlich reguliert, sondern nur indirekt über Festbeträge, also über den Betrag, den die Kassen maximal für ein Medikament erstatten.

Die Pharmaökonomie, welche sich in den letzten Jahren aus der Gesundheitsökonomie entwickelt hat, beschäftigt sich mit den Besonderheiten des Arzneimittelsektors, er ist als einer der stärksten Wirtschaftszweige interessant.

5.4   Literatur zum Kapitel 5

Als Quellen für dieses Kapitel wurde primär die folgend aufgeführte Literatur genutzt, welche auch als vertiefende Lektüre empfohlen wird.

Vertiefende Einführungen in die mikroökonomischen Aspekte des Angebots bieten:

- *Folland, S./Goodman, A. C./Stano, M. (2007)*
- *Pindyck, R.S./Rubinfeld, D.L. (2009)*
- *Santerre, R. E./Neun, S.P. (2007)*

Als Quellen für die empirischen Angaben sind in erster Linie die Veröffentlichungen der OECD sowie der amtlichen Statistik Deutschlands, Österreichs und der Schweiz zu nennen.

Für international vergleichende empirische Angaben bietet einen um fassenden Überblick:

OECD (2010 d), Health Data 2010

6 Angebot von und Nachfrage nach Krankenversicherungsschutz

Bisher wurde in den Kapiteln dieses Buches meist angenommen, dass die Patienten als Nachfrager und die Anbieter von Gesundheitsleistungen unmittelbar auf dem Markt für Gesundheitsgüter zusammentreffen. Nur an einigen Stellen wurde erwähnt, dass zwischen Patienten und den Erbringern von Gesundheitsleistungen in den allermeisten westlich orientierten Industrienationen eine weitere Institution zwischengeschaltet ist, die Krankenversicherung, wobei diese Krankenversicherung teilweise staatlich bzw. kollektiv und teilweise privatwirtschaftlich organisiert sein kann. Etwas differenzierter betrachtet könnte man sogar sagen, dass der Gesundheitsmarkt in zwei zwar miteinander verbundene, aber dennoch separat zu betrachtende Märkte zerfällt. Zum einen in den bisher betrachteten Markt für die Gesundheitsgüter selbst und zum anderen in den Markt für Krankenversicherungen; letzterer ist Gegenstand dieses Kapitels.

6.1 Ein weiterer Markt im Gesundheitswesen: Krankenversicherungen

Auf dem Markt für Krankenversicherungen treffen ebenfalls ein Angebot und eine Nachfrage aufeinander. Die Nachfrager nach Versicherungsschutz sind aus den vorhergehenden Kapiteln bereits bekannt, es sind die Bürger eines Landes: Waren diese die Nachfrager nach Gesundheitsleistungen in dem Marktverhältnis zwischen Patienten und Arzt, so sind diese nun die Nachfrager nach Krankenversicherungsleistungen. Diese Krankenversicherungsleistungen sollen sie gegen die mit Krankheit verbundenen ökonomischen Risiken absichern, also in erster Linie gegen die Kosten der medizinischen Behandlung und Versorgung sowie zum anderen gegen die mit Krankheit verbundenen Ausfälle bei der Einkommenserzielung. Auf der anderen Seite dieses Marktes stehen die Krankenversicherer, welche Krankenversicherungsschutz gegen die genannten Risiken anbieten.

Es handelt sich also um einen typischen Dienstleistungsmarkt, und in einer ersten vordergründigen Betrachtung könnte man vermuten, dass dieser Markt gut funktioniert so wie andere freie Märkte auch, also nach den Gesetzen des Preismechanismus, wie sie in Kapitel 3 beschrieben wurden. In der Realität ist es aber so, dass in den allermeisten westlichen Industrienationen der Staat die Krankenversicherungsmärkte stark reguliert oder dass er diese sogar in großen Teilen selbst bereitstellt oder zumindest selbst organisiert, so etwa in Deutschland, Österreich und der Schweiz. Im Folgenden soll zunächst problematisiert werden, weshalb und unter welchen Bedingungen sich rationale Bürger gegen die mit Krankheit verbundenen Risiken versichern wollen, um dann in einem weiteren Schritt die Besonderheiten und Probleme des Krankenversicherungsmarktes aufzuzeigen. Dabei ist besonders von Interesse, weshalb Individuen, die durchaus Krankenversicherung zu einem angemessenen Preis suchen, bisweilen auf freien Märkten keine Krankenversicherung finden, ein Phänomen, welches z. B. in den USA anzutreffen ist.

6.2   Der Grundgedanke einer Krankenversicherung

Die Grundidee einer Krankenversicherung sei hier zum Einstieg in einem sehr grundlegenden Modell verdeutlicht. Dazu sei hier vereinfachend eine Modellgesellschaft angenommen, welche 100.000 Bürger hat. Diese Bürger seien betreffend das Risiko zu erkranken alle sehr ähnlich, und erfahrungsgemäß werden von den 100.000 Bürgern unserer Modellgesellschaft 1.000 einmal jährlich krank. Zur Heilung der Erkrankung entstehen pro Person 2.000 € an Kosten, woraus sich ergibt, dass in dieser Modellgesellschaft pro Jahr insgesamt 2.000.000 € an Kosten zur Behandlung von Erkrankungen entstehen.

Die Motivation sich gegen das Krankheitsrisiko zu versichern entsteht nun dann, wenn jedes Mitglied unserer Modellgesellschaft fürchtet, krank zu werden und die hohen Kosten von 2.000 € pro Behandlung selbst tragen zu müssen. Als Antwort auf diese Befürchtung entscheiden sich die Gesellschaftsmitglieder nunmehr pro Person 20 € in einen Fond einzuzahlen und im Falle der Erkrankung werden die Behandlungskosten von 2.000 € aus diesem Fond bestritten. In einer sehr vereinfachten Form stellt solch ein Fonds eine Krankenversicherung dar. Jedes Mitglied hat einen Versicherungsbeitrag von 20 € bezahlt, um die Risiken, welche mit Erkrankung verbunden sind, gering zu halten. In diesem sehr vereinfachten Beispiel ist davon abstrahiert, dass der Fonds in der Realität ein Versicherungsunternehmen sein wird, welches natürlich Gewinne machen möchte; hier ist vereinfachend angenommen, dass die Beiträge der Krankenversicherungsnehmer die gesamten erwarteten Kosten der Krankenbehandlung decken.

Dass ein Versicherungsmechanismus funktioniert, hat offensichtlich einige Voraussetzungen. Eine wichtige Voraussetzung ist, dass sich eine hinreichend große Zahl an dieser Krankenversicherung beteiligt, so dass ein aus der Statistik bekanntes Gesetz, das so genannte Gesetz der großen Zahlen, wirken kann. Nur wenn sich viele an der Versicherung beteiligen, ist eine Prognose über die zu erwartenden Kosten möglich, denn je größer die Zahl der versicherten Personen ist, desto geringer ist die Gefahr, dass zufällig die Krankheiten in einer bestimmten Gruppe oder zu einer bestimmten Zeit kumulieren. Der Zufall wird also kalkulierbar gemacht.

Eine weitere wichtige Voraussetzung ist eine bestimmte Einstellung der Bürger gegenüber Risiken. Die Mitglieder unserer Modellgesellschaft haben offensichtlich eine höhere Präferenz für die sicher – also mit einer Wahrscheinlichkeit von 100 Prozent – anfallenden Kosten von 20 € für die Versicherungsprämie als dafür, die nur mit einer sehr geringen Wahrscheinlichkeit von nur 1 Prozent die höheren Behandlungskosten von 2.000 € zu zahlen. Wir haben es mit der so genannten Risikoaversität der Krankenversicherungsnehmer zu tun, welche bei der nun näher zu betrachtenden Motivation für die Nachfrage nach Krankenversicherungsschutz eine wichtige Rolle spielt.

6.3   Die Motive für Nachfrage nach Krankenversicherungsschutz

Um zu verdeutlichen, weshalb und unter welchen Bedingungen rationale Individuen eine Krankenversicherung nachfragen, wird folgend ein gängiges Schaubild aus der Krankenversicherungstheorie verwendet; siehe dazu Abbildung 6.1.

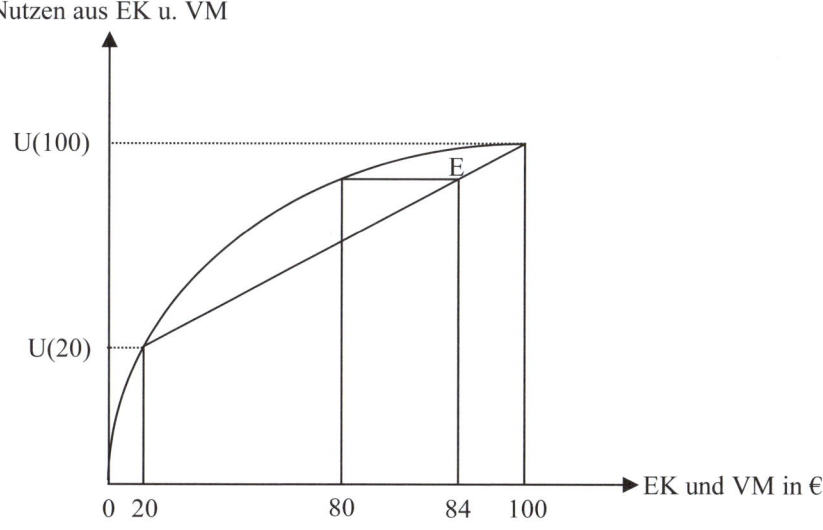

Abbildung 6-1: Das Grundmodel der Krankenversicherungsnachfrage

In Abbildung 6.1 ist zunächst die Nutzenfunktion eines potentiellen Nachfragers nach Krankenversicherungsschutz eingezeichnet. Auf der horizontalen Achse sind das Einkommen und das Vermögen dieses Individuums ausgedrückt in Geldeinheiten abgetragen, auf der vertikalen Achse ist der Nutzen, welcher durch das Einkommen und das Vermögen diesem Individuum gestiftet wird, abgebildet. Die nach oben gebogene Kurve in dem Schaubild bildet den Zusammenhang zwischen Nutzenhöhe einerseits und Einkommens- bzw. Vermögenshöhe andererseits ab.

Wie schon ähnlich konstruierte Kurven in den einführenden Kapiteln dieses Buches, wo es um die ökonomische Denkweise ging, hat auch diese Kurve einen positiven Verlauf, d. h., je höher das Einkommen und das Vermögen sind, umso höher ist auch der Nutzen für das Individuum. Auffällig ist jedoch auch hier, dass die Intensität dieses gleichgerichteten Zusammenhangs nicht konstant ist. Während bei einem geringen Einkommen und Vermögen eine zusätzliche Einheit Einkommen und Vermögen einen hohen Nutzenzuwachs bewirkt, bewirkt eine zusätzliche Geldeinheit Vermögen und Einkommen bei bereits hohem Niveau von Einkommen und Vermögen eine vergleichsweise geringe Nutzensteigerung. Dies entspricht durchaus unserer Erfahrung im Alltag, da wir mit den ersten Einheiten unseres Einkommens zunächst einmal die Bedürfnisse befriedigen, die besonders pressierend sind, die uns also einen besonders hohen Nutzenzuwachs ermöglichen, während wir mit zunehmenden Einheiten Einkommen weniger dringliche Bedürfnisse befriedigen, die folglich einen vergleichsweise geringeren Nutzenzuwachs bewirken. In der Grafik bewirkt dies den abflachenden Verlauf der Kurve.

6.3.1   Der Erwartungswert des Vermögens

In der Abbildung ist nun beispielhaft angenommen, dass der Krankheitsfall in diesem Jahr mit einer Wahrscheinlichkeit von 20 Prozent eintritt und zu einem Vermögens- und Einkommensverlust in der Weise führt, dass bei einem Vermögen und Einkommen von 100 Tausend Geldeinheiten der Vermögens- und Einkommensverlust 80 Tausend Geldeinheiten beträgt. Mit einer Wahrscheinlichkeit von 20 Prozent beträgt also das Vermögen und Einkommen im nächsten Jahr nur 20 Tausend Geldeinheiten.

Tritt die Krankheit mit 20-prozentiger Wahrscheinlichkeit auf, so tritt ergo mit 80-prozentiger Wahrscheinlichkeit keine Krankheit auf und somit auch kein Einkommens- bzw. Vermögensverlust. Mit einer Wahrscheinlichkeit von 80 Prozent beträgt also das Vermögen und Einkommen im nächsten Jahr nach wie vor 100 Tausend Geldeinheiten. Zusammenfassend hat das betrachtete Individuum also im kommenden Jahr mit 80-prozentiger Wahrscheinlichkeit ein Vermögen und Einkommen von 100 Tausend und mit 20-prozentiger Wahrscheinlichkeit ein Einkommen und ein Vermögen von 20 Tausend. Statistisch hat er also ein Vermögen von

$$0{,}8 \cdot 100 + 0{,}2 \cdot 20 = 84$$

Tausend Geldeinheiten zu erwarten.

84 Tausend Geldeinheiten ist der so genannte Erwartungswert des Vermögens und des Einkommens für das kommende Jahr.

6.3.2   Krankenversicherungsschutz mit fairer Prämie

Mit Blick auf die hier thematisierte Frage nach dem Motiv für die Nachfrage nach Krankenversicherungsschutz ist jedoch nicht der Erwartungswert selbst die entscheidende Größe, sondern der Nutzen, welchen das betrachtete Individuum daraus zieht. Grafisch ist offensichtlich in Punkt e angegeben, welchen Nutzen dieser erwartete Wert von 84 Tausend Geldeinheiten stiftet. Punkt e liegt auf einer Geraden zwischen U 20 und U 100. Die Gerade gibt den Nutzen der Wahrscheinlichkeiten zwischen den Ereignissen eines Einkommens von 20 Tausend Geldeinheiten und 100 Tausend Geldeinheiten wieder; oder anders gewendet, diese Gerade zeigt, welche Nutzen zu erwarten sind, wenn der Krankheitsfall – einhergehend mit entsprechenden Vermögens- und Einkommenseinbußen – mit unterschiedlichen Risikobehaftungen eintritt.

Erhellend ist nun ein Vergleich mit der Nutzenfunktion des Individuums: Dieser Vergleich zeigt, dass der Nutzen in Punkt e auf der Geraden nicht höher oder niedriger ist als der Nutzen von 80 Tausend Geldeinheiten Vermögen bzw. Einkommen auf der gebogenen Nutzenfunktion des Individuums. Damit ergibt sich: Der Nutzen zweier mit Unsicherheit behafteter Ereignisse mit dem erwarteten Geldwert von 84 Tausend Geldeinheiten ist genauso hoch wie der Nutzen aus einem sicheren Einkommen von 80 Tausend Geldeinheiten.

Vor diesem Hintergrund – und ausgehend von der Ausgangssituation mit einem Einkommen und Vermögen von 100 Tausend Geldeinheiten – stellt sich die Frage, wie viel dieses Individuum willens ist, für die Herbeiführung einer Absicherung zu zahlen, d. h. sozusagen, welche Versicherungsprämie es bereit wäre zu zahlen. Dies bemisst sich aus der Differenz des Betrages in der Ausgangssituation (100 Tausend Geldeinheiten) und den sicheren 80 Tausend Geldeinheiten. Bis maximal 20 Tausend Geldeinheiten wäre es bereit als Absicherung – sozusagen als Versicherungsprämie – zu zahlen: Bei einer Prämie von 20 Tausend Geldeinheiten würde es dasselbe Nutzenniveau erreichen wie ohne Versicherung. Bei jeder Prämie die geringer ist, ist sein Nutzenniveau höher als ohne Krankenversicherung. Der Abschluss einer Krankenversicherung, die bis zu 20 Tausend Geldeinheiten kostet, führt also zu einer Verbesserung der Situation des Individuums. Somit besteht für ein solches Individuum ein Anreiz, eine Krankenversicherung bis zu diesem Preis zu erwerben. In der Versicherungstheorie spricht man von einer aktuarisch fairen Versicherungsprämie; bei einer Prämie, die höher als diese aktuarisch faire ist, würde das Individuum keinen Krankenversicherungsschutz erwerben, dies würde sich für es nicht lohnen.

6.4 Funktionsprobleme und Marktversagen auf dem Krankenversicherungsmarkt

Bis hierhin scheint es so, als sei der Versicherungsmarkt ein ganz normaler Markt, für den sich eine private Nachfrage und ein privates Angebot ohne staatliche Intervention herausbildet. Und dies wäre auch in der Tat richtig, wenn nicht gleich verschiedene Informationsprobleme auf diesem Markt vorhanden wären; Ökonomen sprechen – wie schon in den Kapiteln 3 und 4 angedeutet – von asymmetrischer Information, da einige Teilnehmer mehr Informationen haben als andere. So wäre es beispielsweise für das Funktionieren dieses Marktes wichtig, dass jedes zu versichernde Individuum seine eigene Risikoeigenschaft kennt, d. h., seine Neigung zu erkranken und dies auch von den Versicherungsunternehmen zu beobachten ist. Dass Krankenversicherungsmärkte in aller Regel nicht friktionslos funktionieren, hat damit zu tun, dass jedoch die Risikoeigenschaften der zu versichernden Personen vom Versicherungsunternehmen in aller Regel nicht beobachtbar sind oder auch dass der Abschluss einer Krankenversicherung das Verhalten der Versicherungsnehmer verändert. Wie nun zu zeigen sein wird, führt eine solche Situation verschiedener asymmetrischer Informationsverteilungen bisweilen zum Zusammenbruch von Krankenversicherungsmärkten oder verhindert von vorne herein deren Entstehen.

6.4.1 Negativauslese infolge von Informationsasymmetrien vor Vertragsabschluss

Das wohl wichtigste Problem auf Krankenversicherungsmärkten ist die Form der Informationsasymmetrie, bei der eine der beiden Marktseiten – also Anbieter oder Nachfrager – die qualitativen Eigenschaften eines Gutes, einer Leistung oder anderer relevanter Phänomene ex ante – d. h. vor dem Vertragsabschluss – besser einschätzen kann als die andere Marktseite. Handelt das Individuum, welches besser informiert ist, als Homo oeconomicus, so wird es diesen Informationsvorsprung zu seinen Gunsten einsetzen. Informationsasymmetrien können dann zu so genannter Negativauslese – auch adverse Selektion genannt – führen, was einen Zusammenbruch des Marktes bedeuten kann. Wie dieser Mechanismus funktioniert, wird nun näher erklärt.

Zunächst sind zwei Fälle von Ex-ante-Informationsasymmetrien zu unterscheiden: die Informationsasymmetrien zu Lasten des Nachfragers und die Informationsasymmetrien zu Lasten des Anbieters. Im Krankenversicherungsbereich interessiert vor allem die Informationsasymmetrie zu Lasten des Anbieters – oder anders ausgedrückt: zugunsten des Nachfragers.

Es sei angenommen, dass Wettbewerb auf dem Krankenversicherungsmarkt existiert und dass die Versicherungsunternehmen private Anbieter sind. Sie haben keinen gemeinnützigen Auftrag und sie unterliegen auch keinem Kontrahierungszwang; es sei also von einem freien und unregulierten Krankenversicherungsmarkt ausgegangen. In der privaten Krankenversicherung gilt – anders als z. B. in den gesetzlichen Krankenversicherungen in Deutschland, Österreich oder der Schweiz – bei der Versicherung eines Individuums das versicherungstechnische Äquivalenzprinzip, d. h., die Versicherungsprämie des Versicherten wird entsprechend seines Krankheitsrisikos kalkuliert: So wie zu Beginn dieses Kapitels dargestellt wird bei funktionierenden Märkten eine aktuarisch faire Versicherungsprämie erhoben. Um einen Neuzugang dem Risiko entsprechend versichern zu können, muss die Versicherung somit das Risiko des Versicherungsnehmers einschätzen.

Die Versicherung weiß aber ex ante, also vor Vertragsabschluss, nicht, ob es sich bei einem bestimmten Nachfrager um ein gutes Risiko, also um eine Person mit einer geringen Wahrscheinlichkeit zu erkranken, oder um ein schlechtes Risiko, also um eine Person mit einer hohen Wahrscheinlichkeit zu erkranken, handelt. Verhält sich der Versicherungsnehmer rational, so wird er – sofern er ein hohes Krankheitsrisiko hat und um dieses weiß – dieses Risiko nicht offen legen, um in den Genuss einer günstigen Prämie zu kommen. Da die Versicherung aber vermutet, dass der Versicherungsnehmer sich so verhalten wird und somit nicht einschätzen kann, welche zukünftigen finanziellen Verpflichtungen mit diesem neuen Versicherten verbunden sind, wird auch sie ihr Handeln rational anpassen. Dies macht sie, indem sie den Versicherungsvertrag nicht mehr risikoäquivalent ausgestaltet, sondern eine Durchschnittsprämie – über alle Versichertenrisiken hinweg – bildet, welche garantiert, dass sie mit dieser Prämie keine Verluste machen wird.

Zur beispielhaften Verdeutlichung dieses Zusammenhangs sei wiederum eine Modelgesellschaft angenommen, die aus zwei gleich großen Gruppen besteht: einer Gruppe, die mit einer Wahrscheinlichkeit von nur 5 Prozent erkranken wird, dies seien die guten Risiken, und einer anderen Gruppe, die mit einer Wahrscheinlichkeit von 10 Prozent erkranken wird, dies seien die schlechten Risiken. Zudem sei angenommen, dass das Eintreten des Krankheitsfalles jeweils 2.000 € Kosten verursacht.

Eine faire Prämie für die guten Risiken ergibt sich nun als Produkt aus den Kosten des Krankheitsfalls (2.000 €) und der Eintrittswahrscheinlichkeit des Krankheitsfalls dieser Gruppe (5 Prozent), also als:

$$2.000 \cdot 5\% = 100 \ €$$

Entsprechend ist eine faire Prämie für die schlechten Risiken mit deren Eintrittwahrscheinlichkeit (10 Prozent) herzuleiten als:

$$2.000 \cdot 10\% = 200 \ €$$

Die aus den gerade genannten Gründen von der Krankenversicherung über die beiden Versichertenrisiken hinweg gebildete Durchschnittsprämie, welche garantiert, dass sie mit dieser Prämie keine Verluste machen wird, ist demnach:

$$0,5 \cdot 2.000 \cdot 5\% + 0,5 \cdot 2.000 \cdot 10\% = 150 \ €$$

Diese Durchschnittsprämie ist nun aber für schlechte Risiken zu niedrig und für gute Risiken zu hoch. Da die Prämie für gute Risiken zu hoch ist, werden gute Risiken von einem Versicherungsvertrag Abstand nehmen und keine Versicherung abschließen; 150 € ist keine faire Versicherungsprämie für diese Gruppe.

Nur die schlechten Risiken werden den Versicherungsvertrag nachfragen. Für sie ist eine Versicherungsprämie von 150 € sehr attraktiv und viel zu günstig, betrachtet man ihre Risikostruktur, für die man 200 € hätte verlangen müssen, um kostendeckend als Krankenversicherer arbeiten zu können. Die guten Risiken werden also von den schlechten Risiken aus der Krankenversicherung verdrängt, es findet eine Negativauslese statt. Damit ändert sich aber die Kalkulationsbasis der Versicherung, da nun ein höherer Bestand an schlechten Risiken als den ursprünglich Erwarteten in die Berechnung mit eingeht. Die Versicherung muss die Prämie nach oben korrigieren. Die Folge ist ein erneutes Ausbleiben guter Risiken.

Diese Negativauslese dauert so lange an, bis nur noch schlechte Risiken in der Versicherung verbleiben, die eine sehr hohe Prämie zahlen. Gute Risiken bekommen keinen Versicherungsschutz, auch – und dies ist das Kernproblem – wenn sie eigentlich eine Versicherung zu fairen Prämien ausdrücklich haben wollen, sie also nicht freiwillig von einem fairen Krankenversicherungsvertrag Abstand nehmen. Dieser Prozess kann sich auch fortsetzen, bis der Markt komplett zusammenbricht und auch die schlechten Risiken keinen Versicherungsschutz mehr erhalten, da sie die Prämien nicht mehr zahlen können.

Diese Folgen der Ex-ante-Informationsasymmetrie wird häufig als Rechtfertigung für die staatliche Regulierung von Krankenversicherungsmärkten angesehen. Auf dieser Grundlage haben sich einige Länder dazu entschlossen, private Krankenversicherungen erst gar nicht zuzulassen, sondern die Gesundheitsversorgung komplett über ein staatliches Angebot zu regeln, so dass man als Bürger dieses Landes automatisch am Gesundheitsversorgungssystem teilnimmt.

6.4.2   Moral Hazard infolge von Informationsasymmetrien vor und nach Vertragsabschluss

Neben dem Problem der ex ante adversen Selektion durch Informationsasymmetrien sind zwei weitere Folgen der Informationsasymmetrie zu berücksichtigen, welche ebenfalls zur Instabilität von privaten Krankenversicherungsmärkten beitragen. In beiden Fällen handelt es sich um so genannte Moral-Hazard-Phänomene. Moral Hazard heißt, dass der Abschluss des Versicherungskontraktes bei den Versicherten Verhaltensänderungen hervorruft. Dabei ist zwischen Ex-ante-Moral-Hazard und Ex-post-Moral-Hazard zu unterscheiden.

Ex-ante-Moral-Hazard heißt, dass durch den Krankenversicherungskontrakt bei den Versicherten der Anreiz schwindet, das Auftreten des Schadens zu vermeiden; d. h., dass der Krankenversicherungskontrakt den Anreiz reduziert auf seine Gesundheit zu achten, da die Folgen der Krankheit abgemildert werden. Beispielsweise vermag die Krankenversicherungsgesellschaft nicht zu beobachten, ob der Versicherte in dem Maße Zahnpflege betreibt wie vor dem Versicherungskontrakt; in der Tat scheint es plausibel, dass man stärker auf seine Zahnpflege achtet, wenn man für Zahnbehandlung selbst aufkommen muss, als wenn eine Versicherung die Kosten für Zahnbehandlungen übernimmt.

Ex-post-Moral-Hazard meint hingegen, dass der Versicherte im Krankheitsfall keinerlei Anreiz mehr hat, auf eine kostengünstige Behandlung zu achten; im Gegenteil, bisweilen scheint eine teure Behandlung zu signalisieren, dass es sich um eine gute Behandlung handelt. In der Tat hat die Krankenversicherung dann keinen Einfluss darauf, ob und inwiefern sich der Krankenversicherte kostenbewusst verhält. Beide Moral-Hazard-Phänomene führen zu Kostensteigerungen und einem Behandlungsumfang über das effiziente Maß hinaus.

Bis hierhin lässt sich zusammenfassend feststellen, dass der Krankenversicherungsmarkt kein normaler Markt für Dienstleistungen ist, sondern dass eine asymmetrische Informationsverteilung zu Lasten der Krankenversicherungsanbieter zu Phänomen der adversen Selektion und des Moral Hazard führt. Diese Funktionsdefizite bei Krankenversicherungen führen bei stark privatwirtschaftlich orientierten Gesundheitssystemen wie dem der USA regelmäßig zu Unterversorgung mit Krankenversicherungen. Moral Hazard und adverse Selektion führen in anderen Ländern dazu, dass Krankenversicherungsmärkte sehr stark reguliert werden oder dass Krankenversicherungen etwa in Form von gesetzlichen Krankenversicherungen von staatlicher Seite bereitgestellt werden. Wie konkret mit Moral Hazard und adverser Selektion im internationalen Vergleich umgegangen wird, wird noch Gegenstand des Kapitels 7 über Gesundheitssysteme sein.

6.5   Reduktion von Informationsasymmetrien durch Screening und Signaling

Statt staatlicher Regulierung oder Bereitstellung von Krankenversicherungsleistungen als Antwort auf Negativauslese und Moral Hazard in Folge von asymmetrischer Information könnte man aber auch erwägen, die Informationsasymmetrie zu reduzieren und so die Funktionsfähigkeit dieses Marktes zu ermöglichen. Insbesondere ist zu fragen, ob und inwieweit der Markt selbst Lösungen für das Problem der asymmetrischen Informationsverteilung bereithält. Damit der Markt besser funktioniert, müsste er von selbst eine Erhöhung der Informationsbereitstellung erreichen.

Diese „Suche" nach verborgener Information von Seiten des schlechter Informierten nennt man Screening. Dabei wird die schlechter informierte Marktseite – in diesem Fall das potentielle Krankenversicherungsunternehmen – das Screening unter seinem individuellen Kosten-Nutzen-Kalkül vornehmen. Für die andere Marktseite mit der besseren Information – in diesem Fall der potentielle Krankenversicherungsnehmer – kann ein Interesse daran bestehen, Informationen bereitzustellen. Hier geht es dann darum, die schlechter informierte Marktseite durch „Signale" glaubwürdig über die Qualität des Gesundheitszustandes zu informieren; dann würde das Glaubwürdigkeitsproblem durch ein so genanntes Signaling gelöst.

Es lassen sich also grundsätzlich Informationsasymmetrien auf zwei Wegen reduzieren: erstens dadurch, dass die relativ schlecht informierte Marktseite versucht, zusätzliche Informationen zu gewinnen (Screening) und zweitens dadurch, dass die relativ gut informierte Marktseite sich bemüht, möglichst glaubwürdige Informationen über ihr Angebot zu machen (Signaling). Es ist zu fragen, welche konkreten Mechanismen dieser Art auf dem Krankenversicherungsmarkt vorzufinden sind. Dabei ist zu beachten, dass diese Märkte dadurch gekennzeichnet sind, dass die Informationsasymmetrien zu Lasten des Anbieters von Versicherungsverträgen vorliegen. Es würde also das Versicherungsunternehmen versuchen, seinen Informationsstand über den Krankheitsstand des potentiellen Versicherungsnehmers zu verbessern (Screening), während der Versicherungsnehmer – und hier vor allem die guten Risiken – darum bemüht wären, dem Versicherungsunternehmen so viel Information wie möglich bereitzustellen (Signaling), um überhaupt einen Versicherungsschutz zu erlangen. Abbildung 6.2 gibt einen Überblick über eine entsprechende Lösung für das Problem der Informationsasymmetrie auf einem Krankenversicherungsmarkt.

Informationsasymmetrien liegt auf dem Markt für Krankenversicherung vor; der Markt löst das Problem durch:					
Informationssuche (Screening"); das Versicherungsunternehmen (der Uninformierte) verbessert seinen Informationsstand durch:		Informationsübertragung („Signaling"); der Versicherungsnehmer (der besser Informierte) stellt Informationen bereit durch:			
– Selbstinformation – Befragung des Versicherungsnehmers – Anamnese	–Einschaltung spezialisierter Dritter –ärztliche und psychologische Untersuchung	Signalisierung einer Kooperationsbereitschaft	Einräumen eines Garantieversprechens, keine unwahren Angaben gemacht zu haben	Akzeptanz eines Selbstbehaltes	Eingehen auf Tarife mit Schadensfreiheitsrabatten

Abbildung 6-2: Marktliche Lösungen für Informationsasymmetrien auf dem Krankenversicherungsmarkt

6.5.1   Screening

Die Krankenversicherung hat verschiedene Möglichkeiten, sich Informationen über die potentiell zu Versichernden zu beschaffen: Sie kann sich beispielsweise durch empirische und statistische Daten über standardisierte Krankheitsgeschichten informieren. Weiterhin kann die Versicherung den potentiellen Versicherungsnehmer durchaus nach seiner Vorgeschichte fragen oder ihn zu einem Arzt ihres Vertrauens – also zu einem spezialisierten Dritten – zu einer Voruntersuchung schicken. Dies stößt dann an eine Grenze, wenn die besser informierte Marktseite (potentieller Versicherungsnehmer) die Möglichkeit hat, wichtige Informationen zu verbergen, wenn also beispielsweise der Arzt auf die Mithilfe des Patienten angewiesen ist. Allerdings wird der schlechter Informierte nur so lange nachforschen, wie sein Nutzen aus der Information seine Kosten aus der Informationsgewinnung übersteigt.

Eine Möglichkeit, die Kosten der Informationsbeschaffung für die Versicherung zu senken, könnte durch staatliche Vorschriften der Informationsbereitstellung erreicht werden. Kosten der Informationsgewinnung könnten hierbei beispielsweise gesenkt werden, wenn die Versicherungsnehmer verpflichtet würden ihre Krankenvorgeschichte offen zu legen oder Ärzte von ihrer Schweigepflicht entbunden würden. Die Krankengeschichte wahrheitsgemäß offen zu legen müsste natürlich bei Nichteinhaltung mit bestimmten Sanktionen, z. B. dem Verlust des Versicherungsschutzes, einhergehen.

Da im Extremfall durch Negativauslese nur noch für einen geringen Anteil der Bevölkerung Krankenversicherungsschutz bereitgestellt würde, kann man davon ausgehen, dass die besser informierten Versicherungsnehmer einen Anreiz haben, Informationen über sich bereitzustellen oder zu übertragen, um überhaupt in den Genuss einer Versicherung zu gelangen, Dieses Signaling kann auf unterschiedliche Weise im Krankenversicherungsmarkt geschehen.

6.5.2   Signaling

Der potentielle Versicherungsnehmer kann z. B. seine Kooperationsbereitschaft bei der Informationsbeschaffung signalisieren und von sich aus Information bereitstellen. Dies können aber auch die sich verstellenden schlechten Risiken; Kooperationsbereitschaft zu signalisieren ist also nur ein erster Schritt.

Versicherungen können zudem Verträge mit Selbstbehalten anbieten und auf Selbstselektion setzen. Die Funktionsfähigkeit des Marktes wird damit zwar verbessert, allerdings erhalten die guten Risiken dann keinen Vollversicherungsschutz zu einem angemessenen Preis. Denn solche Selbstwahlmechanismen beruhen auf der Annahme, dass eine teilweise Deckung für gute Risiken weniger kostspielig ist als für schlechte Risiken. Das Angebot verschiedener Verträge mit verschiedenen Deckungsgraden würde dann aufgrund von Selbstwahlmechanismen zu einer Diskriminierung nach Risikogruppen führen. Allerdings sind Selbstbehalte mit Problemen behaftet, die z. B. auch zu einer Überversicherung führen können, wenn sich das Restrisiko bei einer anderen Versicherung versichern lässt, die keine Information über den ersten Kontrakt hat. Für die Versicherungen erfüllt die Marktspaltung, d. h. die Einteilung in gute und in schlechte Risiken, eher eine Screening-Funktion. Hieran sieht man, dass Screening und Signaling nicht vollständig voneinander zu trennen sind.

Als weiteres Instrument können sich die Versicherungsnehmer bereit erklären, auf der Basis ihrer Angaben einen befristeten Versicherungsvertrag einzugehen, der nach einer angemessenen Laufzeit – in der sich seine Angaben bestätigen – in einen dauerhaften Vertrag umgewandelt wird. Auch befristete Verträge, die immer wieder erneut geschlossen werden müssen, wären eine Möglichkeit, den Informationsasymmetrien zu begegnen. Zusätzlich könnten die Tarife ex post differenziert werden, z. B. kann bei Schadensfreiheit ein Teil der Prämie zurückerstattet werden oder auf künftige Prämien Rabatte gegeben werden. Allerdings kann es bei solchen Arrangements mehrere Perioden dauern, bis der Versicherungsnehmer entsprechend seinem wahren Risiko eingestuft ist.

Der zuletzt genannte Punkt der Differenzierung von Tarifen macht deutlich, wie stark Negativauslese mit dem Problem des Moral Hazard zusammenhängt und dass diese beiden Phänomene kaum getrennt werden können. Denn ex post ist es kaum mehr nachzuvollziehen, ob eine Überstrapazierung des Versicherungsvertrages aufgrund von Ex-ante-Informationsasymmetrien vorliegt oder aufgrund von ex post veränderten Verhaltensweisen.

Die gerade diskutierten marktlichen Instrumente zur Überwindung des Problems der asymmetrischen Information werden auf privaten Krankenversicherungsmärkten tatsächlich eingesetzt; sie sind also von durchaus praktischer Relevanz bei dem Angebot risikoäquivalenter Versicherungen mit unterschiedlichen Tarifen durch private Krankenversicherungen. Zum Beispiel kennt die deutsche private Krankenversicherung (PKV) verschiedene Kombinationen solcher Instrumente, die in der Tat das Angebot unterschiedlicher Versicherungsverträge ermöglichen. In vielen Krankenversicherungstarifen bestehen Vereinbarungen über Selbstbehalte oder Beitragsrückerstattungen als Instrumente zur Reduktion der Informationsasymmetrie. Die Akzeptanz solcher Selbstbehalte und Beitragsrückerstattungen durch den Versicherten ist für das Versicherungsunternehmen ein Indikator für die Risikostruktur des zu Versichernden, da gute Risiken solche Regelungen eher akzeptieren als schlechte.

Die privaten Krankenversicherer machen auch von dem Instrument Gebrauch, den Gesundheitszustand des zu Versichernden zu erfragen und ärztlich zu überprüfen, um gegebenenfalls Leistungsausschlüsse zu vereinbaren. Dabei führen falsche Angaben zum Gesundheitszustand im Nachhinein zur Verweigerung der Kostenübernahme, so dass eine sehr weitgehende Selektion von guten und schlechten Risiken möglich ist. Die tatsächliche Funktionsfähigkeit von Screening und Signaling anhand des deutschen Marktes für private Krankenversicherung zu überprüfen ist aber nur begrenzt möglich, da der private Krankenversicherungsmarkt in Deutschland a priori davon ausgehen kann, eine Bevölkerungsgruppe zu versichern, in der „gute Risiken" dominieren. Schlechte Risiken werden in der Tendenz eher in der gesetzlichen Krankenkasse vorzufinden sein.

6.5.3   Zusammenschau des Krankenversicherungsmarktes

Zusammenfassend lässt sich zu den durch asymmetrische Information hervorgerufenen Problemen feststellen: Der Krankenversicherungsmarkt ist kein normaler Markt für Dienstleistungen, sondern eine asymmetrische Informationsverteilung zu Lasten der Krankenversicherungsanbieter führt zu Phänomen der adversen Selektion und des Moral Hazard. Diese Funktionsdefizite bei Krankenversicherungen führen bei stark privatwirtschaftlich orientierten Gesundheitssystemen – wie dem der USA – regelmäßig zu Unterversorgung mit Krankenversicherungen. Moral Hazard und adverse Selektion führen in anderen Ländern dazu, dass Krankenversicherungsmärkte sehr stark reguliert werden oder dass Krankenversicherungen etwa in Form von gesetzlichen Krankenversicherungen von staatlicher Seite bereitgestellt werden. Screening und Signaling können diese Probleme in begrenztem Umfang reduzieren. Wie konkret mit Moral Hazard und adverser Selektion im internationalen Vergleich umgegangen wird, wird noch Gegenstand des folgenden Kapitels über Gesundheitssysteme sein.

6.6   Literatur zum Kapitel 6

Als Quellen für dieses Kapitel wurde primär die folgend aufgeführte Literatur genutzt, welche auch als vertiefende Lektüre empfohlen wird.

Vertiefende Einführungen in die mikroökonomischen Aspekte des Krankenversicherungsmarktes bieten:

- *Folland, S./Goodman, A. C./Stano, M. (2007)*
- *Santerre, R. E./Neun, S.P. (2007)*
- *Schulenburg, M. F., Graf v.d./Greiner, W. (2007)*

Einführungen in die Probleme des Marktversagens, welche für Krankenversicherungsschutz und dessen Angebot und Nachfrage relevant sind, finden sich in:

- *Beek van der, K. (2002)*
- *Breyer, F./Zweifel, P./Kifmann, M. (2004)*
- *Fritsch, M./Wein, Th./Ewers, H.-J. (2007)*

7 Gesundheitssysteme – Systematik und internationaler Vergleich

In einer ersten groben Annäherung lassen sich drei verschiedene Idealtypen von Gesundheitssystemen unterscheiden, welche sich nach dem Kriterium der Markt- und Staatsnähe in ein Kontinuum einordnen lassen. Idealtypen meint – im Gegensatz zu den so genannten Realtypen –, dass es sich dabei nicht um tatsächlich in der Realität vorfindbare Systeme handelt, sondern um reine Formen, welche – anders als die Realität – einem bestimmten Strukturprinzip oder einer grundlegenden Idee folgen; es handelt sich also um theoretisch entworfene Systeme. Am einen Ende des Kontinuums dieser Gesundheitssysteme stehen rein marktwirtschaftliche Systeme ohne staatliche oder gesellschaftliche Intervention. In diesen Systemen ist die private Bezahlung von Gesundheitsleistungen durch die Patienten vorherrschend und es finden sich – wenn überhaupt vorhanden – rein private Krankenversicherungsmärkte mit all den in den vorhergehenden Kapiteln beschriebenen Tücken. Der zweite mittlere Idealtypus beinhaltet sozialversicherungsbasierte Systeme und gemischte Systeme; hier werden marktwirtschaftliche, kollektive und staatliche Versorgungs- und Versicherungselemente in unterschiedlicher Weise und Intensität miteinander kombiniert. Alle später vorgestellten Realtypen sind diesen Mischtypen zuzuordnen. Am anderen Ende des Kontinuums liegt ein rein staatliches Gesundheitssystem, welches aus dem Steueraufkommen finanziert wird. Bevor im Folgenden eine Typologie der Gesundheitssysteme und speziellere Gesundheitssysteme in ihrer Grundstruktur vorgestellt und anhand von konkreten Beispielen illustriert werden, soll zuvor skizziert werden, worin die Funktion der verschiedenen Ausprägungen von Gesundheitssystemen liegt.

7.1 Gesundheitssysteme als Antwort auf die Funktionsprobleme in Gesundheitsmärkten

Wenn man die Frage stellt, weshalb es im internationalen Vergleich ganz unterschiedliche Gesundheitssysteme gibt, und zwar auch in sonst recht ähnlichen westlichen Marktwirtschaften, so lässt sich als eine erste Idee feststellen, dass unterschiedliche Gesundheitssysteme ganz unterschiedliche Antworten auf die verschiedenen Besonderheiten in Gesundheitsmärkten, welche in den vorhergehenden Kapiteln bereits ausführlicher erläutert wurden, darstellen. Nochmals zusammenfassend bestehen diese Besonderheiten auf drei Märkten, und sie sind die Folge von verschiedenen asymmetrischen Informationsverteilungen und Prinzipal-Agent-Problemen. In Abbildung 7.1 sind diese Beziehungen nochmals im Überblick dargestellt.

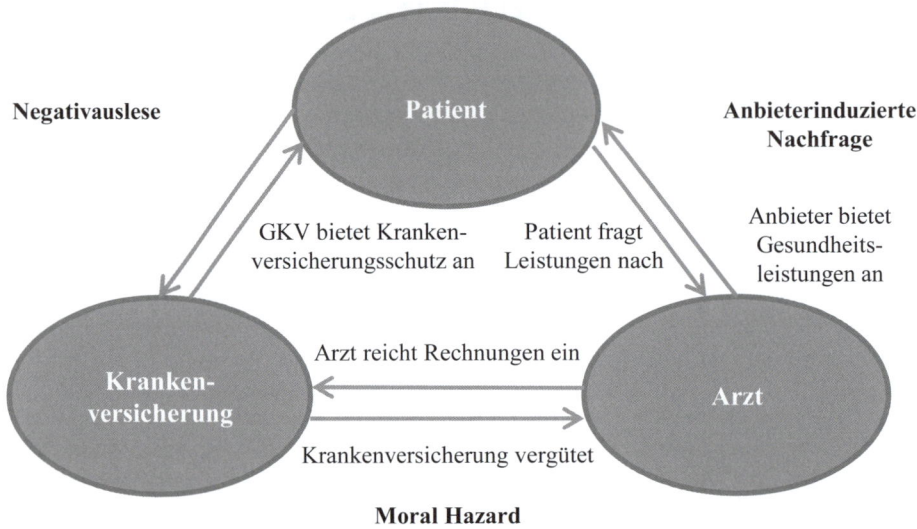

Abbildung 7-1: Funktionsprobleme im Überblick

So wurde festgestellt, dass in der Patient-Krankenversicherung-Beziehung das Phänomen der Negativauslese ein wichtiges ist – siehe Kapitel 6 – ‚dass in der Beziehung Arzt – Patient das Problem der anbieterinduzierten Nachfrage anzutreffen ist – siehe Kapitel 4 – und dass in der Beziehung Krankenversicherung – Arzt ein Moral-Hazard-Problem zu erwarten ist – siehe Kapitel 3 und 6. Unterschiedliche Ausgestaltungen von Gesundheitssystemen antworten auf diese Funktionsprobleme der Märkte für Gesundheitsgüter und für Krankenversicherungen mit unterschiedlicher Schwerpunktsetzung. Erachten die gesundheitspolitisch Verantwortlichen etwa das Problem, dass weite Teile der Bevölkerung gegebenenfalls nicht krankenversichert sind – als Ausdruck der adversen Selektion – als das Wichtigste und will man dieses Problem primär bekämpfen, so wird man sich offensichtlich für ein anderes System entscheiden, als wenn man die Phänomene der anbieterinduzierten Nachfrage und des Moral-Harzard-Verhaltens als primäres Problem betrachtet. Im ersten Fall wird man keinesfalls auf unregulierte private Krankenversicherungen vertrauen, sondern strikte Regulierung der Krankenversicherer oder ihre staatliche Bereitstellung vornehmen; im zweiten Fall wird man die Beziehung Arzt – Patient regulieren und kontrollieren wollen.

Insofern fällt mit der Wahl für ein bestimmtes Gesundheitssystem implizit auch immer die Entscheidung, welches der Funktionsprobleme in den Fokus gerückt werden soll. Dies kann bei der Betrachtung konkreter Gesundheitssysteme deutlich werden, wie noch zu sehen sein wird.

7.2   Eine erste Typologie der Gesundheitssysteme

In allen industrialisierten Ländern der westlichen Welt hat der Gesundheitssektor eine beträchtliche kollektive oder staatliche Komponente. Diese Gemeinsamkeit vernachlässigt jedoch, dass es in der Organisationsstruktur des Gesundheitswesens erhebliche Unterschiede gibt. Ausgehend von der oben genannten groben Systematisierung anhand von drei Idealtypen lassen sich grundsätzlich neun Typen – d. h. organisatorische Strukturen – von Gesundheitswesen unterscheiden. Diese neun Typen ergeben sich, wenn man nochmals differenziert zwischen dem Markt für Gesundheitsleistungen – also primär die Arzt-Patient-Beziehung – einerseits, und dem Krankenversicherungsmarkt – also primär die Krankenversicherung–Patient-Beziehung – andererseits. Auf beiden Märkten sind drei Organisationsformen denkbar:

- Erstens kann das Angebot auf diesen Märkten durch reine private Akteure geprägt sein: Für den Markt für Gesundheitsgüter bedeutet dies, dass Krankenhäuser, Ärzte und sonstige Akteure wie Apotheken etc. als private Unternehmungen sozusagen als For-Profit-Organisationen vorzufinden sind; für den Krankenversicherungsmarkt bedeutet dies, dass die Krankenversicherer gewinnorientierte Privatunternehmen sind.

- Zweitens kann das Angebot auf diesen Märkten durch parafiskalische oder parastaatliche Akteure, d. h., durch nicht gewinnorientierte, Not-For-Profit-Organisationen und nicht staatliche Kollektive dominiert sein. Für den Markt für Gesundheitsgüter bedeutet dies, dass Krankenhäuser, Ärzte etc. als gemeinnützige oder karitative Unternehmungen oder Organisationen vorzufinden sind; welche aber nicht oder nur bedingt unter staatlicher Trägerschaft stehen. Für den Krankenversicherungsmarkt bedeutet dies, dass die Krankenversicherer nicht gewinnorientierte Organisationen sind, etwa gesetzliche Krankenkassen in nicht staatlicher Trägerschaft.

- Drittens kann das Angebot auf diesen Märkten durch rein staatliche Akteure – in Form staatlicher Institutionen und Verwaltungen – geprägt sein. In diesem Fall sind auf dem Markt für Gesundheitsgüter Krankenhäuser, Ärzte, Apotheken etc. Teil des Staates, z. B. als Staatsbedienstete oder als Institutionen in staatlicher Trägerschaft. Für den Krankenversicherungsmarkt bedeutet dies, dass die Krankenversicherung staatlich bereitgestellt wird oder die Absicherungsfunktion direkt in den Staatshaushalt integriert ist.

Als Kombination aus diesen je drei Möglichkeiten auf dem Krankenversicherungsmarkt bzw. dem Markt für Gesundheitsleistungen ergeben sich dann die oben genannten neun Typen von Gesundheitssystemen, welche in Abbildung 7.2 dargestellt sind.

Markt für Gesundheitsgüter		Krankenversicherungsmarkt		
		privat	parafiskalisch	staatlich
	privat	reines Marktsystem	marktnahes Mischsystem	extremes Mischsystem
	parafiskalisch	marktnahes Mischsystem	intermediäres System	staatsnahes Mischsystem
	staatlich	extremes Mischsystem	staatsnahes Mischsystem	reines Staatssystem

Abbildung 7-2: Typologie der Gesundheitssysteme

Die extremen Formen bedingen, dass sowohl Gesundheitsleistungsmarkt als auch Krankenversicherungsmarkt rein privat organisiert sind oder eben rein staatlich, also die Optionen in der linken oberen und der rechten unteren Box der Abbildung. Eine Sonderform ist in der mittleren Box dargestellt, da hier nichtstaatliche und nicht gewinnorientierte Organisationsformen in beiden Märkten miteinander kombiniert werden, wir es also mit einem rein parastaatlichen System zu tun haben.

Alle anderen Optionen sind Mischformen, welche in den folgenden ausgewählten Länderbeispielen in Andeutungen wieder vorzufinden sind. Die Mischformen haben wiederum unterschiedliche Ausprägungen. Es können Extreme miteinander kombiniert werden, d. h. das eine rein privat das andere rein staatlich, siehe die Boxen rechts oben und links unten; es können marktnahe Mischformen entstehen, in der parafiskalische und private Organisationen kombiniert werden, siehe die Boxen oben mittig und links mittig; zudem können parafiskalische mit staatlichen Organisationsformen kombiniert werden, dann liegen staatsnahe Mischformen vor.

Ergibt sich somit eine Vielfalt von möglichen Gesundheitssystemen schon in dieser idealtypischen Form, so ist zudem zu bedenken, dass in konkreten Ländern nicht etwa eine konkrete Ausformung für alle Teile der Bevölkerung durchgehend vorfindbar ist, sondern dass verschiedene der genannten Kombinationen durchaus parallel auftreten, etwa indem man die Gesundheitsversorgung für bestimmte Berufsgruppen unterschiedlich ausgestaltet, z. B. für Beamte anders als für Privatangestellte und dies wiederum anders für Bergleute als für Selbstständige. Reale Gesundheitssysteme lassen sich daher nur annährungsweise und nicht passgenau in die hier entworfene Systematik einordnen.

7.3   Gesundheitssysteme im internationalen Vergleich

Mit der folgenden Skizze internationaler Gesundheitssysteme sollen die grundlegenden Idealtypen, wie sie gerade vorgestellt wurden, mit realen Systemen konfrontiert werden. Geordnet werden die Länder nach der Stärke des Staatseingriffs, wobei mit den am stärksten staatlich dominierten Systemen begonnen wird.

7.3.1   Großbritannien: National Health Service

Großbritannien hat einen so genannten Nationalen Gesundheitsdienst, den National Health Service. Wie der Name bereits andeutet, handelt es sich dabei um ein typisch zentralistisches und staatszentriertes Gesundheitswesen. Der National Health Service organisiert alle öffentlich bereitgestellten Gesundheitsleistungen im Vereinigten Königreich. Alle Bürger und alle legal ihren Wohnsitz im Vereinigten Königreich habenden Personen haben Zugang zu diesen Gesundheitsleistungen, ohne dass sie hierfür in eine Krankenversicherung einzahlen oder dafür einen Preis entrichten müssten. Dabei sind die zur Verfügung gestellten Gesundheitsleistungen für alle Anspruchsberechtigten identisch. Der überwiegende Teil der Gesundheitsleistungen wird aus dem allgemeinen Steueraufkommen finanziert. Zuzahlungen kennt das System nur in geringem Umfang und diese sind sozialpolitisch, v. a. nach Einkommensklassen gestaffelt.

Nur 15 Prozent der britischen Bevölkerung besitzen neben dem Anspruch auf Leistungen aus dem National Health Service eine private Krankenversicherung. Dominant ist somit das Staatssystem. Staatlich dominierte Gesundheitsdienste dieses Typs gibt es auch in Schweden und anderen skandinavischen Ländern, aber auch in Italien, wobei dort das private Segment gerade im Bereich Zahnmedizin größer ist als in Großbritannien.

7.3.2   Österreich: Ein traditionelles Sozialversicherungssystem

Das österreichische Gesundheitssystem ist ein kollektives und staatlich organisiertes Sozialversicherungssystem. Die gesetzliche Krankenversicherung ist Teil der gesetzlichen Sozialversicherung, welche neben Krankheit auch die Unfall-, Arbeitslosen- und Pensionsversicherung beinhaltet. Mit ganz wenigen Ausnahmen sind alle Österreicher Mitglied in der Sozialversicherung und man ist je nach Berufstätigkeit unterschiedlichen gesetzlichen Krankenkassen bzw. Sozialversicherungen zugeordnet. Diese unterstehen dem österreichischen Sozialministerium; rechtlich gesehen sind sie Selbstverwaltungskörperschaften, sie unterliegen aber der Kontrolle der Bundesebene.

Wettbewerbskomponenten, auch ein Wettbewerb zwischen öffentlichen Krankenkassen, sind diesem System durch die strikte Zuordnung der Bevölkerung zu einzelnen Sozialversicherungsträgern fremd. Trotz der formellen Selbstverwaltung sind die

Sozialversicherungsträger und damit auch die Krankenversicherungsträger Teil des Staates, das System hat damit eine große Staatsnähe. Die gesetzliche Krankenversicherung ist nicht steuer- sondern beitragsfinanziert und rein formal werden die Beiträge hälftig von Arbeitnehmern und Arbeitgebern getragen. Durch diese Form der Finanzierung knüpft die Krankenversicherung zwar zunächst einmal an Arbeitsverhältnisse an; das System kennt aber die Familienmitversicherung und umfasst auch Pensionäre und Arbeitslose, womit dies zu einer die ganze Bevölkerung umfassende Versicherung wird.

7.3.3   Deutschland: Ein Sozialversicherungssystem mit Wettbewerb

Das deutsche und das österreichische System haben die gleichen Wurzeln, wobei sich das deutsche System in der jüngeren Vergangenheit in Richtung mehr Wettbewerb entwickelt hat. So sind die Pflichtversicherten nicht an eine bestimmte Krankenkasse gebunden, sondern sie haben Wahlfreiheit zwischen unterschiedlichen gesetzlichen Krankenkassen, die untereinander im Wettbewerb um Mitglieder stehen. Grundsätzlich ist das System ähnlich dem österreichischen beitragsfinanziert, wobei bei der Finanzierung technisch der so genannte Gesundheitsfond zwischengeschaltet ist. Neben den Beiträgen wird der Gesundheitsfond jedoch in geringerem Umfang auch aus Steuermitteln gespeist.

Über 90 Prozent der deutschen Bevölkerung sind in den gesetzlichen Krankenkassen versichert. Die von jenen Kassen nicht oder nur partiell erfassten Bevölkerungsteile werden von privaten Krankenversicherungen abgedeckt. Von neueren Entwicklungen im deutschen System wird im Kapitel 9 noch die Rede sein. Insgesamt hat man es mit einem staatsnahen System zu tun, in dem aber Wettbewerb als Steuerungsinstrument, welches für den Privatsektor typisch ist, greifen soll.

7.3.4   Niederlande: Das Cappuccino-System mit Wettbewerb

Auch die Niederlande hatten lange Zeit ein Sozialversicherungssystem, welches dem österreichischen und dem deutschen sehr ähnlich war. In der jüngeren Vergangenheit hat man dieses System jedoch radikal reformiert und ein zweistufiges Gesundheitswesen entwickelt, welches wegen seiner zwei „Schichten" im Volksmund auch Cappuccino-System genannt wird. Die erste Stufe besteht aus einem öffentlichen Pflichtversicherungssystem für besondere medizinische Ausgaben (Algemene Wet Bijzondere Ziektekosten). Diese öffentliche Pflichtversicherung beinhaltet längere Krankenhausbehandlungen, Pflege, psychiatrische Behandlungen und die Behandlung von körperlich oder geistig behinderten Bürgern. Hier werden also typische Risiken abgedeckt, die von einer privaten Krankenversicherung nur schwer abdeckbar sind, wie in Kapitel 6 gezeigt wurde, da Probleme der Negativauslese zu erwarten sind.

Die zweite Stufe des Gesundheitssystems bezieht sich auf die Absicherung von darüber hinausgehenden Behandlungen, den so genannten regulären Behandlungen, welche sich typischerweise im ambulanten Sektor und bei kürzeren Krankenhausaufenthalten finden. Diese zweite Stufe wird zum Teil über öffentliche Krankenversicherer abgewickelt, aber auch über private Krankenversicherungen. Die Bürger können also innerhalb dieser zweiten Stufe zwischen verschiedenen privaten und öffentlichen Anbietern wählen. Mehr als die Hälfte der Bevölkerung ist im öffentlichen Segment versichert. In den Niederlanden werden also parafiskalische und private Komponenten kombiniert. Zudem besteht für besonders Bedürftige und Bürger mit sehr geringem Einkommen noch ein staatlicher Gesundheitsdienst.

7.3.5   Schweiz: Private Pflichtversicherung mit Kopfpauschale

Innerhalb der europäischen Gesundheitssysteme ist das Schweizer System am stärksten marktwirtschaftlich orientiert. Nahezu die gesamte Bevölkerung der Schweiz ist verpflichtet, sich bei einer Krankenversicherung zu versichern, wobei die Versicherungen private Institutionen sein können wie auch die meisten anderen Akteure des Gesundheitswesens. Da die Prämienkalkulation in einem solchen System nicht einkommensabhängig geschieht, sondern als Kopfpauschale ausgestaltet ist, gibt es öffentliche Unterstützungszahlungen für Familien und Einkommensschwache. Dem Prinzip nach ist die Krankenversicherung also ähnlich organisiert wie in Deutschland und Österreich die Kfz-Haftpflicht: Die Akteure sind private For-Profit-Unternehmen und private Haushalte, aber es besteht eine Kontrahierungspflicht für die Versicherungsunternehmen.

7.3.6   USA – Ein privates Gesundheitssystem mit
Ausnahmebereichen auf dem Weg zur Pflichtversicherung

Der öffentliche Anteil am Gesundheitswesen ist verglichen mit den europäischen Systemen in den USA relativ gering. Die meisten Bürger sind privat krankenversichert, wobei die private Krankenversicherung in der Regel über den Arbeitgeber angeboten wird als Teil des Arbeitsvertrages, sozusagen als nichtmonetärer Entlohnungsbestandteil. Abgesehen von dem Umstand, dass die Beiträge zur privaten Krankenversicherung nicht der Einkommenssteuer auf Bundesebene unterliegen, werden diese Krankenversicherungen von öffentlicher Seite nicht unterstützt. Weniger als 10 Prozent der Bevölkerung sind direkt – ohne Einschaltung des Arbeitgebers – bei einer privaten Krankenversicherung versichert, was mit den in Kapitel 6 diskutierten Problemen der Negativauslese zu tun haben mag. Negativauslese ist bei einer En-block-Versicherung von den Mitarbeitern einer Unternehmung von geringerer Bedeutung, da hier a priori sehr schlechte Risiken ausscheiden – sie finden keinen Arbeitsplatz – und angesichts der Gruppierung nach Berufsgruppen und Arbeitgebern die Risiken für die privaten Krankernversicherungen besser kalkulierbar sind.

Ebenfalls mit dem Problem der Negativauslese erklärt sich, dass vor den neuerlich von Präsident Obama angestoßenen Reformen 40 Millionen Amerikaner nicht krankenversichert waren, wobei es sich bei dieser großen Gruppe durchaus um gute Risiken im Sinne von Krankenversicherern handelte und nicht etwa um Risikogruppen wie Alte und Arme. Krankenversicherungen sind oft gleichzeitig Anbieter von Gesundheitsleistungen oder umgekehrt. Solche integrierten Anbieter von Krankenversicherung und Gesundheitsleistungen, so genannte Health Maintenance Organizations (HMOs), versuchen unter anderem das Problem der anbieterinduzierten Nachfrage zu reduzieren; von ihnen als zentralem Strukturelement des US-Gesundheitssystems wird in Kapitel 8 noch im Einzelnen zu reden sein. Für einkommensschwache und ältere Personen gibt es neben dem beschriebenen privat dominierten System ein staatliches System, Medicad und Medicare genannt, welches eine Basisversorgung sicherstellt.

Mit der von Präsident Obama angestoßenen Reform wird aber kein Sozialversicherungssystem im österreichischen, deutschen oder auch nur niederländischen Sinne in den USA angestrebt, eine kollektiv-staatliche Organisation von Krankenversicherung kommt in dem Obama-Reformkonzept nicht vor. Das US-amerikanische System bewegt sich damit in Richtung des schweizerischen Systems, welches auf private Akteure auf dem Krankenversicherungsmarkt setzt, und auf dessen Regulierung via Kontrahierungszwang; die Vereinigten Staaten behalten damit im Vergleich zu allen europäischen Systemen das am stärksten marktwirtschaftlich orientierte und staatsfernste Gesundheitswesen.

7.4   Der Fokus unterschiedlicher Gesundheitssysteme

Eingangs dieses Kapitels wurde hervorgehoben, dass unterschiedliche Ausgestaltungen von Gesundheitssystemen auf die typischen Funktionsprobleme der Märkte für Gesundheitsgüter und für Krankenversicherungen – wie Negativauslese und Moral Hazard – mit unterschiedlicher Schwerpunktsetzung antworten. Mit der Wahl für ein bestimmtes Gesundheitssystem fällt also implizit auch immer die Entscheidung, welches der Funktionsprobleme in den Fokus des Gesundheitssystems gerückt werden soll.

Die vorgestellten Gesundheitssysteme auf dem Kontinuum von rein staatlich wie in Großbritannien bis sehr stark marktorientiert wie in den USA antworten also unterschiedlich auf die Phänomene der adversen Selektion, der anbieterinduzierten Nachfrage und des Moral Hazard. So war das US-System vor der Obama-Reform offensichtlich nicht in der Lage, umfassend das Problem der adversen Selektion zu reduzieren, was die hohe Zahl der Nichtversicherten zeigt. Umgekehrt war und ist das US-System sehr wohl in der Lage, auf dem Markt Patient – Arzt ein hohes Versorgungsniveau sicherzustellen, ohne dass dabei Moral-Hazard-Probleme verstärkt aufgetreten wären. Nun ist die Realisierung unterschiedlicher gesundheitsökonomischer Ziele nicht unabhängig voneinander: Ob die von Obama durchgeführte Fokusverschiebung auf die Vermeidung von Nichtkrankenversicherung – also adverse Selektion – zu Lasten des hohen Versorgungsniveaus gehen wird, bleibt abzuwarten.

Umgekehrt ist das britische System des Nationalen Gesundheitsdienstes traditionell nicht von Negativauslese betroffen und auch ein Moral-Hazard-Problem in der Beziehung Krankenkasse – Arzt kann hier nicht auftreten. Hier gibt es aber größere Probleme in der Beziehung Patient – Arzt, da auf diesem Markt oft nur ein elementares Versorgungsniveau sichergestellt ist. Das deutsche und das österreichische System scheint Negativauslese ebenfalls in starkem Maße zu reduzieren. Hier zeigen sich jedoch verstärkt Probleme in den anderen beiden Beziehungen, also in den Beziehungen Krankenkasse – Arzt und Arzt – Patient, was sich im ambulanten Bereich in hohen Einzelbehandlungen widerspiegelt, dies zumindest im internationalen Vergleich.

Das Schweizer und das Niederländische System setzten auf eine Kombination aus privatwirtschaftlichen Komponenten und einer strikten Regulierung der privaten Akteure und zudem auf begleitende Versorgung für Einkommensschwache und Risikogruppen. Scheinbar wird damit ein Kompromiss oder eine Balance der Antworten auf die verschiedenen Funktionsprobleme versucht.

Es zeigt sich also, dass je nach Ausgestaltung des Gesundheitssystems unterschiedliche Probleme auf den drei Gesundheitsmärkten adressiert werden. Ein Optimum Optimorum, welches alle drei Problemfelder gleichzeitig zu reduzieren vermag, scheint bislang nicht zu existieren. Bei Reformschritten ist jedoch zu beachten, dass Maßnahmen, die auf ein bestimmtes Problemfeld bezogen sind, z. B. auf die Reduktion von moralischen Risikoaspekten in der Beziehung Krankenversicherung – Arzt, die anderen Problemfelder nicht unberührt lassen. Es sind also nicht nur die intendierten Wirkungen zu betrachten, sondern auch die Folgewirkungen auf den anderen beiden Märkten. Dies macht Reformen im Gesundheitswesen zu einer oft kaum zufriedenstellend lösbaren Aufgabe, wie die jüngsten Reformen und Reformversuche in Deutschland und den Vereinigten Staaten eindrucksvoll belegen.

7.5   Literatur zum Kapitel 7

Als Quellen für dieses Kapitel wurde primär die folgend aufgeführte Literatur genutzt, welche auch als vertiefende Lektüre empfohlen wird.

Vertiefende Einführungen in die Formen der Gesundheitssysteme finden sich in:

-   *Beek van der, K. (2002)*
-   *Folland, S./Goodman, A. C./Stano, M. (2007)*
-   *Santerre, R. E./Neun, S.P. (2007)*

Gesundheitssysteme als Teil von Sozialsystemen werden vorgestellt in:

- *Blankart, C. B. (2008)*
- *Lampert, H./Althammer, J. (2004)*
- *Rosner, P. G. (2003)*
- *Tiepelmann, K./van der Beek, G. (1992)*
- *Tiepelmann, K./van der Beek, G. (1997)*

8 Grundlagen des Managed Care

Dieses Buch widmet ein Kapitel dem Managed Care, da dieses aus den USA stammende Konzept oder einzelne Elemente dieses Konzepts zunehmend an Beachtung und Bedeutung in der Gesundheitspolitik in Deutschland, Österreich und v. a. der Schweiz finden. So widmet sich der Sachverständigenrat zur Begutachtung der Entwicklung im Gesundheitswesen in Deutschland im Sondergutachten 2009 sehr ausführlich diesem Thema als Option für die Weiterentwicklung des deutschen Gesundheitswesens.

Da Managed Care primär ein Organisations- und Steuerungskonzept ist, soll im Folgenden nochmals die Frage nach der Notwendigkeit der Steuerung im Gesundheitswesen gestellt werden, und es wird gezeigt, was genau denn diese „Steuerung" meint. Danach wird aufgearbeitet, wie die „Steuerung" im traditionellen Krankenversicherungssystem aussah und welche Verwerfungen dadurch entstanden. Anhand dieser Defizite kann dann der zentrale Unterschied zwischen dem Managed Care-Konzept und dem traditionellen Krankenversicherungskonzept aufgezeigt werden und daran anschließend werden die wichtigsten Managed–Care-Organisationen vorgestellt.

8.1 Steuerung im Gesundheitswesen – Notwendigkeit und Status Quo

Bisher wurden die Akteure auf dem Gesundheitsmarkt in einem sehr reduzierten Modell vorgestellt. Es wurden – wie der Ökonom sagt – die wichtigsten Märkte im Gesundheitswesen betrachtet oder, umgangssprachlicher ausgedrückt, die wichtigsten Beziehungen der Akteure zueinander.

Die Gesundheitsmärkte sind nun – wie dargestellt wurde – keine normalen Märkte, die man in marktwirtschaftlichen Systemen „sich selbst überlässt" wie die Märkte für die allermeisten Güter, z. B. für Autos, Brötchen oder Pizza, sondern sie sind speziell. Sie werden nicht dem Markt überlassen, sondern sie unterliegen i. d. Regel vielfältigen staatlichen Regulierungen. Begründet werden diese Eingriffe oder diese aktive Steuerung auf der einen Seite mit sozialpolitischen Zielsetzungen, die auf Egalität setzen:

- Anders als bei den meisten marktgängigen Gütern soll jeder Bürger den gleichen Zugang zu den Gesundheitseinrichtungen haben, um die gleichen Gesundheitsgüter zu bekommen.

- Jeder soll zudem den gleichen Versicherungsschutz erhalten bzw. überhaupt einen Versicherungsschutz erhalten.

Auf der anderen Seite spielen – wie in den vorherigen Kapiteln gezeigt wurde – Marktversagensgründe eine wichtige Rolle; es gibt v. a. immense Informationsprobleme zum einen auf dem Markt für Gesundheitsgüter selbst und zum anderen auch auf dem Markt für Krankenversicherungen. Diese Informationsprobleme können so gravierend sein, dass sie das Funktionieren dieser Märkte unmöglich machen, wenn man sie nicht weitgehend reguliert, d. h., wenn man sie nicht von Seiten des Staates steuert. Aber nicht nur der komplette Ausfall der Märkte ist ein Problem. Auch wenn diese Märkte in gewisser Weise funktionieren, bringen sie oftmals Ergebnisse hervor, die sowohl für Einzelne am Gesundheitswesen beteiligte Akteure oder für Gruppen von Akteuren sehr unbefriedigend oder nicht gewollt sind.

Daher wird über eine Steuerung im Gesundheitswesen versucht, die Gesundheitsakteure und deren Beziehung zueinander so zu beeinflussen, dass die Märkte langfristig funktionsfähig und die erbrachten Leistungen finanzierbar bleiben. Dabei hat in den letzten Jahren zunehmend ein Konzept Beachtung gefunden, das in den USA entwickelt wurde und den schwerfälligen staatlichen Strukturen, wie sie in den meisten europäischen Staaten existieren, moderne Management-Methoden entgegensetzt. Managed Care wird auch in Europa von einigen Ökonomen als eine vielversprechende Option gesehen, um die Strukturen und Prozesse im Gesundheitswesen in Richtung Vernetzung und Integration der Sektoren zu verbessern bei gleichzeitiger Verbesserung der Effizienz und Qualität des Gesundheitswesens.

Im Folgenden werden einige der Funktionsprobleme, welche in den vorhergehenden Kapiteln erläutert wurden, aufgegriffen, und es wird gezeigt, was Managed Care in diesem Zusammenhang zur Abmilderung der Probleme leisten kann. Aber zunächst wird erklärt, warum es notwendig ist und wahrscheinlich zukünftig noch dringlicher wird, eine neue Lösung für die Steuerung der Gesundheitsmärkte zu finden.

8.2   Die Ablösung der traditionellen Krankenversicherung durch Managed Care

Da das Risiko zu erkranken für den Einzelnen kaum kalkulierbar und mit Kosten für die Gesundheitsgüter und gleichzeitig mit einem Einkommensausfall für den Erkrankten verbunden ist, besteht ein Bedürfnis der Menschen sich gegen Krankheit zu versichern. In Kapitel 6 wurde diese Nachfrage nach Krankenversicherung bereits näher erläutert. Die Absicherung findet auf dem Markt für Krankenversicherungen statt, wo Versicherungen auf der Basis von Erfahrungswerten und statistischen Berechnungen einen Krankenversicherungsschutz für den Einzelnen oder für Gruppen von Personen anbieten. Auf dem Markt für Krankenversicherung sind Versicherungsunternehmen die Anbieter und die einzelnen Individuen die Nachfrager von Krankenversicherungsschutz; im Kapitel 6 wurden das Angebot von und die Nachfrage nach Krankenversicherungsschutz eingehend betrachtet.

Hat man einen Krankenversicherungsschutz und tritt der Versicherungsfall „Krankheit" ein, dann nimmt der Versicherte in der Regel Gesundheitsleistungen in Anspruch, die er von der Krankenversicherung erstattet bekommt. Der Patient zahlt also nicht selbst die Gesundheitsgüter oder Dienstleistungen, wie beispielsweise den Arztbesuch, sondern die Versicherung übernimmt die Kosten der Behandlung: Entweder die Versicherung erstattet den Patienten die Kosten oder die Krankenversicherung rechnet direkt mit dem Arzt ab.

Dies stellt immer noch klassischerweise die Beziehung zwischen Krankenversicherung und Arzt in den Ländern dar, in denen das Krankenversicherungsprinzip umgesetzt wurde, so etwa Deutschland und Österreich und lange Zeit auch in den USA. Der Arzt reicht seine Rechnung ein, und die Versicherung erstattet die Gesundheitsleistungen, die laut Versicherungsvertrag abrechnungsfähig sind. Bei der Zusammenstellung der Gesundheitsleistungen einer Behandlung, der Wahl der Diagnose oder den Therapiemitteln eines Arztes hat die Krankenversicherung Einfluss.

8.2.1   Trennung von Leistungsfinanzierung und Leistungserstellung

Was bedeutet nun diese komplette Trennung von Leistungsfinanzierung durch die Krankenversicherung und Leistungserstellung durch den Arzt? Dazu muss man sich die existierenden Versicherungssysteme ansehen, wie sie in Deutschland oder Österreich bestehen oder wie sie in den USA vor Einführung des Managed Care bestanden haben. Zwar ist der US-Krankenversicherungsmarkt ein privater Versicherungsmarkt und der deutsche oder österreichische Krankenversicherungsmarkt ein gesetzlicher, aber in all diesen Systemen werden Beiträge erhoben und diese Beiträge werden dazu verwendet, die Gesundheitsleistungen der Leistungsseite zu finanzieren – und zwar nur zu finanzieren, mehr nicht.

Gleichzeitig herrschte aber sowohl in dem tendenziell mehr privatwirtschaftlich organisierten Krankenversicherungssystem der USA und auch in dem sozialversicherungspflichtigen Krankenversicherungssystem im deutschsprachigen Raum freie Arztwahl für die Patienten und Therapiefreiheit für alle zugelassenen Ärzte. D. h. auf der einen Seite, der Patient kann wählen, welchen Arzt er wie oft aufsucht, und der Arzt ist in seiner Entscheidung der Diagnose und Therapie im Wesentlichen frei. Das Vergütungssystem in diesen Versicherungsmärkten war das so genannte Fee-for-Service-Vergütungssystem (FFS), welches jede vom Arzt erbrachte Leistung einzeln – also nach Einzelleistungen – erstattet.

Was bedeutet es nun auf der einen Seite für den Patienten eine Versicherung gegen den Krankheitsfall zu haben, bei der er im Extremfall nichts zuzahlen muss: Er wird Gesundheitsleistungen ohne jede Begrenzung nachfragen, in der Regel wird er sogar mehr nachfragen, als es dem Grenzkosten-gleich-Grenznutzen-Kriterium entspricht. Wenn der Versicherte jeden Monat einen gleichbleibenden Beitrag an die Versicherung zahlen muss und damit im Krankheitsfall sämtliche Leistungen zugesichert bekommt, so hat er kein Interesse sich über die Kosten Gedanken zu machen. Krankenversicherungen erhöhen tendenziell den Konsum an Gesundheitsgütern, wie bereits im Kapitel 4 gezeigt wurde.

Wenn gleichzeitig Ärzten und Krankenhäusern alles abgerechnet wird, was sie an Leistungen erbringen, dann haben sie keinen Anlass auf den richtigen Umfang der Leistungen oder auf Kosteneffizienz zu achten. Im Gegenteil, mehr Leistungen und Kosten bringen i.d.R ein höheres Einkommen für die Ärzte.

Die Krankenversicherungen haben traditionell kaum Möglichkeiten, auf die Leistungserstellung Einfluss zu nehmen, also z. B. mitzubestimmen, welche Leistungen bei einem bestimmten Krankheitsbild bezüglich Diagnose und Therapie angebracht sind. Die Leistungsersteller – also die ambulant niedergelassenen Ärzte und die Krankenhäuser – hatten und haben in Deutschland immer noch weitestgehend „Therapiefreiheit"; die Krankenkassen mussten und müssen noch immer alles, was einmal in den Leistungskatalog aufgenommen worden ist – wenn es denn verschrieben ist –, auch erstatten. Ähnlich war die Situation auch in den USA für private Versicherungen, auch sie hatten lange Zeit keinen Einfluss auf die Leistungserstellung der Ärzte.

8.2.2   Integration von Leistungsfinanzierung und Leistungserstellung

Ein radikaler Ausweg aus dieser Situation besteht darin, die Leistungserstellung und Leistungsfinanzierung komplett zu integrieren. Man stelle sich z. B. vor, dass man sich als Bürger verschiedene Gesundheitseinrichtungen – also Krankenhäuser und niedergelassene Ärzte – auswählt und direkt bei diesen eingeschrieben und versichert wird. Tritt der Krankheitsfall ein, geht man zu seinem Versicherer, der ja gleichzeitig auch der Leistungsersteller, also der Arzt oder das Krankenhaus, ist. So würde das gesamte finanzielle Risiko „Krankheit" auf die Leistungsersteller – also auf Ärzte und Krankenhäuser – übergehen. Dieser Integrationsgedanke von Erstellung und Finanzierung der Gesundheitsleistung ist das zentrale Organisationselement und eines der wichtigsten Merkmale des Managed Care, wobei die Integration nicht immer vollständig, sondern auch partiell erfolgen kann.

Die zumindest partielle Integration der Leistungsfinanzierung und -erstellung bedeutet nun, dass die Leistungsfinanzierer einen gewissen Einfluss auf die Leistungserstellung mit ausüben. In den USA – wo das Konzept des Managed Care entwickelt wurde – findet man ganz unterschiedliche Beispiele dafür, wie diese Integration organisiert sein kann.

8.2.3   Organisationsformen

Unter dem Begriff des Managed Care werden verschiedene heterogene Institutionen, Strukturen und Instrumente subsumiert. Gemeinsam ist diesen, dass das Managed Care-Konzept immer das Ziel verfolgt, unbefriedigende bestehende Strukturen aufzubrechen und neue kostengünstigere Gesundheitsstrukturen zu schaffen, wobei die Qualität der medizinischen Versorgung erhalten oder sogar verbessert werden sollte.

Managed Care-Organisationen zeichnen sich dadurch aus, dass sie für die Gesundheitsversorgung ihrer Versicherten ein ganz spezielles Netzwerk aus Leistungserstellern (z. B. ambulanten Ärzten, Krankenhäusern, Apotheken, etc.) vorhalten und anbieten. Die speziellen Ausprägung der Managed Care-Organisation wird durch die Rolle, die jeder einzelne Teilnehmer (Arzt, Heilberufler etc.) oder jede einzelne Einrichtung (Arztpraxis, Apotheke, Krankenhaus etc.) in dieser Managed Care-Organisation hat, und durch zahlreiche Organisations-, Ablauf- und Steuerungsprinzipien bestimmt. Die gängigen Institutionen, Strukturen und Instrumente sollen folgend erläutert werden.

8.3   Health Maintenance Organisation – Die zentrale Organisationsform des Managed Care

Die bekannteste Institution des Managed Care ist die klassische Health Maintenance Organisation (HMO). Die verschiedenen Ausprägungen von HMOs in den USA haben sich durch die jeweiligen regionalen Gegebenheiten und die regionale Wettbewerbssituation auf dem Gesundheitsmarkt ergeben und waren mehr oder weniger erfolgreich im Markt.

So unterschiedlich HMOs sein mögen, das Besondere der HMOs im Gegensatz zum klassischen Krankenversicherungsmodell ist, dass sie die völlige Trennung von Leistungsfinanzierung und Leistungserstellung – wie wir sie im deutschen System überwiegend kennen – aufheben und dadurch neue Spielräume und neue Anreizstrukturen zwischen Krankenversicherungen und Gesundheitsleistungserbringern schaffen.

8.3.1   Die Einführung von HMO in den USA

In den USA war die Einführung der Organisationsform der HMOs nicht allein über den Markt möglich, sondern sie wurden staatlicherseits forciert. 1973 wurden mit dem HMO-Act unter Nixon die neuen Formen von Versicherungen zugelassen.

Nixon stellte staatliche Fördermittel für den Aufbau von Managed Care-Organisationen bereit und verpflichtete Arbeitgeber ihren Angestellten auch den neuen Krankenversicherungsschutz über die HMOs anzubieten und nicht nur den bis dahin existierenden Schutz über traditionelle Krankenversicherer, deren Prämien in den 50er- und 60er-Jahren stark gestiegen waren. Die Verbreitung der HMOs lief wegen vieler Widerstände in der Ärzteschaft in den 70ern eher schleppend. Dann Ende der 80er und in den 90ern wuchs die Zahl der HMOs und anderer Managed Care-Organisationen schnell an, so dass heute ein Großteil der Versicherten Mitglied in einer Manged-Care-Organisation ist. Die klassische Versorgung über die traditionelle Krankenversicherung, die alle Rechnungen des frei gewählten Arztes erstattet, gibt es heute kaum noch.

Hier werden nun überblicksartig die wichtigsten Organisationsformen der HMOs dargestellt. Dabei wird implizit auf die Entwicklung in den USA Bezug genommen.

8.3.2   Die klassische HMO

Die klassische HMO bietet eine relativ umfassende Versorgung für ihre eingeschriebenen Versicherten durch ihr eigenes Netzwerk von Leistungserbringern. Wer in einer klassischen HMO versichert ist, muss in der Regel wenig Zuzahlungen leisten, ist aber verpflichtet, im Krankheitsfall nur die Leistungserbringer aus dem Netzwerk zu konsultieren und v. a. ist er verpflichtet, sich zunächst an seinen durch die HMO zugewiesenen Hausarzt zu wenden, der dann über den weiteren Behandlungsverlauf entscheidet. Zentrales Merkmal der HMO ist somit das „Versorgungsnetzwerk", das man nur über den „Gatekeeper– also den Hausarzt – fast zuzahlungsfrei nutzen kann. Nun kann man die HMOs danach unterscheiden, wie der Status ihrer Leistungserbringer in der HMO ist.

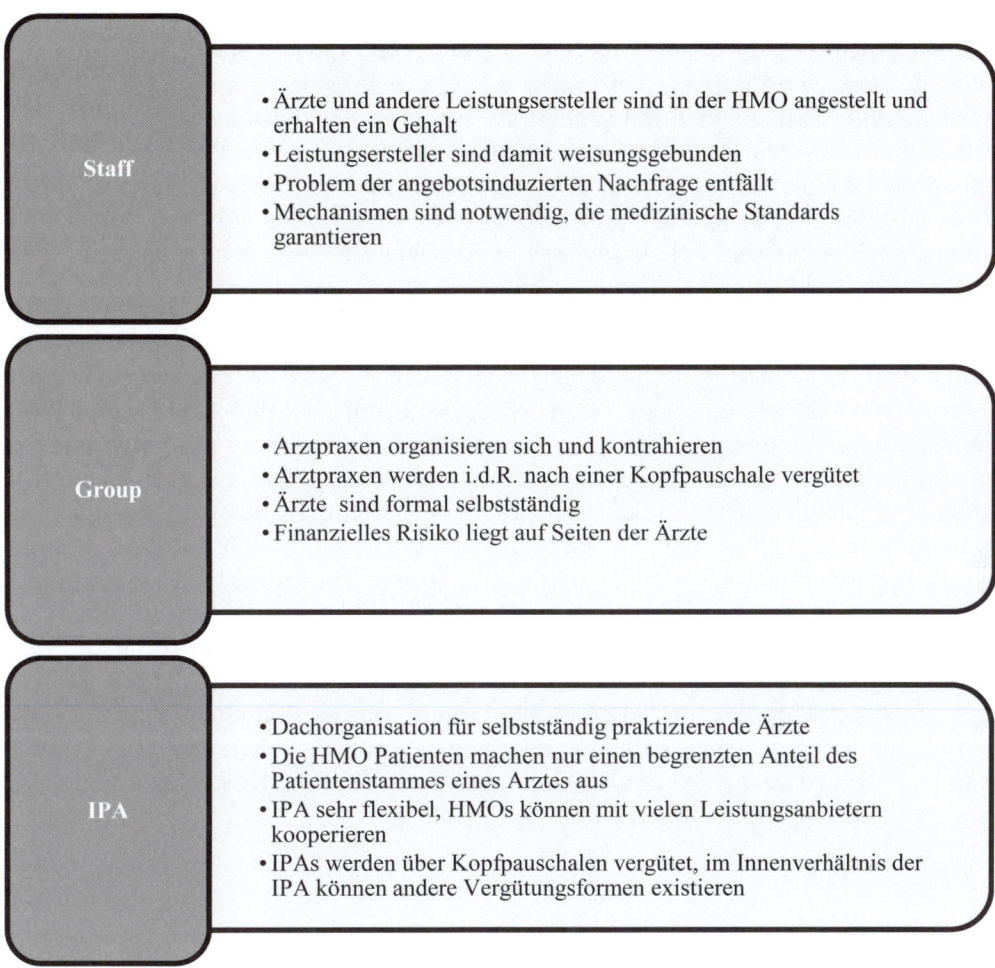

Abbildung 8-1: HMO-Formen im Überblick

8.3.3   Staff-HMO

Die so genannten Staff-HMOs beschäftigen einen „Staff" (Ärzte, Krankenschwestern und andere Leistungsersteller), d. h., die Leistungserbringer sind angestellt, um die gesamte Gesundheitsversorgung für ihre Versicherten bereitzustellen. Diese „Angestellten" beziehen ein regelmäßiges Gehalt und sind in ihrer Arbeit weisungsgebunden, womit eine weitreichende Einflussnahme und Steuerung von medizinischen Leistungen durch die HMO möglich ist. Die Neigung zur angebotsinduzierten Nachfrage auf Seiten der Ärzte entfällt, da ein Mehr an medizinischer Leistung nicht zu einer Ausweitung des Einkommens bei den Ärzten führt. In der Regel beinhaltet das Gehalt eine Erfolgskomponente, womit eine einheitliche Zielsetzung der Institution HMO und ihrer Angestellten erreicht wird. Da dieses Ziel in einem privaten Wettbewerbsmarkt der Gewinn ist und in einer HMO umso mehr Gewinn gemacht wird, je mehr Mitglieder sie hat und je weniger medizinische Leistungen erbracht werden, sind Mechanismen notwendig, die gewisse medizinische Standards garantieren. Dazu gehören die Instrumente der internen und externen Qualitätssicherung, die später besprochen werden. Diese erste Form der HMO ist wegen der großen Dominanz der „Versicherung" bei medizinischen Entscheidungen weder bei Patienten noch bei Ärzten sehr beliebt, daher war eine Weiterentwicklung vonnöten.

8.3.4   Group-HMO

Sind die Ärzte nicht angestellt, sondern haben sich in einer Gruppe organisiert und kontrahieren exklusiv mit einer Versicherung, so nennt man dies eine Group-HMO. Entlohnt wird die gesamte Group durch das Capitation System (Kopfpauschalen). Im Capitation System erhält der Arzt – in diesem Falle allerdings die Gruppe von Ärzten – monatlich einen Geldbetrag pro Versichertem, zu dessen Versorgung sie sich vertraglich verpflichten. Da die Krankenversicherung durch die Pauschale genau kalkulieren kann, wie viel sie an die Ärztegruppe zahlen muss, die Ärztegruppe aber nicht weiß, ob sie im Einzelfall und letztendlich über die Summe all ihrer Patienten mit dem ihr zur Verfügung stehenden Budget auskommt, wird mit der Pauschalierung das finanzielle Risiko von der Versicherung oder der HMO auf die Ärztegruppe übertragen. Für die Ärztegruppe besteht mit der Pauschalierung somit der Anreiz, die eingeschrieben Patienten möglichst „gesund" zu halten; so hat er einen Anreiz, z. B. verstärkt Prävention zu betreiben und damit die Kosten zu senken, was wiederum den Gewinn erhöhen wird.

8.3.5   IPA

In den IPAs (Independent Practice Association) organisieren sich einzelne freiberuflich tätige Ärzte mit eigener Praxis, um als Zusammenschluss eine gewisse Macht bei den Verhandlungen mit den HMOs zu haben, sie sind aber weiterhin in Einzelpraxen selbständig tätig und behandeln nicht nur Patienten einer HMO. Da die IPAs nicht nur mit einer HMO kontrahieren, sondern mit mehreren, bleibt den Ärzten eine gewisse Unabhängigkeit erhalten. Auf der anderen Seite müssen die HMOs Leistungen bei verschiedenen IPAs kaufen, damit die Versorgung in der Breite der Leistungen gewährleistet bleibt.

8.3.6   Network-HMO

Network-HMOs sind eine Mischung aus den drei gerade beschriebenen HMO-Formen. Ziel dieser HMOs ist es eine möglichst große geographische Abdeckung der Versorgung mit Gesundheitsgütern zu gewährleisten. Da in den USA die Arbeitgeber ihre Angestellten und Arbeiter kollektiv bei einer HMO versichern, ist der „geographische Zugang" zu Gesundheitsgütern ein wichtiger Wettbewerbsfaktor.

Für einen Arbeitgeber ist eine HMO umso attraktiver, je mehr Mitarbeiter er dort versichern kann, unabhängig von deren Wohnsitz. Eine solche flächendeckende Versorgung ist meist nur mit einem Mix aus den verschiedenen HMO-Modellen zu erreichen.

In den Network-HMOs wird der Konflikt deutlich, dem eine HMO in einem Wettbewerbsmarkt unterliegt: Auf der einen Seite versuchen die HMOs ein möglichst großes Angebot bereitzustellen, was aber oft nur mit Hilfe von zusätzlich frei und unabhängig praktizierenden Ärzten möglich ist, womit aber dann auf der anderen Seite auch ein gewisser Kontrollverlust über die Art und Weise der Leistungserstellung einhergeht.

Obschon v. a. mit den Network-HMOs ein größeres und für die Ärzte ein weisungsunabhängiges Angebot geschaffen wurde, sind die vorgestellten HMO-Formen eher geschlossene Institutionen, in der der Hausarzt eine zentrale Rolle spielt, womit die freie Arztwahl der Patienten eingeschränkt ist. Im Wettbewerb haben diese Formen gerade in Ballungsgebieten der USA kaum Marktchancen. Somit war eine gewisse Öffnung der HMOs, d. h. die Schaffung von Strukturen mit mehr Wahlfreiheit, für die Patienten notwendig.

8.4 Andere Managed Care-Organisationen

In den USA können mittlerweile in vielen HMOs auch Leistungsersteller außerhalb des HMO-Systems konsultiert werden. Allerdings hat dies Auswirkungen auf den Preis für die Krankenversicherung oder auf die Zuzahlungsregelungen für Patienten.

8.4.1 PPO

In den so genannten Preferred Provider Organizations (PPOs) wurde mittlerweile das Hausarztprinzip aufgehoben. Die PPOs sind ähnlich wie die HMOs ein Netzwerk von Versorgern, die das komplette Gesundheitsleistungsangebot vorhalten. Versicherte haben erhebliche finanzielle Vorteile, wenn sie die Leistungserbringer aus diesem Netzwerk nutzen, können aber mit gewissen Aufschlägen auch Ärzte und Krankenhäuser nutzen, die nicht im Netzwerk sind. PPOs sind ein Konkurrenzprodukt zur klassischen HMO, dessen Wettbewerbsvorteil vor allem im Wegfall des Hausarztprinzips liegt.

8.4.2 POS

Die POS (Point of Service) sind eine Kombination aus HMOs und klassischen Krankenversicherungsmodellen. Für die Versicherten ist es möglich Leistungen wie in einer klassischen HMO in Anspruch zu nehmen – also über einen Hausarzt ein ganz bestimmtes Netzwerk an Ärzten. Sie haben aber auch die Möglichkeit Ärzte außerhalb dieses Systems aufzusuchen, dies allerdings nur gegen eine Zuzahlung oder Selbstbeteiligung.

8.4.3   Vielfalt der Versorgungsformen

Neben den genannten Formen bilden sich in den USA immer wieder neue, modifizierte Organisationsformen aus. Die konkrete Ausgestaltung ist oft eine Antwort auf bestimmte regionale, populations- und generationsbezogene Gegebenheiten. Zudem ist die Ausgestaltung einer Managed Care-Organisation stark davon abhängig, von welcher Marktseite die Initiative ausgeht: Mit der Integration von Finanzierung und Leistungserstellung von Gesundheitsgütern werden zunächst den Krankenversicherungen Möglichkeiten gegeben, aktiv die Leistungserstellung mitzugestalten und damit eine gewisse Kostenkontrolle auszuüben. Andererseits kann aber auch eine Gesundheitseinrichtung – z. B. ein großes Krankenhaus – die zentrale Einrichtung und der Promotor für eine HMO werden und nun Versicherungsschutz anbieten.

Für alle Managed Care-Organisationen – unabhängig von ihrer konkreten Ausgestaltung – ist aber der folgende Aspekt relevant: Mit Managed Care und insbesondere mit der Organisationsform HMO wird immer eine integrierte Versorgung angestrebt, die eine starke Vernetzung und Kommunikation erfordert. Sind alle Leistungsanbieter – also ambulante Ärzte und stationäre Einrichtungen – gleichermaßen verantwortlich für die Behandlung eines Patienten und bekommen zusammen nur einen fixen Betrag für den Patienten – nämlich seine Versicherungsprämie –, dann haben beide Sektoren ein Interesse an einer kostengünstigen Leistungserstellung. Dies muss dazu führen, dass die Sektoren zusammenarbeiten und es tendenziell zu einer Abkehr von der stationären Versorgung kommt, da diese sehr kostenintensiv ist. Dies setzt aber gleichzeitig voraus, dass Mechanismen geschaffen werden, die gewährleisten, dass die einzelnen Sektoren Informationen bereitstellen, miteinander austauschen und kommunizieren können, um den Diagnose- und Behandlungsprozess besser zu gestalten.

Damit Managed Care in einem positiven Sinne – d. h. im Idealfall Qualitätsverbesserung der benötigten Leistungen bei gleichzeitiger Kosteneinsparung – funktioniert, müssen allerdings einige Voraussetzungen für seine Funktionsweise geschaffen werden, die folgend aufgeführt sind.

8.5   Voraussetzungen für die Funktionsweise von Managed Care

Zwei notwendige Voraussetzung für die Funktionsfähigkeit von Managed Care und somit der Funktionsweise der HMO mit all seinen gewünschten Effekten sind die

Möglichkeit des „selektiven Kontrahierens" und die der Ausgestaltung des „internen Vergütungssystems".

8.5.1   Selektives Kontrahieren

Der Grundgedanke des selektiven Kontrahierens ist, dass die Leistungsfinanzierer selbst die Leistungserbringer – also Ärzte, Krankenhäuser, Pflegeeinrichtungen etc. – auswählen, mit denen sie Versorgungsverträge für ihre Versicherten abschließen. Die Versicherten können dann in der Regel auch nur diese Leistungserbringer ohne Zuzahlungen in Anspruch nehmen, ihre Arztwahl ist damit sehr eingeschränkt. Für diese eingeschränkte Arztwahl zahlen sie in der Regel eine geringere Prämie. Selektives Kontrahieren kann sowohl für den ambulanten als auch für den stationären Sektor praktiziert werden.

Offensichtlich spielen Preise für die Gesundheitsleistungen zwischen den Verhandlungspartnern eine große Rolle, denn sie sind der entscheidende Kostenfaktor. Neben den Kosten ist aber auch die Qualität der Leistungserstellung Gegenstand der Kontrakte, was eine Kosten- und Qualitätskontrolle notwendig macht. Die Kosten- und Qualitätskontrolle, welche die HMO gegenüber ihren Leistungserbringern hat, ist abhängig von der Struktur des Leistungsanbietermarktes. Sie kann mit Hilfe des selektiven Kontrahierens die Kosten der Leistungserstellung dann besser unter Kontrolle halten, wenn ihr mehrere und verschiedene Einrichtungen in einer Konkurrenzsituation gegenüberstehen. Möglich ist es dann Rabatte und Preisnachlässe auszuhandeln. Durch das Auswahlverfahren der Ärzte und Krankenhäuser hat sie die Möglichkeit bestimmte Qualitätsstandards einzufordern und eine genauere Kapazitätsplanung vorzunehmen.

Es gibt aber auch durchaus kritische Einwände gegen das selektive Kontrahieren. Es mag die Gefahr bestehen, dass die tatsächliche Ausgestaltung des selektiven Kontrahierens so vorgenommen wird, dass es eher zur Gewinnmaximierung der HMO beiträgt als zu einer verbesserten und kostengünstigen Versorgung der Patienten. Dies ist vor allem bei Monopolanbietern zu befürchten, wenn also eine HMO in einem bestimmten Gebiet der einzige Anbieter ist.

Dieser Missbrauch kann auf der einen Seite durch einen funktionierenden Wettbewerb zwischen HMOs eingeschränkt werden, so dass die HMO darauf bedacht sein muss, eine gute Gesundheitsversorgung anzubieten, ansonsten wandern die Versicherten zu einer anderen HMO ab. Funktioniert dieser Wettbewerb nicht, so sind entweder innerhalb des Konzepts Mechanismen zu entwickeln, die einer Tendenz der übermäßigen Kostenkontrolle entgegenwirken oder/und der Staat muss solche Mechanismen entwickeln oder einfordern.

8.5.2   Adäquates Vergütungssystem

Als internes Vergütungssystem bezeichnet man die Zahlungsstrukturen der am Gesundheitswesen beteiligten Akteure. Wie schon ausgeführt waren dies klassischerweise in der Vergangenheit – und zum Teil auch noch heute – im ambulanten Bereich die Einzelleistungsvergütung oder das Fee-for-Service-System sowie im stationären Bereich in Deutschland die Tagespflegesätze, letzteres bis 2001. Dass diese Vergütungsformen enorm kostentreibend waren, wurde schon mehrfach betont und dass diese Art der Vergütung nicht beibehalten werden kann in einem System, dass Leistungserstellung und Leistungsfinanzierung integriert, ist offensichtlich.

Dies wird an einem modellhaften Extrembeispiel deutlich: Es sei davon ausgegangen, dass es nur einen Arzt gäbe, bei dem alle versichert wären und der alle gleichzeitig im Krankheitsfall behandelt. In diesem theoretischen Extremfall muss die interne Vergütung der externen Vergütung folgen: Würde der Arzt weiterhin nach Einzelleistungen bezahlt, dann müsste die Prämie immer an die Höhe der Arztkosten angepasst werden. Bezahlt man einen bestimmten Betrag, dann muss der Arzt mit diesem Betrag – mit diesem Fixum – bei einer eventuellen Behandlung auskommen. Erweitern wir dieses Modell und lassen viele Ärzte und viele Versicherte zu, und die Versicherten zahlen eine Prämie – also wieder ein Fixum – und die Ärzte werden nach Einzelleistungen vergütet, dann bringt jede Leistung, die sie produzieren, eine höhere Vergütung; daher versuchen alle Ärzte so viele Leistungen wie möglich zu produzieren. Wenn wir nun annehmen, dass für die Vergütung der Ärzte insgesamt ein bestimmtes festes Budget von Beginn an festgelegt ist, so führt dies dazu, dass entweder das festgelegte Budget nicht ausreicht und die Ärzte im Extremfall nach Ausschöpfung des Budgets aufhören zu behandeln oder die internen Preise der Einzelleistungen gesenkt werden müssen. Einzelfallvergütung zeigt also – auch in Kombination mit einem festgelegten Budget – keine sinnvollen Effekte.

Die Grundidee in einem Managed Care-System ist daher, nach Möglichkeit Abstand von der Einzelleistungsvergütung zu nehmen und zu einem so genannten Capitation-Vergütungssystem übergehen. Unter Capitation versteht man die eine prospektive Vergütung, d. h. die Festsetzung eines Fixums oder einer Pauschale im Voraus. Es wird somit ein Preis festgelegt, den der Leistungserbringer für eine vorher definierte Gruppe von Individuen für einen bestimmten Leistungskatalog erhält, unabhängig von den tatsächlich anfallenden Behandlungen.

Auch das Capitation-Vergütungssystem kann unterschiedliche Formen haben. So kann ein Fixum für alle Versicherten oder nur für einen Patienten festgelegt werden, oder es kann ein Fixum für eine Gruppe von Personen oder für einzelne Individuen festgelegt werden. Und auch der Leistungskatalog kann sehr unterschiedlich ausgestaltet sein. So kann das Fixum nur für Leistungen einer bestimmten Krankheit festgelegt werden oder für alle Leistungen eines diagnostizierten Falls, wie es bei den

Diagnosis Related Groups, den DRGs, bei der Krankenhausvergütung mittlerweile geschieht.

Durch solche Vergütungssysteme erwartet man Kosten- und Qualitätsvorteile. Die genauen Wirkungen und Anreize solcher Vergütungsformen sind u.a. davon abhängig, wie die Gruppe und der Leistungskatalog definiert werden. Die Zielsetzung des Capitation-Systems ist dennoch für alle Varianten gleich: Die Leistungserbringer sollen mittels des Vergütungssystems Anreize zum effizienten Umgang mit Ressourcen und zu einem effizienten Behandlungprozess bekommen.

Die Wirkungsweise der Vergütungskomponente im Rahmen eines Managed Care-Konzepts kann auch anhand der Abbildung 8.2 verdeutlicht werden. In der Ausgangssituation liegt ein Fee-for-Service-Krankenversicherungssystem vor, bei dem der Patient die Nachfrage N_f entwickelt. Die relativ normale Elastizität ergibt sich, da angenommen ist, dass gewisse Zuzahlungen, welche der Patient zusätzlich zu seiner Versicherungsprämie entrichten muss, vorhanden sind; daher ist die Nachfragekurve nicht vollständig unelastisch wie im Falle einer Vollversicherung. Der auf diesem Markt herrschende Preis sei P_f.

In dieser Situation ergeben sich die totalen Ausgaben als $P_f \times Q_f$.

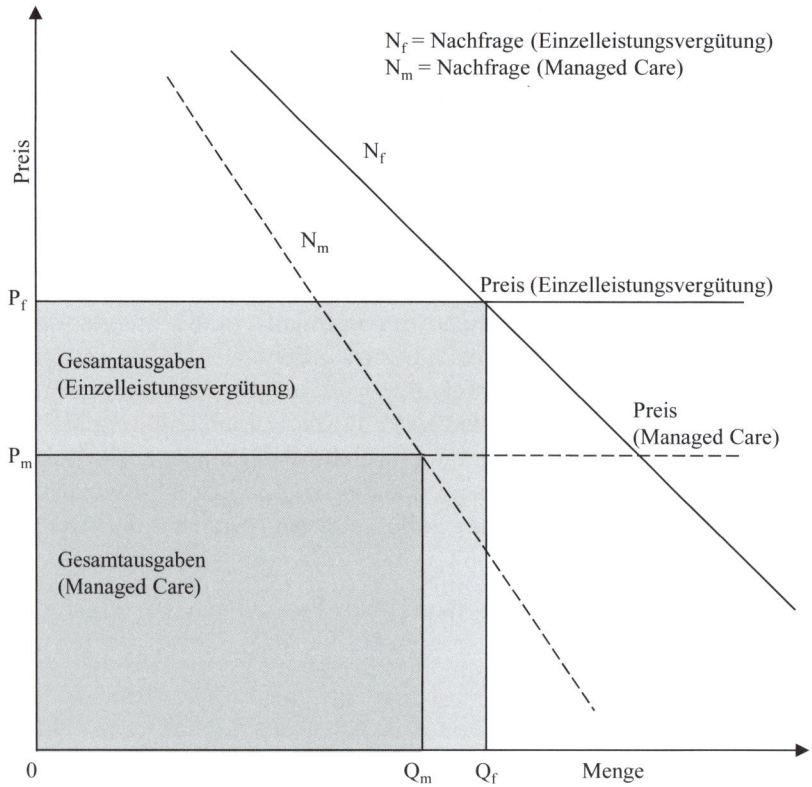

Abbildung 8-2: Ausgaben bei Einzelvergütung und Capitation im Vergleich

Die Steuerung durch Managed Care, welche die freie Arztwahl und andere Therapien beschränkt und v. a. ein Capitation-Vergütungssystem verwendet, ermöglicht
nun, dass die Ausgaben beschränkt werden: Ist die HMO gegenüber den Leistungs-
anbietern in einer Situation, in der sie sich die Leistungsersteller aussuchen kann,
dann kann sie auch Preisreduktionen durchsetzen, hier auf den Preis P_m. Eine Preis-
reduktion bedeutet natürlich eine Reduktion der Gewinne der Leistungsersteller.

Zudem kann auch die Nachfrage reduziert werden von N_f auf N_m, dies durch die
Verminderung der Anzahl der Fälle, die Verkürzung der Anzahl der Tage im Krankenhaus oder die Minimierung der angebotsinduzierten Nachfrage. In dieser Situation ergeben sich die totalen Ausgaben als P_m x Q_m.; Sie sind damit deutlich geringer
als im Falle der Einzelleistungsvergütung.

8.6   Weitere ausgewählte Managed Care-Elemente

Managed Care kennt neben den gerade genannten Kernelementen noch weiter Komponenten, welche in verschiedener Intensität und in verschiedenen Kombinationen verwendet werden können. Im Folgenden seien exemplarisch vorgestellt:

- Hausarztprinzip und Gatekeeping

- Guidelines

- Disease Management

- Case Management

- Utilization Review

- Qualitätsmanagement

8.6.1   Hausarztprinzip

Das Managed Care-System berührt in der Konsequenz nicht nur die Beziehung zwischen Krankenversicherung und Arzt wie in den gerade besprochenen Komponenten, sondern es sieht durch sein Ziel einer umfassenden Kosten- und Qualitätssteuerung auch weitreichende Eingriffe in die Beziehung zwischen Patient und Arzt vor. Der Grund hierfür ist schon an anderer Stelle angeklungen: Die weitgehende Therapiefreiheit für die Ärzte in der Kombination mit einer freien Arztwahl für Patienten – v. a. die Möglichkeit sofort einen Spezialisten aufsuchen zu können – und die gleichzeitige strenge Trennung der Sektoren in ambulant und stationär auf Anbieterseite führte in der Vergangenheit häufig dazu, dass der Wechsel innerhalb des ambulanten Sektors und zwischen ambulantem und stationärem Sektor zu doppelten bzw. unkoordinierten Untersuchungen führt, was kostentreibend und ineffizient ist. Weder Patienten noch Ärzte und Krankenhäuser haben Anlass, auf richtigen Umfang der Leistungen oder auf Kosteneffizienz zu achten; im Gegenteil, wie gesehen bringen mehr Leistungen und mehr Kosten ein höheres Einkommen.

Das Gatekeeping oder Hausarztprinzip bedeutet, dass ein Patient den Weg in das Gesundheitssystem zwecks einer Behandlung über einen vorher bestimmten Hausarzt gehen muss. Dieser Arzt bestimmt nach einem ersten Kontakt, ob es notwendig ist, den Patienten zu einem Facharzt oder in ein Krankenhaus zu überweisen, oder ob die Behandlung weiter in seiner Hand bleibt. Alle Behandlungen, die am Patienten vorgenommen werden, sollen über den Gatekeeper laufen, der Gatekeeper ist der Koordinator des Behandlungsablaufs. Die Grundstruktur des Gatekeeper-Konzepts ist in Abbildung 8.3 dargestellt.

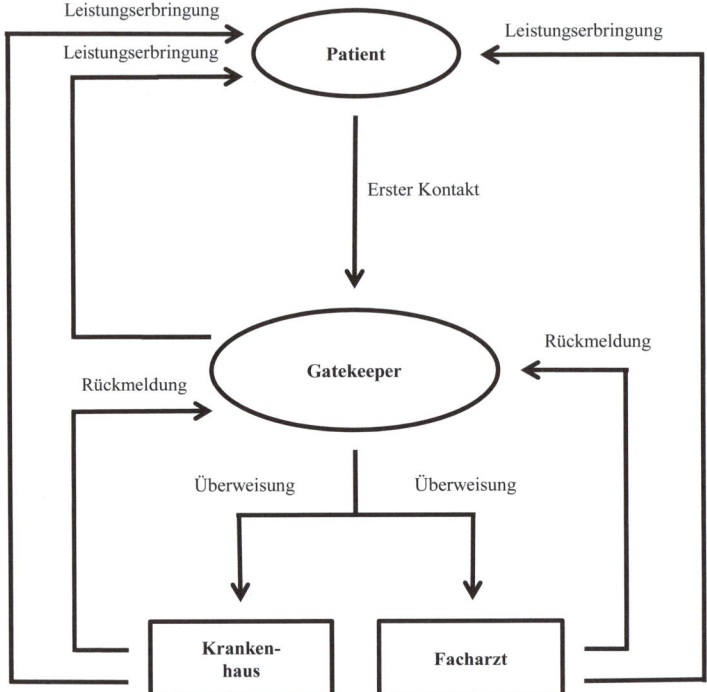

Abbildung 8-3: Das Gatekeeper-Konzept

Im Gatekeeper-Konzept sind zwei Formen vorherrschend:

- Der einfache Gatekeeper übernimmt nur eine „Türöffner"-Funktion. Er wird immer konsultiert, wenn eine Behandlung notwendig erscheint. Der Gatekeeper entscheidet, ob eine Weiterbehandlung durch einen Fachkollegen notwendig ist, und überweist den Patienten in diesem Fall weiter. Meist wird er nach Einzelleistungen vergütet.

- Der „capitated" Gatekeeper erhält hingegen für seine Patienten eine Kopfpauschale. Leistungen, die von anderen Kollegen erstellt werden, muss er vergüten. Mit seiner Funktion ist somit auch ein finanzielles Risiko verbunden. Da dieses Risiko für einen Arzt zu hoch ist, existiert dieses Modell nicht in reiner Form, sondern nur abgeschwächt; so werden beispielsweise hohe Risikopatienten aus seiner finanziellen Verantwortung herausgenommen.

Die intendierten Kostenvorteile sind offensichtlich. Als Koordinator des Behandlungsablaufs soll der Gatekeeper vor allem Doppeluntersuchungen vermeiden und entscheiden, ob es überhaupt notwendig ist, einen teuren Spezialisten zu konsultieren oder einen noch teureren Aufenthalt in einem Krankenhaus zu absolvieren.

Durch den Gatekeeper sollen aber nicht nur Kostenersparnisse realisiert werden, sondern auch Qualitätsvorteile. Als zentraler Ansprechpartner für den Patienten und die mitbehandelnden Ärzte soll er für einen koordinierten Behandlungsprozess sorgen, was unter anderem durch das Zusammenlaufen sämtlicher Informationen über einen Patienten sichergestellt werden soll. Dies schützt den Patienten vor unnötigen Mehrfachdiagnoseprozessen und -behandlungen.

Offensichtlich sind jedoch auch die kritischen Aspekte des Hausarztprinzips. Beim Capitation Gatekeeping ist der Gatekeeper verantwortlich für das Budget und für das Einkommen seiner Fachkollegen. Durch zunehmende medizintechnologische Fortschritte erfolgt eine zunehmende Spezialisierung in der Medizin; fraglich ist, ob ein Allgemeinmediziner in der Lage ist, das gesamte Spektrum der medizinischen Möglichkeiten zu überblicken. Weiterhin ist fraglich, ob ein Allgemeinmediziner – wie er im deutschen Gesundheitssystem existiert – adäquat die Management- und Koordinationsfunktionen ausfüllen kann. Zu beachten ist zudem, dass die Wahlfreiheit der Patienten eingeschränkt wird und somit das Modell des Gatekeepers erhebliche Akzeptanzprobleme bei den Patienten aufweisen kann.

8.6.2 Guidelines

Die Grundidee von Guidelines ist es, einen Behandlungsablauf, welcher einzelfallbezogen ist, durch eine Standardisierung der medizinischen Leistungen zu ersetzen, welche dann bei einer Behandlung durch den Arzt in einer bestimmten Zeit oder Abfolge zu erbringen sind. Ziel der Guidelines ist es, die Behandlung einer häufig vorkommenden Krankheit rationaler zu gestalten, d. h. die Leistungsmenge eindeutig zu definieren bei gleichzeitiger Beachtung bestimmter Qualitätsstandards. Es soll vermieden werden, dass identische Krankheitsbilder mit unterschiedlichen und bisweilen kostentreibenden Methoden angegangen werden, welche ohne konkrete medizinische Begründung sind.

Bei den Formen von Guidelines kann unterschieden werden nach:

- ihrem Verbindlichkeitsgrad, welcher von der strikten Verbindlichkeit bis zur bloßen Empfehlung reichen kann, und

- dem Umfang, d. h., sie können auf einen Sektor begrenzt oder sektorenübergreifend konzipiert sein.

Zudem sind generelle Guidelines, welche von Fachgesellschaften entwickelt und publiziert sind und welche weitgehend wissenschaftlich diskutiert wurden, von unternehmensspezifische Guidelines, welche speziell für ein Unternehmen, z. B. ein Krankenhaus oder eine HMO, entwickelt wurden, zu unterscheiden.

In der Regel sollten Guidelines kostengünstiger und qualitätsverbessert sein, da zu ihrer Erstellung eine eingehende Analyse der Leistungen in Hinsicht auf Kosten und

Qualität erfolgt ist. Guidelines zu entwickeln ist jedoch kostenintensiv, deshalb ist es nur sinnvoll solche zu entwickeln, wenn

- der Behandlungsfall ein gewisses Volumen hat (z. B. Bypass-Operationen, Hüftgelenkerkrankungen, Geburten),

- wenn es verschiedene Therapieformen gibt mit stark differierenden Kosten,

- wenn der Leistungsfinanzierer mit den Guidelines eine bessere Kontrolle über die Leistungserstellung bekommt oder die Leistungsersteller selbst ihre Kosten besser kontrollieren wollen; und zudem wenn

- Guidelines es schaffen, Haftungsrisiken zu minimieren.

Als offensichtlich kritischer Aspekte ist festzustellen, dass ein starker Eingriff in die Leistungserstellung des Arztes und seine Therapiefreiheit erfolgt. Der Arzt kann nur Guidelines abarbeiten, auch wenn er eine andere Behandlungsabfolge für sinnvoller hält. Guidelines können zudem als Mittel dazu missbraucht werden, Leistungsbeschränkungen vorzunehmen, wenn der Kostenaspekt über- und der Qualitätsaspekt unterbewertet wird.

8.6.3   Disease Management

Durch freie Arztwahl, weitgehende Therapiefreiheit und ein sehr fragmentiertes Gesundheitswesen war und ist es bis heute möglich mit ein und derselben Diagnose ganz unterschiedliche Behandlungsabläufe und -episoden zu haben. Da Patienten mit derselben Krankheit oftmals sehr unterschiedliche Voraussetzungen wie Alter, Geschlecht, Vorerkrankungen, Verträglichkeiten, Gewicht etc. mitbringen, mag diese Vorgehensweise zunächst positiv zu werten sein. Geht man aber davon aus, dass manche Krankheiten einen typischen Verlauf haben und auch bestimmte ökonomische Strukturen bei der Behandlung gegeben sind, so kann der Behandlungsablauf dieser Krankheiten durch ein gezieltes Disease Management für die Patienten erheblich verbessert werden, und gleichzeitig können Kosten eingespart werden. Disease Mangement wird insbesondere bei chronischen Krankheitsbildern angewendet.

Die Kernidee des Disease Managements ist, dass die Leistungserstellung von Gesundheitsgütern für bestimmte Gruppen von Patienten über den gesamten Krankheitsverlauf und über alle Leistungserbringer koordiniert wird. Als Grundlage für diese Koordination sind folgende Punkte unerlässlich:

- Eine enge Zusammenarbeit über alle Gesundheitseinrichtungen hinweg, optimal ist ein vollkommen integriertes Versorgungssystem

- Eine starke Einbeziehung und Schulung der Patienten

- Umfassendes und aktuelles Wissen über die spezielle Krankheit, was heute als evidenzbasierte Medizin bezeichnet wird

- Ein adäquates Informations- und Vergütungssystem

Für eine bestimmte Krankheit wird ein Disease-Management-Programm speziell entwickelt, wobei zunächst die Auswahl der Krankheiten, welche für ein Disease Management geeignet sind, erfolgen muss. Dabei sind Faktoren wie Zeit, Investition in die Entwicklung und den Aufbau eines Informationssystems und die Rolle des Anbieters von Bedeutung; so wird z. B. ein von einem Pharmaunternehmen entwickeltes Disease-Management-Programm sicher anders aussehen als das von einer Krankenkasse entwickelte.

Generell sind jedoch Erkrankungen, die für die Entwicklung eines Disease Managements in Frage kommen, solche, die eine große Anzahl unterschiedlicher Behandlungsabläufe aufweisen in Abhängigkeit von den unterschiedlichen Patienten und den unterschiedlichen Ärzten; ein Indikator hierfür ist auch eine hohe Überweisungsquote. Weiterhin lohnt sich ein Disease Management bei kostenintensiven Behandlungseinsätzen und wenn offensichtlich immer wieder Komplikationen im Behandlungsablauf auftreten, die vermieden werden könnten.

Auch vom Disease Management verspricht man sich Kosten- und Qualitätsvorteile. Man geht davon aus, dass das Disease Management als eine langfristig und integriert angelegte Versorgung, die zusätzlich auf einer umfassenden Wissensbasis beruht, effektiver und kostengünstiger ist und auch den Bedürfnissen der Patienten gerechter wird als die zurzeit praktizierte unregelmäßige, oftmals nicht koordinierte Behandlung. Allerdings ist die Entwicklung eines Disease Managements selbst kostenintensiv, was für eine sinnvolle Umsetzung in Betracht gezogen werden muss.

8.6.4   Case Management

Die Grundidee des Case Managements ist der des Disease Managements sehr ähnlich, aber hier ist das Programm nur auf einen einzelnen Patienten ausgerichtet und nicht auf ein spezielles Krankheitsbild. Meist sind dies Patienten mit schwerwiegenden Verletzungen oder Risiken oder einem komplizierten, langen Behandlungsverlauf, insbesondere also chronisch Kranke oder auch multimorbide Patienten. Das Case Management arbeitet mit Case Managern, dies können Angestellte einer Einrichtung oder speziell dafür beauftragte Externe sein, welche den speziellen Fall koordinieren. Scheinen die Kosten für einen Case Manager auf den ersten Blick recht hoch, sind sie doch sehr auf eine Person bezogen, so haben Studien in den USA gezeigt, dass ein professioneller Case Manager Kosten einsparen und für eine größere Patientenzufriedenheit sorgen kann.

8.6.5   Utilization Review

Grundidee der Utilization Review ist, dass alle medizinischen Leistungen von externen oder internen Gutachtern auf ihre Angemessenheit hin untersucht werden. Dabei werden folgende Fragen bezüglich der Angemessenheit gestellt:

- Ist die medizinische Leistung adäquat für die Symptome und die Diagnose?

- Welcher Ort der medizinischen Behandlung ist der geeignete?

- Wurde die medizinische Leistung adäquat erbracht?

Eine Utilization Review kann in jeder Phase der Wertschöpfungskette ansetzen. Sie kann einerseits an eine Vorhab-Genehmigung oder Autorisierung gebunden sein. Dies ist z. B. der Fall, wenn sich der ambulant behandelnde Arzt für die stationäre Einweisung eine Genehmigung beim Leistungsfinanzierer einholen muss oder wenn z. B. teure und/oder nur begrenzt vorhandene Therapie- und Diagnoseformen vom Leistungsfinanzierer genehmigt werden müssen. Gängig sind Utilization Reviews auch, wenn eine „second Opinion", also die Einschätzung eines zweiten Facharztes, eingeholt werden muss. Ex ante können Leistungsersteller auch ihren Behandlungs-plan auf Angemessenheit überprüfen lassen, was eine höhere Expertise sicherstellt.

Andererseits sieht die Utilization Review auch retrospective Reviews vor. Dann werden im Nachhinein die Angemessenheit und Wirtschaftlichkeit einer Behandlung oder eines Behandlungsablaufs überprüft, dies sind die in den USA verbreiteten ex post Utilization Reviews. Eine weitere Form ist die gemeinsame Peer Review, d. h. die Analyse einzelner Fälle gemeinsam mit Fachkollegen.

Auch mit dieser Komponente des Managed Care verspricht man sich Kosten- und Qualitätsvorteile. Mit dem Utilization Review sollen sowohl Kosten eingespart wer-den, da besonders teure Leistungen auf den Prüfstand kommen, als auch die Qualität der Behandlung überprüft werden, da auch unter medizinischen Aspekten nach der Angemessenheit der Leistung gefragt wird. Man hat festgestellt, dass allein durch die Existenz eines Utilization-Review-Systems gerade in Krankenhäusern schon ein sparsamerer Umgang mit Ressourcen erreicht werden kann.

Kritisch ist gegen Utilization Reviews eingewandt worden, dass die Ärzte nicht mehr frei in ihrer Therapieentscheidung sind, sondern wesentliche Leistungen ge-nehmigen lassen müssen. Dies führe zu einem enormen Verwaltungs- und Bürokrati-sierungsaufwand.

8.6.6   Qualitätsmanagement

Wie oben dargestellt wurde, wird die Praxis der Einzelleistungsvergütung und somit der Kostenübernahme der tatsächlich entstandenen Leistungen in den HMOs durch vorher festgelegte Budgets ersetzt. Dabei entsteht die Gefahr – vor allem wenn Wettbewerber im Gesundheitsmarkt fehlen und keine Abwanderungsoption für die Versicherten und Patienten besteht – , dass immer mehr Leistungen eingespart wer-den, um kurzfristig gewinnsteigernd zu arbeiten. Das Qualitätsmanagement versucht einer zu einseitigen Kostenbetrachtung bei der Bereitstellung von Gesundheitsgütern entgegenzuwirken. Außerdem wird eine Qualitätskontrolle eingesetzt zur Vermeidung von Folgekosten, wenn schlechte Qualität zu schlechten Ergebnissen führt und dann nachgebessert werden muss.

Da Qualität und ein dazugehöriges Qualitätsmanagement viele Aspekte haben kann und sehr unterschiedlich verstanden und ausgestaltet werden kann, sei hier nur in Ansätzen erwähnt, welche Aspekte bei der Betrachtung von Qualitätsfragen in Gesundheitseinrichtungen berücksichtigt werden sollten.

In den USA ist eine strenge staatliche Qualitätskontrolle etabliert und auch in Deutschland erhält das Qualitätsmanagement ein zunehmendes Gewicht in vielen Institutionen des Gesundheitswesens. Die Ausprägungen des Qualitätsmanagements sind entsprechend den Rahmenbedingungen der Gesundheitseinrichtungen sehr unterschiedlich. Neben rechtlichen Auflagen, die es zu berücksichtigen gilt, kann sich das Qualitätsmanagement orientieren an:

- den Kunden, also den Patienten, z. B. mittels Befragungen über die Zufriedenheit,

- den Mitarbeitern, ebenfalls mittels Befragungen und durch Mitarbeiterschulungen oder

- dem Erstellungsprozess der Gesundheitsleistungen.

Zudem kann man drei Ansätze in der Orientierung unterscheiden:

- Strukturorientierung: Man versucht die Qualität der gesamten Organisation zu evaluieren und zu verbessern

- Prozessorientierung: Hier konzentriert sich das Qualitätsmanagement auf die einzelnen Prozesse eines Behandlungsablaufs

- Ergebnisorientierung: Das Qualitätsmanagement bezieht sich auf das Ergebnis, also vor allem auf den erreichten Gesundheitszustand der Patienten

Von Seiten der Praktiker wird bisweilen kritisch vorgebracht, dass Qualität nicht zum Selbstzweck werden sollte. Externe und krankenhausinterne Verfahren zur Messung und Überprüfung der Qualität können Ausmaße annehmen, welche die Kosten der Qualitätsüberprüfung hochtreiben, aber keine wesentliche Qualitätsverbesserung mehr bringen. Dem ist aus theoretischer Sicht insofern zuzustimmen, als die Grenzkosten des Qualitätsmanagements deren zusätzlichen Nutzen nicht überschreiten sollten. Wann dies der Fall ist, lässt sich realiter nur schwierig feststellen; von solchen Problemen wird in Kapitel 10 noch zu reden sein.

8.6.7   Gegenüberstellung der weiteren Elemente

Zusammenfassend stellt die Abbildung 8.4 die Merkmale des traditionellen Gesundheitssystems und des Managed Care-Ansatzes pointiert gegenüber.

Managed Care	Im deutschen Gesundheitssystem
– Gatekeeping	– Freie Arztwahl, direkter Zugang zu Spezialisten
– Disease Management – Case Management (d.h. hier integrierte Behandlungsprozesse)	– Sektorenbezogene Behandlungsabläufe (mit Informationsverlusten an den Schnittstellen)
– Qualitätsmanagement	– Qualitätssicherung
– Leitlinien (standardisierte Guidelines) – Utilization Review	– Weitreichende Therapiefreiheit

Abbildung 8-4: Gegenüberstellung der weiteren Instrumente des Managed Care

Es kann festgehalten werden, dass beim Managed Care die Trennung von Finanzierung und Leistungserstellung von Gesundheitsgütern zumindest teilweise aufgehoben wird und zudem die in Abbildung 8.4 dargestellten Instrumente in unterschiedlichen Kombinationen angewendet werden.

8.6.8   Zusammenfassende Bewertung des Managed Care

Das wichtigste Ziel, welches mit dem Managed Care-Konzept erreicht werden soll, ist die Erhöhung der Effizienz im Gesundheitswesen bei gleichzeitiger Verbesserung der Qualität der Leistungserstellung. Konkret sollen durch die Vermeidung überflüssiger Leistungen Kosten eingespart werden und durch mehr Wettbewerb die Preise für Gesundheitsgüter sinken. Studien in den USA haben gezeigt, dass mit der Einführung des Managed Care-Konzepts die Zuwachsraten der Gesundheitsausgaben gesenkt werden konnten.

Mit dem Ziel der Kosteneinsparung kann es aber auch zu einer Reduktion der Qualität kommen. Um dies zu vermeiden bedarf es entweder eines funktionstüchtigen Wettbewerbs oder einer Kontrollinstanz, die Standards setzt und überprüft. Die empirischen Studien, welche in den USA durchgeführt wurden, sind in ihrem Ergebnis unterschiedlich. Ein Grund dafür ist, dass der gesamte Gesundheitsmarkt in den USA regional sehr unterschiedlich organisiert ist. Prinzipiell hat Managed Care jedoch die Qualität der Gesundheitsversorgung in den USA nicht verschlechtert.

Managed Care-Organisationen bestehen in den USA in einem privaten Wettbewerbsmarkt. Ein Vorteil der Managed Care-Organisationen und Instrumente ist, dass Elemente davon in der einen oder anderen Form in jedem Gesundheitssystem eingesetzt werden können, ohne dieses System grundlegend zu verändern. Disease Management oder Case Management können ohne Probleme auch in das deutsche GKV-

System oder in das österreichische und schweizerische Gesundheitssystem integriert werden.

Durch die Zulassung von Direktverträgen zwischen den gesetzlichen Krankenkassen und den Leistungserbringern – sehr geringe Möglichkeiten dazu bestehen in Deutschland seit 2004 – würden Krankenkassen mehr Einfluss auf die Leistungserstellung gewinnen und der Wettbewerb würde verstärkt. Managed Care-Instrumente könnten somit die Effizienz auch im deutschen Gesundheitssystem steigern. Auf solche und andere Veränderungen im bestehenden Gesundheitssystem in Deutschland wird im folgenden Kapitel 9 noch zurückzukommen sein.

8.7   Literatur zum Kapitel 8

Als Quellen für dieses Kapitel wurde primär die folgend aufgeführte Literatur genutzt, welche auch als vertiefende Lektüre empfohlen wird.

Das englischsprachige Standardbuch zu Managed Care ist:

- *Kongstvedt, P.R. (2008)*

Im deutschsprachigen Raum sind einschlägig:

- *Amelung, V./Cornelius, F. (2007)*
- *Amelung, V.E.,/Schumacher, H. (2007)*

9 Wettbewerb im deutschen Krankenversicherungssystem

In verschiedenen Kapiteln dieses Buches wurde schon gezeigt, dass für die Güterallokation die Institution „Markt" mit einem funktionierenden Wettbewerb die besten Ergebnisse hervorbringt: Unter Wettbewerbsbedingungen kaufen bzw. verkaufen Nachfrager und Anbieter zum Gleichgewichtspreis die Gleichgewichtsmenge. Weiterhin wurde erläutert, dass der Marktmechanismus manchmal versagen kann, wovon insbesondere verschiedene Märkte im Gesundheitssektor betroffen sind. Anstelle des Marktmechanismus übernimmt in den meisten westlichen Industrienationen der Staat oder eine gesetzliche bzw. staatliche Krankenversicherung die Absicherung gegen das Risiko Krankheit und oftmals auch die Allokation von Gesundheitsressourcen.

Bereits in Kapitel 4 wurde gezeigt, dass seit Anfang der 70er-Jahre der Anteil der Gesundheitsausgaben am BIP in Deutschland und in anderen westlichen Industrienationen immer wieder gestiegen ist. Die so genannte Kostenexplosion im Gesundheitswesen wird seitdem in Deutschland und auch in vielen andern Ländern mit immer neuen Reformen, Gesetzen und Verordnungen zu bremsen versucht.

Für einige Ökonomen liegt der Kern des Problems in der „Überregulierung" des Gesundheitssektors und sie plädieren seit Längerem für mehr Wettbewerb und damit für mehr Markt im Gesundheitswesen. Dieser Weg ist in Deutschland tatsächlich mit dem Gesundheits-Strukturgesetz (GSG) von 1993 in der gesetzlichen Krankenversicherung (GKV) beschritten worden. In diesem Kapitel steht zunächst die deutsche GKV im Zentrum, und es werden die grundlegenden Strukturmerkmale der GKV vorgestellt; insbesondere wird gezeigt, wie man versucht hat, mit Hilfe eines Risikostrukturausgleichs (RSA) Wettbewerb in das GKV-System zu implementieren. Anhand der genauen Analyse der Strukturen und Prinzipien in der GKV soll ein Verständnis für die möglichen Ausgestaltungsprinzipien und deren Bedeutung aufgezeigt werden. Aber auch die jüngeren Entwicklungen im GKV-System, welche Ansätze von Managed Care – wie es im vorhergehenden Kapitel erläutert wurde – zeigen, werden beleuchtet.

Eine Besonderheit im deutschen Krankenversicherungssystem ist das Nebeneinander von einem gesetzlichen Krankenversicherungssegment (GKV) und einem privaten

Krankenversicherungsmarkt (PKV). Ein wesentliches Unterscheidungsmerkmal ist die Art und Weise der Beitragssatzerhebung: Während in der PKV – wie in jeder anderen Versicherung – die Prämie gemäß dem zu erwartenden Schaden oder dem Risiko kalkuliert wird – also nach dem Äquivalenzprinzip, wie es in Kapitel 6 beschrieben wurde –, spielen bei der Beitragserhebung der GKV vor allem soziale Gesichtspunkte eine Rolle, und sie erhebt ihre Beiträge entsprechend dem Solidarprinzip. Hat Wettbewerb erst in den letzten Jahren Einzug in das GKV-System gehalten, so gilt die PKV schon immer als Wettbewerbsmarkt – auch das PKV-System wird diesbezüglich genauer betrachtet, da Wettbewerb hier nur eingeschränkt möglich ist.

Aber auch zwischen GKV und PKV besteht ein Wettbewerb, wobei die Gruppe der Versicherten, auf die dieser Wettbewerb abzielen kann, staatlich erheblich reguliert wird, und zwar über die Definition derjenigen Gruppen, die in der GKV versichert sein müssen und denjenigen, welche die Wahl haben, in der GKV freiwillig versichert zu bleiben oder in die PKV zu wechseln.

9.1   Wettbewerb in der GKV

Als Geburtsstunde der gesetzlichen Krankenversicherung in Deutschland wird das Jahr 1883 bezeichnet, als unter Bismarcks Initiative die ersten Allgemeinen Ortskrankenkassen (AOKs) gegründet wurden. Erstmals erwarben die Arbeiter einen rechtlich gesicherten Unterstützungsanspruch im Falle der Krankheit und Arbeitsunfähigkeit. Nach den Bismarck´schen Reformen wuchsen die Kassen über ein halbes Jahrhundert, d. h., die Zahl der Versicherten stieg immer weiter an und die Leistungen wurden permanent ausgeweitet. Typisch für das deutsche soziale System ist seine Kassenstruktur, die anhand von Merkmalen wie lokaler Zugehörigkeit, Berufsgruppen oder Betriebszugehörigkeit entstanden ist.

Betrachtet man die verschiedenen Märkte oder Beziehungen im deutschen gesetzlichen Gesundheitssystem – siehe dazu die Abbildung 9.1 –, so bestehen auf jedem Markt erhebliche Regulierungen, die auf der einen Seite den Wettbewerb im System sichern sollen, v. a. auf dem Markt zwischen den Versicherten und den Kassen, auf der anderen Seite bestehen auf dem Markt zwischen Kassen und Ärzten mit der Kassenärztlichen Vereinigung Strukturen, die explizit nur Kollektivverhandlungen zulassen und somit den Wettbewerb ausschalten. Der Markt zwischen Patienten und Ärzten ist in den meisten Fällen regional sehr begrenzt und das Verhältnis wird durch die Bedingungen, die auf dem Markt Kasse – Arzt bestehen, geprägt; hier gilt grundsätzlich freie Arztwahl bei einem gleichzeitigen Versorgungsauftrag der Kassenärzte. In der folgenden Abbildung 9.1, welche eine modifizierte Abbildung aus Kapitel 7 darstellt, sind die grundlegenden Beziehungen und Märkte nochmals im Überblick dargestellt.

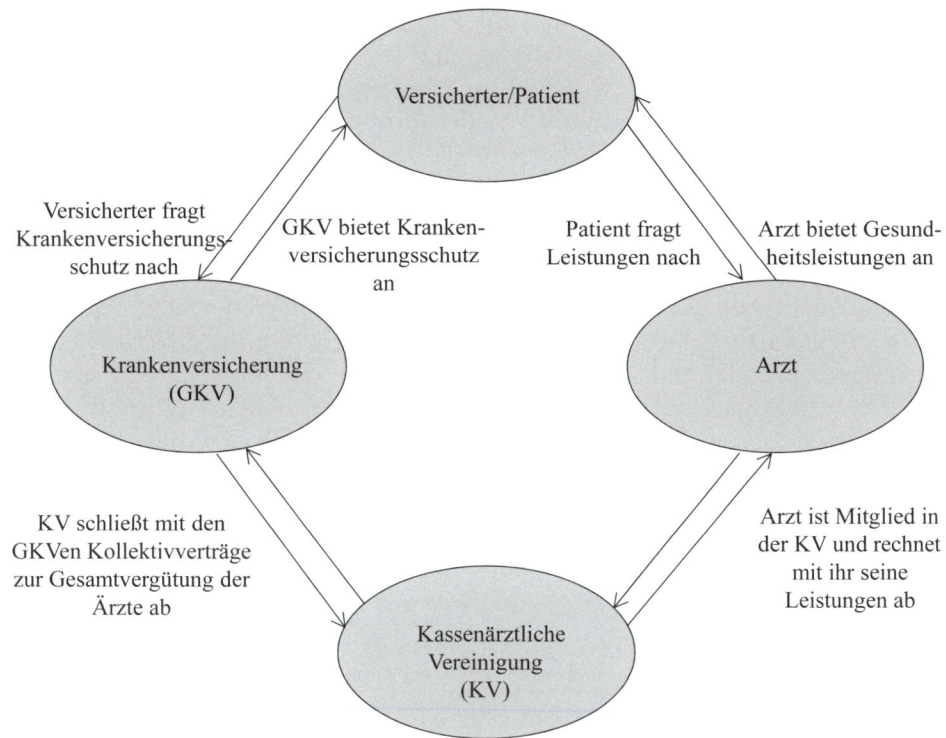

Abbildung 9-1: GKV Akteure und Beziehungen im Überblick

9.1.1   Derzeitige Regelungen mit Blick auf die Versicherten

Die GKV ist eine Pflichtversicherung, in der Arbeitnehmer bis zu einem Einkommen von 49.950 Euro im Jahr – dies ist Pflichtversicherungsgrenze im Jahr 2010 – pflichtversichert sind. Wer darüber hinaus verdient, kann freiwillig weiter versichert bleiben oder muss sich seit 2009 in der PKV versichern. Es besteht somit grundsätzliche Versicherungspflicht in Deutschland. 2009 waren circa 70 Millionen Menschen in der GKV versichert, davon gelten ungefähr 75 Prozent als in der GKV pflichtversichert. Die Nachfrage nach Versicherungsschutz ist somit staatlich vorgeschrieben. Wahlmöglichkeiten bestehen für den GKV-Versicherten zwischen verschiedenen Krankenkassen.

Der Preis für den Versicherungsschutz eines GKV-Versicherten ist zudem auch in einem erheblichen Maß staatlicherseits vorgegeben. Seit dem 1.1.2009 wird der Beitragssatz für alle Krankenkassen festgelegt; den Kassen ist es aber möglich, von den Versicherten einen „Zusatzbeitrag" zu fordern.

Die Höhe der Zusatzbeiträge darf ohne Einkommensüberprüfung der Versicherten 8 Euro im Monat betragen, möglich ist auch ein prozentualer oder fester Zusatzbeitrag, allerdings darf dieser nicht mehr als 1 Prozent des Haushaltseinkommens betragen; dies ist die so genannte Härtefallregelung. Die Beitragssatzunterschiede können somit ab einem Einkommen von 800 Euro höchstens einen Prozentpunkt betragen. Wie stark dieses Preissignal wirkt, bleibt abzuwarten. Es sind bei einem Einkommen an der Beitragsbemessungsgrenze im Jahr vom Arbeitnehmer höchstens 185,50 Euro zusätzlich zu zahlen (die Hälfte von 375 Euro). Trotzdem erreicht man mit dieser Regelung eine hohe Transparenz für die Versicherten.

Für den Beitrag, den ein GKV-Mitglied zahlt, werden auch die Familienangehörigen (Kinder und nicht berufstätige Ehegatten) beitragsfrei mitversichert. Die GKV-Mitglieder werden dem Solidaritätsprinzip gemäß versichert, d. h., die Beiträge sind einkommensproportional und werden – zumindest nach der formalen Inzidenz – je zur Hälfte von Arbeitgebern und Arbeitnehmern entrichtet. Allerdings existiert eine Beitragsbemessungsgrenze, diese lag 2010 bei 45.000 Euro pro Jahr und bildet eine Einkommensschwelle, ab der das Einkommen eines Versicherten bei der Beitragserhebung nicht mehr berücksichtigt wird.

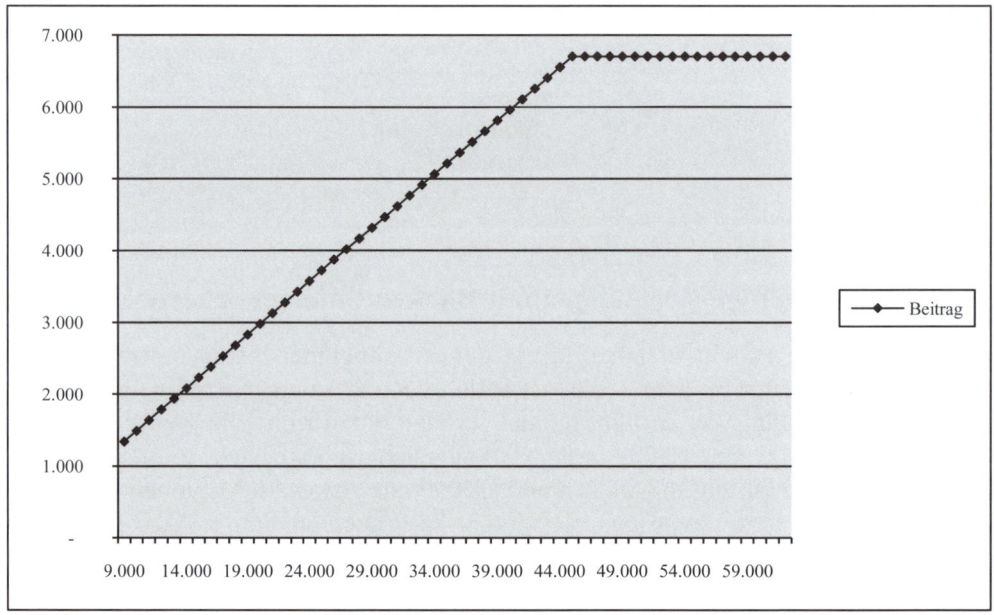

Abbildung 9-2: Beitrag auf die unterschiedlichen Einkommenshöhen bei einem Gesamtbeitragssatz im Jahr 2006

Die Beitragsbemessungsgrenze ist als eine Unterbrechung der Solidarität bei hohen Einkommen kritisiert worden. Dabei ist jedoch zu berücksichtigen und abzuwägen: Knapp oberhalb der Beitragsbemessungsgrenze liegt die Pflichtversicherungsgrenze, d. h., ab dieser Grenze kann in die PKV gewechselt werden. Je höher der Beitrag in der GKV, desto höher der Anreiz für GKV-Versicherte, als alternative Versicherung die PKV in Betracht zu ziehen. Würde man also die Beitragsbemessungsgrenze nach oben verschieben, dann würden gerade die freiwilligen Mitglieder abwandern, welche jedoch die höchsten absoluten Beiträge in die GKV einzahlen.

9.1.2 Wettbewerb um und für alle Versicherungsgruppen

Bis 1993 gab es nur für einen Teil der Versicherten Wahlfreiheit bezüglich der Krankenkasse und die Beitragssätze wurden von den einzelnen gesetzlichen Krankenkassen selbst festgelegt. Der größte Teil der pflichtversicherten Arbeiter wurde einer Kasse zugewiesen, während die Angestellten – das sind etwa 50-60 Prozent der Pflichtversicherten – über Wahl und Wechselmöglichkeiten hinsichtlich der GKV-Kasse verfügten. Durch die nur einseitige Wahl- und Wechselmöglichkeit zwischen den Kassen war ein Vorteil für die Angestellten entstanden, der umso größer war, je größer die Leistungs- und Beitragsunterschiede zwischen den Kassen waren. Angestellte konnten somit die Kasse wählen, die niedrige Beitragssätze hatte, während Arbeiter weiterhin einer Kasse zugewiesen wurden.

Durch die Erhebung eines risikounabhängigen und einkommensproportionalen Beitrags sowie die beitragsfreie Mitversicherung von Familienangehörigen wurden die Versicherten aus der Sicht der Krankenkassen entweder zu einem „guten" oder zu einem „schlechten" Risiko. Trotz Kontrahierungszwang der GKVen war es ihnen möglich eine gewisse Risikoselektion vorzunehmen, also gute Risiken anzuwerben und schlechte Risiken zu vermeiden. Zudem trug die staatliche Zuweisung von Mitgliedern zusätzlich dazu bei, dass eine sehr ungleichmäßige Verteilung der Risiken auf die einzelnen Kassen erfolgte.

Die unterschiedliche Risikostruktur führte natürlich zu sehr unterschiedlichen Beitragssätzen bei den einzelnen Kassen, da bei den Kassen das Prinzip der Umlagefinanzierung gilt, d. h., was in einer Periode eingenommen wird, wird auch wieder in dieser Periode für den aktuellen Versichertenbestand ausgegeben. Hat eine gesetzliche Krankenkasse eine schlechte Risikostruktur, so hat sie einen hohen Finanzbedarf, der von der gesamten Versichertengemeinschaft dieser Kasse aufgebracht werden muss. Das wiederum bedeutete hohe Beitragssätze für die Versichertengemeinschaft und führte dazu, dass gute Risiken, welche die Wechselmöglichkeit hatten, abwanderten. Folge war, dass in den einen Kassen die schlechten Risiken kumulierten und dort die Beitragssätze weiter angehoben werden mussten. 1993 lag die Spanne der Beitragssätze zwischen 8-16 Prozent Beitragssatzpunkten. Marktanteilsverschiebungen waren die Folge, so verloren die AOKen Marktanteile von 57 Prozent (1960) auf 45 Prozent (1992). Gewinner waren die Angestelltenersatzkassen, die im gleichen Zeitraum ihren Marktanteil von 18 Prozent auf 34 Prozent steigern konnten.

Auffällig an dieser Entwicklung war, dass:

- Die Wahlfreiheit der Kassen nur für einen Teil der Bevölkerung bestand, was auch unter ethischen und verfassungsrechtlichen Aspekten bedenklich war.

- Ein „beschränkter" Wettbewerb stattfand, der aber nicht so gewollt war, wie er stattfand, nämlich um gute Risiken zu werben und schlechte Risiken zu meiden.

- Das Solidarprinzip auf gesamtgesellschaftlicher Ebene durchbrochen wurde, wenn „arme, kinderreiche Arbeiter" bei den Kassen versichert waren, welche die höchsten Beitragssätze hatten.

9.1.3   Kassenwahlfreiheit und interner Risikostrukturausgleich

Auf diesen unbefriedigenden Zustand reagierte der Gesetzgeber. Nach vielen kleineren Reformen und Kostendämpfungsmaßnahmen in den 70er- und 80er-Jahren trat 1993 das Gesundheits-Strukturgesetz (GSG) in Kraft, welches eine wirkliche Reform der Organisationsstruktur darstellte. Mit dem GSG versuchte der Gesetzgeber einen Ordnungsrahmen im Gesundheitswesen zu schaffen, der den Wettbewerb zwischen den Kassen funktionsfähig macht, aber gleichzeitig das Solidarprinzip unangetastet lässt. Die beiden Kernelemente der Reform waren:

- Kassenwahlfreiheit für alle Versicherten

- Schaffung eines Risikostrukturausgleichs

Durch die Einführung der Kassenwahlfreiheit für alle Versicherten haben seit 1997 alle Pflichtversicherten gleichberechtigten Zugang zu allen Krankenkassen innerhalb der GKV. Für die Krankenkassen besteht Kontrahierungszwang und Diskriminierungsverbot. Mit der Kassenwahl wurde eine notwendige Voraussetzung für Wettbewerb als Organisationsprinzip in der GKV erfüllt.

Zudem wurde ein permanenter, bundesweiter und kassenartenübergreifender Risikostrukturausgleich (RSA) für die gesetzliche Krankenversicherung eingeführt. Ziel des RSA war, „eine gerechtere Beitragsbelastung" der Versicherten zu erreichen und „Wettbewerbsverzerrungen zwischen den Kassen" abzubauen. Der RSA schaffte einen Ausgleich zwischen den an das Einkommen gebundenen Beiträgen und den mit dem tatsächlichen Versichertenrisiko verbundenen finanziellen Auswirkungen: Die Pflichtversicherten suchten sich eine Krankenversicherung ihrer Wahl und zahlten gemäß ihrem Einkommen Beiträge, die von den Kassen weiterhin autonom festgesetzt wurden. Gleichzeitig wurden sie von ihrer Versicherung gemäß ihrem Risiko eingeschätzt, wobei der RSA die Risikofaktoren

- beitragspflichtige Einnahmen (Grundlöhne),

- mitversicherte Familienangehörige (Familienlast),

- Alter, Geschlecht und Invalidität

umfasste. Erhielt eine Kasse für ihre Versicherten weniger Beiträge, als die finanzielle Belastung in Abhängigkeit der Risikostruktur der Versicherten erwarten ließ, dann erhielt die Kasse finanzielle Mittel von anderen Kassen. Erhielt die Kasse für ihre Versicherten höhere Beiträge, als die finanzielle Belastung in Abhängigkeit der Risikostruktur der Versicherten erwarten ließ, dann musste die Kasse finanzielle Mittel an andere Kassen abgeben. Dabei ging es nicht um tatsächliche finanzielle Aufwendungen, sondern es wurden „standardisierte Leistungen" bestimmter Versichertengruppen zu Grunde gelegt. Für die Kassen sollten somit gleiche Wettbewerbschancen geschaffen und der Anreiz reduziert werden, Versicherte nach ihrem Risiko zu selektieren.

Schnell sortierten sich die Kassen, die bisher eine schlechte Risikostruktur in ihrer Versichertengemeinschaft hatten, und die Kassen, die eine gute Risikostruktur in ihrer Versichertengemeinschaft hatten, zu den so genannten „Empfängerkassen" und „Zahlerkassen". Der Finanzausgleich fand somit zwischen den Kassen über den RSA „intern" statt.

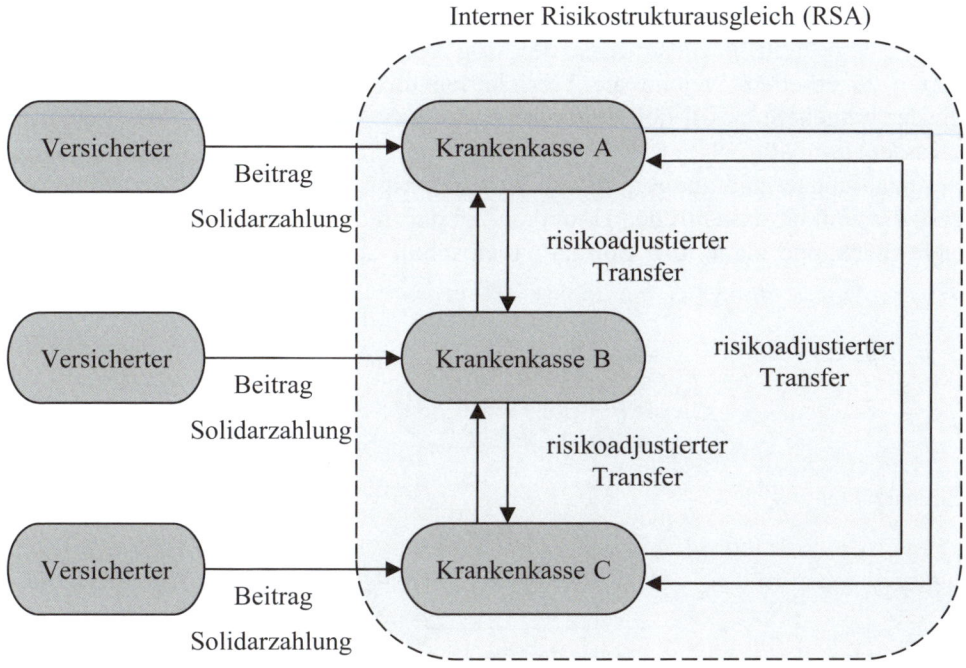

Abbildung 9-3: Interner Risikostrukturausgleich

9.1.4   Externer Risikostrukturausgleich: Der Gesundheitsfonds

Mit dem GKV-Wettbewerbsstärkungsgesetz (GKV-WSG) wird seit dem 1.1.2009 nicht mehr der „interne" RSA praktiziert, sondern ein „externer" RSA, was bedeutet, dass nun ein Fonds, der so genannte Gesundheitsfonds, etabliert wurde, in den die Krankenversicherungsbeiträge aller GKV-Versicherten – von den einzelnen Kassen weitergleitet – fließen. Dabei wird der Beitragssatz, der in den Gesundheitsfonds fließt, vom Staat festgelegt – es gilt somit ein Einheitsbeitrag. Die Kassen erhalten dann aus dem Gesundheitsfonds entsprechend ihrer Versichertenstruktur Überweisungen pro Versichertem, die sich aus einer Grundpauschale und risikoadjustierten Zu- und Abschlägen zusammensetzen. Der so genannte „morbiditätsorientierte Risikostrukturausgleich" (Morbi-RSA) soll so erfolgen, dass keine Anreize zur Risikoselektion für die einzelnen gesetzlichen Krankenkassen bestehen bleiben; so wurde entschieden, dass neben Einkommen, Alter, Geschlecht und Familienlast 50 bis 80 kostenintensive, chronische Erkrankungen und Krankheiten mit schwerwiegenden Verlauf berücksichtigt werden. Die Kassen erhalten aus dem Gesundheitsfonds dann die risikoadjustierten Transfers für ihre Versicherten.

Reichen allerdings die Zuweisungen des Gesundheitsfonds an eine Krankenkasse nicht aus, so besteht für diese Kasse die Möglichkeit, Zusatzbeiträge von ihren Versicherten zu erheben, welche die Versicherten direkt an diese Kasse überweisen. Auch der umgekehrte Fall der Beitragserstattung ist möglich. Weiterhin besteht für die Kassen die Möglichkeit, in einem sehr eingeschränkten Maße Boni, Prämien oder Zuzahlungsermäßigungen als zusätzliches Preissignal einzusetzen. Allerdings besteht die Gefahr, dass mit den Boni das Ziel der mittelfristigen Einsparungen nicht erreicht wird und dann die Solidargemeinschaft die Boni-Auszahlungen tragen muss.

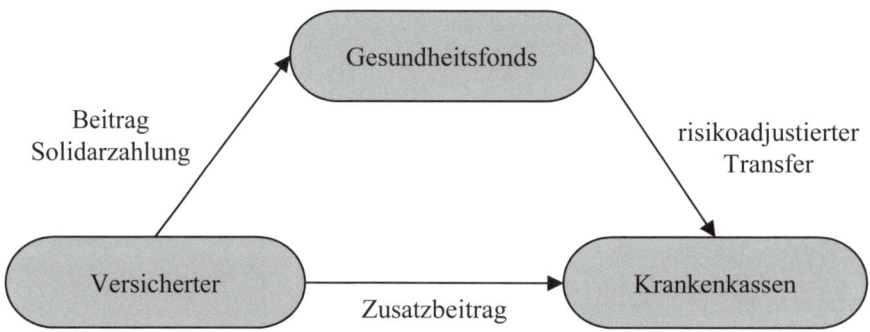

Abbildung 9-4: Externer Risikostrukturausgleich

9.1.5   Alternativen zur derzeitigen Beitragsgestaltung in der GKV

Immer wieder steht die Art und Weise der Ausgestaltung des Beitragssatzes in der GKV und damit verbunden der Beitragsbemessungsgrenze und -grundlage zur Diskussion. Aus dem politischen Raum gibt es immer wieder ganz unterschiedliche Vorschläge zur Finanzierung der GKV und damit zur Ausgestaltung der Beiträge. Der Beitragssatz ist als „Preis" in der GKV bislang der entscheidende Wettbewerbsparameter für die gesetzlichen Krankenkassen.

Grundsätzlich besteht die Möglichkeit, die Beiträge zur Krankenversicherung:

- Risikoäquivalent zu kalkulieren, wie es in der privaten Krankenversicherung vorzufinden ist, dies wird später noch weiter ausgeführt.

- Die zweite Möglichkeit ist die einkommensproportionale Beitragserhebung, wie es in der GKV praktiziert wird.

- Eine weitere Möglichkeit, die in den letzten Jahren häufiger diskutiert wird und auch in der Schweiz praktiziert wird, ist die Beitragserhebung nach Kopfpauschalen.

Innerhalb der einkommensproportionalen Beitragserhebung gibt es zudem, je nachdem, welche Ziele in der GKV verfolgt werden sollen, viele Möglichkeiten der konkreteren Beitragsgestaltung, solche werden regelmäßig von Seiten der politischen Akteure in die Diskussion gebracht; so kann z. B.:

- Der GKV-Pflichtversichertenkreis ausgeweitet oder eingeengt werden, eine Einbeziehung auch der bisher in der PKV Versicherten wird unter dem Stichwort „Bürgerversicherung" diskutiert.

- Damit verbunden ist auch die Möglichkeit die beitragsfreie Mitversicherung von Ehegatten und Kindern zu verändern.

- Die Beitragsbemessungsgrenze kann herauf- oder herabgesetzt werden.

- Die Beitragsbemessungsgrundlage kann verändert werden, hier ist in der Diskussion, nicht nur Arbeitseinkommen, sondern auch andere Einkommensarten und Vermögen mit in die Bemessungsgrundlage einzubeziehen.

Jede Veränderung eines Strukturelements der einkommensproportionalen Beitragserhebung bringt Vor- oder Nachteile für bestimmte Bevölkerungsgruppen; die Ausgestaltung hängt damit in sehr starkem Maße von der jeweiligen Vorstellung über eine gerechte Lastenverteilung in der Gesellschaft ab und von der Vorstellung darüber, mit welchen Mitteln diese denn erreicht werden kann.

Die Erhebung von Kopfpauschalen zur Finanzierung der GKV ist ein von politischer Seite in regelmäßigen Abständen wieder vorgebrachter Vorschlag. Bei der Kopfpauschale bezahlen alle Versicherten die gleichen Beiträge, und führt man die Kopfpauschale konsequent durch, dann müssen auch mitversicherte Ehegatten und Kinder in die Kopfpauschale einbezogen werden.

Der wesentliche Unterschied zwischen Kopfpauschalen und einkommensabhängigen Beiträgen ist, dass die Umverteilung von hohen zu geringen Einkommen aus der Krankenversicherung ausgeschlossen wird, was der Forderung „die Umverteilungsfunktion nicht mit der Allokationsfunktion zu vermischen" entspricht. Um einen sozialen Ausgleich zu erreichen, sollte hiernach die Umverteilung über andere Mechanismen erfolgen, z. B. über Steuern oder direkte Transferzahlungen. Dies würde die Umverteilungspolitik wesentlich transparenter und nachvollziehbarer machen. Es bleibt systemimmanent die Umverteilung von Gesunden zu Kranken, was ja mit einer Krankenversicherung erreicht werden soll, und damit indirekt die Umverteilung von Männern zu Frauen – da Frauen i. d. R. mehr Krankheitskosten verursachen als Männer – und von Jungen zu Alten. 2008 hätte eine Kopfpauschale – legt man die Beitragseinnahmen von 2008 zu Grunde – für jeden Versicherten circa 185 Euro betragen – auch für Kinder und mitversicherte Ehegatten. Würde man nur die eigentlichen Mitglieder der gesetzlichen Krankenkassen zu Grunde legen, dann würde sich die Kopfpauschale auf 253 Euro erhöhen.

Ähnlich wie bei der einkommensabhängigen Beitragsgestaltung kann auch bei der Kopfpauschale mit verschiedenen Instrumenten eine sehr unterschiedliche Ausgestaltung des „Kopfpauschalensystems" erreicht werden. Mit der Ankündigung eines Systemwechsels von einkommensproportionalen Beiträgen zur Kopfpauschale wird somit kaum etwas darüber ausgesagt, wie der Versicherte unter dem neuen System gestellt wäre. Eine automatische Sicherung der finanziellen Grundlage des GKV-Systems wird aber mit einem Systemwechsel zur Kopfpauschale nicht erreicht.

9.1.6   Die Leistungsseite

Ein zentraler Kritikpunkt am traditionellen – internen – RSA war, dass zwar zwischen Versicherten und Krankenkassen Wettbewerb installiert war, allerdings nur bezüglich des Beitragssatzes, denn andere Wettbewerbsparameter hatten die Krankenkassen nicht zur Verfügung. Das Leistungsangebot blieb bei allen Kassen fast identisch; es war für die gesetzlichen Krankenkassen nicht möglich, auf der Leistungsseite in einen Wettbewerb zu treten, da ihnen vom Gesetzgeber ein Leistungskatalog vorgeschrieben wurde.

Da die Beitragssatzunterschiede durch den RSA verringert werden konnten, also weitgehend gleiche Beitragssätze bei den verschiedenen Krankenkassen gezahlt wurden und gleichzeitig die Leistungen identisch waren – was bis heute in abgeschwächter Form häufig immer noch der Fall ist –, gleicht die GKV in Deutschland diesbezüglich eher einer Einheitskasse als einem Wettbewerbsmarkt. Eine notwendige Bedingung für einen funktionierenden Wettbewerb wären größere Handlungsspielräume auf der Leistungsseite.

Diese Handlungsspielräume wurden den Krankenkassen durch die Möglichkeit der „selektiven Verträge", wie sie im Managed Care-Kapitel vorgestellt wurden, zwischen ihnen und den Leistungserbringern – also auf dem Markt zwischen Kassen und Ärzten – mit dem Wettbewerbsstärkungsgesetz (GKV-WSG) gegeben. Seitdem können Krankenkassen, wenn sie selektive Verträge mit Ärzten abschließen konnten, die dort festgelegten zusätzlichen oder günstigeren Leistungen (z. B. hausarztzentrierte Versorgung) ihren Versicherten anbieten. Dies wird im nächsten Unterpunkt noch näher zu erläutern sein.

9.1.7 Regelungen zwischen GKV und Leistungserbringern sowie Arzt und Patient

Betrachtet man die Beziehung zwischen Patient und Arzt, so gelten zunächst das Prinzip der freien Arztwahl und ein unbeschränkter Zugang zu den medizinischen Leistungen auf diesem Markt. Weiterhin gilt das Sachleistungsprinzip, was bedeutet, dass Patienten medizinische Leistungen nach Bedarf erhalten und dem Arzt diese von der Krankenkasse des Patienten erstattet werden. Allerdings wird die Beziehung zwischen GKV-Patient und Arzt auch durch die Vergütungspraxis im Zusammenspiel der Systeme der GKV und PKV bestimmt. Das in der Öffentlichkeit häufig diskutierte Beispiel dazu ist, dass durch die weit höhere Vergütung der Ärzte durch die PKV ein Anreiz für diese geschaffen wird, ihren Privatpatientenstamm und die Leistungen, die diese Privatpatienten bekommen, zu maximieren. Unabhängig davon, wie die Ärzte im Einzelfall auf diesen Anreiz reagieren, qua System werden die GKV-Patienten zu so genannten „Patienten zweiter Klasse".

• Wie oben bereits erwähnt, gilt für das deutsche GKV-System nicht die einfache Beziehung, nämlich dass der Arzt seine Rechnung bei der Krankenversicherung einreicht und diese erstattet bekommt, sondern dazwischen geschaltet ist die Kassenärztliche Vereinigung (KV) als Vertretung der niedergelassenen Ärzte, die gemeinsam mit den Kassen einen Sicherstellungsauftrag bezüglich der medizinischen Versorgung der Bevölkerung hat. Die Kassen und die Kassenärztliche Vereinigung schließen Kollektivverträge ab, in denen ein Gesamtbudget festgelegt ist. Dann rechnen die Ärzte über ein Punktesystem, den so genannten einheitlichen Bewertungsmaßstab (EBM), mit der Kassenärztlichen Vereinigung ab.

Ohne die Details der Kollektivverträge und des EBM hier zu erläutern sei gesagt, dass Budgetierung und der EBM Anreize für die Ärzte setzen, ihre Einzelleistungen auszuweiten, um einen größeren Anteil an Punkten zu erhalten. Wenn dies aber alle Ärzte so praktizieren, verliert bei einem vorgegeben Budget jeder Punkt seinen Wert, und die einzelnen Leistungen werden niedriger vergütet.

Das Kollektivsystem, in dem die Kassen mit der Kassenärztlichen Vereinigung das Budget aushandeln, besteht bis heute. Allerdings können seit 2004 davon abweichend in der ambulanten Versorgung selektive Verträge bezüglich Versorgungs-, Leistungs- und Qualitätsmerkmalen zwischen Kassen und einzelnen Ärzten oder Ärztegruppen vereinbart werden – mittlerweile auch ohne Zustimmung der Kassenärztlichen Vereinigung. Sowohl die selektiven Verträge als auch die gesetzlich vorgeschriebenen Angebote, die über die selektiven Verträge geregelt werden, sind stark an den Gedanken des Managed Care angelehnt. Hier sind v. a. zu nennen:

- Modellvorhaben zur Weiterentwicklung der Verfahrens-, Organisations-, Finanzierungs- und Vergütungsformen der Leistungserbringung, hierunter fällt auch die Entwicklung von Praxisnetzen, von denen in Kapitel 11 noch die Rede sein wird

- Die Möglichkeit, Leistungen zur Verhütung und Früherkennung von Krankheiten sowie zur Krankenbehandlung, die keine regulären Leistungen der Krankenversicherung sind, durchführen

- Die Möglichkeit, Strukturverträge und besondere ambulante Versorgung einzugehen

- Die Möglichkeit, eine integrierte Versorgung und strukturierte Behandlungsprogramme aufzulegen

- Die Verpflichtung, ihren Versicherten eine hausarztzentrierte Versorgung anzubieten.

Vor allem die zuletzt genannte Regelung ist von Bedeutung. Hiernach sind die gesetzlichen Krankenversicherungen verpflichtet, ihren Versicherten ein Modell zur hausarztzentrierten Versorgung anzubieten. Dazu müssen Kontrakte mit Hausärzten, Gemeinschaften von Hausärzten oder medizinischen Versorgungszentren abgeschlossen werden. Versicherte verpflichten sich mindestens ein Jahr, an der hausarztzentrierten Versorgung teilzunehmen, dazu können Krankenkassen den Versicherten finanzielle Vorteile anbieten, wie z. B. den Erlass der Praxisgebühr. Ziel dieser Maßnahme ist – wie in Kapitel 8 zum Managed Care schon ausführlich dargestellt – die verbesserte Koordination der medizinischen Versorgung vor allem bei multimorbid und chronisch Erkrankten; so sollen v. a. auch kostspielige Behandlungsschritte vermieden werden, Doppeluntersuchungen reduziert und Medikamente gezielter verordnet werden.

Mit der selektiven Vertragsgestaltung haben die gesetzlichen Krankenkassen nun die Möglichkeit gegenüber ihren Versicherten ein differenziertes Leistungsangebot anzubieten, allerdings scheinen die Inanspruchnahme solcher Verträge und die Weitergabe an die Versicherten gemessen am Gesamtvolumen der GKV noch relativ gering und es bleibt abzuwarten, wie die Kassen und Ärzte die vertraglichen Freiheiten in Zukunft nutzen werden. In jedem Fall wurde damit der Einsatz von Managed Care-Instrumenten im deutschen GKV-System möglich gemacht.

9.2 Wettbewerb im deutschen System der PKV

Private Krankenversicherungen erlangten erst gegen Ende des 19. Jahrhunderts an Bedeutung, da die wohlhabenden Schichten keiner Versicherungspflicht unterlagen. Nach der Inflation 1923, als viele wohlhabende Familien ihr Vermögen verloren, konnte die PKV erhebliche Mitgliedszuwächse verzeichnen. Nach dem Zweiten Weltkrieg bis Mitte der 70er-Jahre wurde die Erweiterung der PKV durch den Gesetzgeber nicht gefördert, insbesondere durch die Ausweitung des Kreises der Versicherungspflichtigen und die Anhebung der Pflichtversicherungsgrenze. Ende der 70er-Jahre wurde die Politik für die PKVen vorteilhafter und es wurden ihnen ganze Berufsgruppen, v. a. Selbstständige, Beamte zugewiesen. Seither war die PKV als Krankenversicherung neben der GKV anerkannt.

9.2.1 Die Grundstruktur der PKV

Anders als in der GKV gilt in der PKV das versicherungstechnische Äquivalenzprinzip, d. h., die Beiträge eines Versicherten bemessen sich nach dessen Krankheitsrisiko. Dieses Risiko wird eingeschätzt nach Eintrittsalter, Geschlecht und etwaigen Vorerkrankungen. Familienangehörige müssen separat versichert werden.

In den Versicherungen der PKV können sich Angestellte und Arbeiter versichern, die mit ihrem Einkommen die Pflichtversicherungsgrenze der GKV übersteigen. Allerdings hat der Gesetzgeber neuerlich beschlossen, dass ein Arbeitnehmer erst in drei aufeinanderfolgenden Jahren die Jahresarbeitsentgeltgrenze überschritten haben muss, um in die PKV wechseln zu können. Weiterhin versichern dürfen sich in der PKV Beamte, Selbstständige und freiberuflich Tätige. 2009 zählte die PKV 8,81 Millionen Versicherte, die eine Krankheitskostenvollversicherung, d. h., eine Versicherung, welche die GKV komplett ersetzt, abgeschlossen haben, dies sind rund 10 Prozent der Bevölkerung.

Die privaten Krankenversicherer sind überwiegend privatrechtliche erwerbswirtschaftlich orientierte Unternehmen. Auf der Leistungsseite hat der privat Versicherte die Wahl zwischen allen niedergelassenen Ärzten und auch nur privat praktizierenden Ärzten. Es gilt das Kostenerstattungsprinzip, d. h., der Versicherte zahlt die Arztrechnung und rechnet dann mit seiner Versicherung ab.

Ein weiterer Unterschied zur GKV ist die Art und Weise der Leistungsvergütung, die sich dadurch kennzeichnet, dass Ärzte für Leistungen, die sie für PKV-Versicherte erbringen, wesentlich höhere Beträge abrechnen können als für GKV-Versicherte, dies aufgrund eines anderen Vergütungssystems. Die PKV greift insofern nicht in das Verhältnis Arzt – Patient ein.

9.2.2   Wettbewerb in der PKV

Für eine Analyse des Wettbewerbs in der PKV muss man eine Unterscheidung vornehmen, in:

- Wettbewerb auf dem Markt für Wechsler von der GKV in die PKV, also neu in der PKV zu Versichernde und

- Wettbewerb auf dem Markt für schon PKV-Versicherte.

Betrachtet man den Wettbewerb um die Wechsler von der GKV in die PKV, so herrscht hier Wettbewerb trotz schwieriger Preis- und Leistungsvergleiche und einer gewissen Unübersichtlichkeit des Versicherungsmarktes. Freier Marktzugang und eine Vielzahl von Anbietern, im Jahre 2009 gab es 46 Versicherungsunternehmen in der PKV, sorgen für ein intensives Wettbewerbsgeschehen um „neue Kunden". Wettbewerbsparameter sind der Preis für den Versicherungsschutz und das Leistungsangebot, beides kann variiert werden. Beispielsweise können bestimmte Leistungen aus den Versicherungsverträgen ausgeschlossen werden, wofür dann eine geringere Prämie gezahlt wird.

Anders stellt sich die Situation für schon in der PKV Versicherte dar: Gewinnt eine Versicherung einen neuen Versicherten, so muss sie die Prämien so kalkulieren, dass der Vertrag für den Versicherten und für die PKV über die gesamte Lebenszeit des Versicherten hinweg erfüllbar ist. Da die PKV risikoäquivalent versichert und die Ausgaben für Gesundheitsleistungen mit zunehmendem Alter eines Versicherten steigen, würde dies eigentlich bedeuten, dass die risikoabhängigen Prämien mit zunehmendem Alter des Versicherten steigen. Dies birgt die Gefahr, dass ein Versicherungsnehmer bei der PKV in hohem Alter, wenn er die Versicherungsleistungen am dringendsten braucht, die Beiträge nicht mehr aufbringen kann.

9.2.3   Alterungsrückstellungen und Wettbewerb

Dass ältere und kranke Menschen aus dem Vertrag ausscheiden, ist mit einem Versicherungsvertrag jedoch nicht gewollt. Aus diesem Grund werden die Tarife in der PKV so kalkuliert, dass sie über die gesamte Lebenszeit konstant bleiben. Somit ergibt sich in jungen Jahren bei Eintritt in die PKV für den Versicherten ein Beitragssatz, der weit über seinen tatsächlichen gegenwärtigen Krankheitskostenausgaben liegt. Die Differenz zwischen dem Beitragssatz und den tatsächlichen Leistungsausgaben für Krankheit nennt man Alterungsrückstellungen und sie werden – wie der Name schon sagt – für das Alter zurückgestellt, nämlich für die Zeit, in der erwartungsgemäß die Ausgaben der Versicherung für die Krankheitskosten des Versicherten über seinem zu leistenden Beitrag liegen. Man versichert nach dem Äquivalenzprinzip (äquivalent seinem Krankheitsrisiko) bezüglich der gesamten Versicherungszeit.

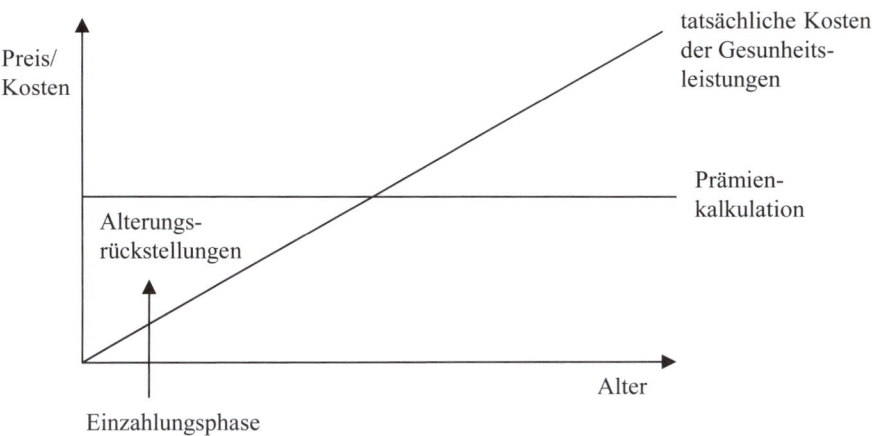

Abbildung 9-5: Alterungsrückstellungen

Diese Alterungsrückstellungen sind auf der einen Seite zwar notwendig, um eine sichere und im Alter bezahlbare Krankenversicherung zu gewährleisten, sie sind auf der anderen Seite aber auch die Ursache für verminderten Wettbewerb in der PKV. Will ein in der PKV Versicherter – aus welchen Gründen auch immer – seine Versicherung wechseln, so wird er in der neuen Versicherung wieder gemäß seinem gegenwärtigen Alter versichert. Die Alterungsrückstellungen, die er in der alten Versicherung – d. h. konkret in einem vor 2009 abgeschlossenen Vertrag – aufgebaut hat, kann er nicht mitnehmen. Daraus ergibt sich ein doppelter Nachteil für Wechsler:

• Erstens fallen die aufgebauten Alterungsrückstellungen an die Versicherung, die er verlässt.

• Zweitens muss er nun in der neuen Versicherung wesentlich höhere Prämien in Kauf nehmen aufgrund seines höheren Alters. Dadurch werden viele Wechselwillige von einem tatsächlichen Wechsel der Kasse absehen.

Vor diesem Hintergrund wird vielfach diskutiert, die Alterungsrückstellungen beim Wechsel der PKV mitzugeben, so dass für einen Wechselwilligen das fortgeschrittene Alter keine Nachteile bei der neuen Versicherung verursacht.

Da die PKVen um die Nachteile ihrer Versicherten bei einem Wechsel in eine neue PKV wissen, haben sie keinen Anreiz, eine zukünftige Prämienentwicklung für ihre Versicherten schon in der Anfangsprämie genauer zu berücksichtigen. Rationales Verhalten für die PKVen ist es, den jungen neuen Kunden günstige Prämien anzubieten und die notwendigen Prämienanpassungen zu einem späteren Zeitpunkt vorzunehmen, wenn sie kaum noch eine Chance auf einen günstigen Tarif aufgrund ihres Alters bei einer neuen Versicherung haben. Anreize für eine weit vorausschauende Prämienkalkulation würden die Versicherungen haben, wenn die Versicherten die

Möglichkeit hätten, die Versicherung zu wechseln, also die Alterungsrückstellungen mitzunehmen.

Dies ist aber auch mit erheblichen Problemen verbunden:

- Würde man die tatsächlich angesparten Alterungsrückstellungen bei einem PKV-Wechsel mitgeben, könnten auch nicht alle Wechselwilligen ohne Risikoaufschläge zu einer neuen Versicherung wechseln. Die guten Risiken könnten ohne weiteres wechseln, die schlechten Risiken hätten aber wiederum keine Chance bei der neuen aufzunehmenden Versicherung ohne Prämienaufschläge angenommen zu werden. So würden schlechte Risiken in der alten Versicherung verbleiben, wohingegen gute Risiken abwandern, was zu einer Risikoentmischung und somit zu einem Zusammenbruch des Tarifs der alten Versicherung führen könnte.

- Würde man die prospektiven Alterungsrückstellungen, also die zukünftig für die Krankheitsausgaben erwarteten Rückstellungen, mitgeben, so würden gute Risiken eine geringere Alterungsrückstellung als ihre tatsächlich angesparte mitbekommen und schlechte Risiken eine höheren als ihre Angesparte. Für das aufnehmende Versicherungsunternehmen wären dann beide Risiken gleich. Allerdings ist es schwierig, solche tatsächlichen Risikoberechnungen anzustellen, und es fragt sich, ob die Mitnahme einer höheren oder niedrigeren Alterungsrückstellung als die tatsächliche Alterungsrückstellung überhaupt vertretbar ist, so dass gegen diesen Vorschlag verschiedene finanzmathematische und praktische Einwände vorgebracht werden.

Trotz der gerade genannten Bedenken gegen die Mitnahme der Alterungsrückstellungen hat der Gesetzgeber mit der jüngsten Gesundheitsreform den Wettbewerb um Bestandskunden in der PKV gestärkt: alle Versicherten der PKV, die sich ab dem Jahr 2009 erstmals in einer PKV versichert haben, haben nun das Recht bei einem Wechsel in ein anderes PKV-Unternehmen ihre aufgebauten Alterungsrückstellung im Umfang des Basistarifs mitzunehmen. Der Basistarif wurde gleichzeitig mit eingeführt und ist ein Tarif, den jede PKV ihren Versicherten anbieten muss und der in der Prämie dem GKV-Höchstbeitrag gleicht bei einer Leistung, die dem GKV-Leistungskatalog angelehnt ist. In diesem Tarif gilt Kontrahierungszwang für die Versicherung, das Verbot von Risikozuschlägen bzw. Leistungsausschlüssen. Weiterhin wurde für diesen Tarif ein Risikoausgleich über alle Versicherungsunternehmen eingeführt.

9.2.4 Wettbewerb in Krankenversicherungen und sozialpolitischer Ausgleich

Die Betrachtung des deutschen Krankenversicherungssystems, welches sich in ein gesetzliches und ein privates Subsystem unterteilt, machte deutlich, wie schwierig es ist, unter Beibehaltung der sozialpolitischen Zielsetzungen einen funktionstüchtigen

Wettbewerb auf dem Gesundheitsmarkt und speziell dem Krankenversicherungsmarkt zu etablieren. Wie schon in der Diskussion um Reformen des Gesundheitssystems insgesamt, so ist auch hier zu beachten, dass Maßnahmen, die auf Wettbewerb
im Krankenversicherungswesen abzielen, die anderen Gesundheitsmärkte indirekt
beeinflussen. Dies macht Reformen für den Gesetzgeber schwierig. Die Diskussionen in Wissenschaft und Praxis um Verbesserungen und mehr Wettbewerb in GKV
und PKV dauern an.

9.3   Literatur zum Kapitel 9

Als Quellen für dieses Kapitel wurde primär die folgend aufgeführte Literatur genutzt, welche auch als vertiefende Lektüre empfohlen wird.

- *Albrecht, M./u.a. (2010)*
- *Beek van der, K./Cassel, D. (1997)*
- *Wasem, J. (2007)*
- *Wille, E. (2002)*
- *Wille, E. (Hrsg.) (1999)*

10   Ökonomische Evaluation im Gesundheitswesen

In diesem Kapitel wird zunächst erläutert, weshalb und unter welchen Voraussetzungen es sinnvoll ist, eine ökonomische Evaluation durchzuführen. Dazu bedarf es nochmals des Hinweises auf einige grundlegende Probleme, welche bereits in vorhergehenden Kapiteln behandelt wurden. Erst auf dieser Grundlage können dann einzelne Evaluationsmethoden vorgestellt werden.

10.1   Warum ökonomische Evaluation im Gesundheitswesen und für wen?

In den ersten Kapiteln dieses Buches wurde erläutert, dass die vorhandenen Ressourcen in einer Gesellschaft beschränkt sind und dass diese beschränkten Ressourcen einer unendlichen Anzahl von Bedürfnissen gegenüberstehen. Es wurde betont, dass dieses Knappheit genannte Phänomen uneingeschränkt auch für das Gesundheitswesen gilt: In seiner praktischen Bedeutung heißt dies nichts anderes, als dass nicht alle medizinischen Bedürfnisse, welche die Mitglieder einer Gesellschaft haben, uneingeschränkt befriedigt werden können. Weiterhin haben wir gesehen, dass diese beschränkten Ressourcen auch unterschiedlich verwendet werden können und dass es eine große Anzahl verschiedener Kombinationsmöglichkeiten gibt, Ressourcen einzusetzen und damit Güter und Dienstleistungen in einer Gesellschaft zu produzieren und bereitzustellen.

Es wurde zudem gezeigt, dass in der Regel die Institution Markt gewährleistet, die Bedürfnisse der Menschen und die Verwendung der Ressourcen in Einklang zu bringen. Es sei aber daran erinnert, dass der Marktmechanismus im Gesundheitswesen aus verschiedenen Gründen gestört sein kann und dass es dann zu keiner die Bedürfnisse befriedigenden Allokation kommt. Vor allem gab es starke Indizien dafür, dass den Konsumenten selbst die Kosten-und Nutzen-Abwägung im Gesundheitswesen nicht oder nicht hinreichend möglich ist.

Wenn nun die Ressourcenallokation im Gesundheitswesen nicht über den Markt erfolgt, dann muss es andere Institutionen geben, die eine sinnvolle Allokation möglich machen. Es wurde gezeigt, dass an die Stelle des Marktes kollektive Akteure – oder vereinfacht staatliche und parafiskalische Akteure – der Ressourcenallokation treten. Wenn auf funktionierenden Märkten Entscheidungen getroffen werden, so stellen die Konsumenten und die Produzenten Kosten-Nutzen-Kalküle an, wenn auch nur implizit. Erst auf der Grundlage solcher Kosten-Nutzen-Kalküle lassen sich die elementaren Nachfrage- und Angebotskurven, die sich z. B. in der Abbildung 3.3 fanden, herleiten. Diese impliziten Kosten-Nutzen-Kalküle der Individuen vermeiden, dass es auf funktionierenden Märkten zu Verschwendung kommt.

Bei einer staatlichen Bereitstellung von Gesundheitsgütern treffen die nachfragenden und anbietenden Individuen solche Kosten-Nutzen-Entscheidungen nur sehr eingeschränkt, weil oft der direkte Zusammenhang zwischen Nutzen und Kosten auf individueller Ebene durchbrochen ist. Wenn z. B. ein Patient die Kosten für eine Behandlung nicht selbst zu tragen hat, so wird er versuchen, den maximalen Umfang und Nutzen daraus zu ziehen und nicht den optimalen Nutzen, bei dem der Grenznutzen der Behandlung, welcher die „Nachfrage" generiert, ihren Grenzkosten, welche das „Angebot" generieren, entspricht. Dies wurde im Kapitel über die Nachfrage bereits ausführlich dargestellt. Ähnliches gilt für einen Arzt, der bestrebt ist, seinem Patienten die bestmögliche Behandlung zukommen zu lassen, und zwar ganz unabhängig von den entstehenden Kosten.

Somit ist bei kollektiver Ressourcenallokation, sei sie staatlich im engeren Sinne oder parafiskalisch, latent die Gefahr der ökonomischen Verschwendung gegeben. Mit ökonomischen Evaluationsverfahren wird nun beabsichtigt, einer solchen Gefahr der Verschwendung im öffentlichen Bereich und hier speziell im Gesundheitswesen zu begegnen, indem sie versuchen, die impliziten Kosten-Nutzen-Kalküle, welche auf funktionierenden Märkten von Individuen angestellt werden, für den staatlichen und parastaatlichen Bereich zu simulieren.

10.1.1 Politische Entscheidungsträger und Krankenversicherungen als Adressaten

Die folgend näher vorgestellten unterschiedlichen ökonomischen Evaluationsmethoden liefern Kosten-Nutzen-Kalküle, welche den politischen Entscheidungsträgern in staatlichen und parastaatlichen Institutionen als Entscheidungshilfe dienen sollen, um zwischen verschiedenen gesundheitspolitischen Alternativen eine ökonomisch sinnvolle Wahl zu treffen. Sie helfen also bei der Suche nach bedarfsgerechten medizinischen Maßnahmen. Die Frage danach, welche medizinischen Maßnahmen bedarfsgereicht sind, ist gerade auch für Krankenversicherungen von Bedeutung, besonders wenn es darum geht, welche Maßnahmen in den Leistungskatalog der Versicherung aufzunehmend sind.

10.1.2   Mediziner als Adressaten

Zudem kann aber eine Offenlegung der Kosten und Nutzen von medizinischen Maßnahmen auch für behandelnde Ärzte hilfreich sein. Ärzte sehen sich zunehmend vor folgende Probleme gestellt: Eine Vielzahl unterschiedlicher Medikamente mit gleichen oder ähnlichen Wirkstoffen und gleichen oder ähnlichen therapeutischen Wirkungen macht es oft schwierig, das richtige Medikament für den richtigen Patienten zu finden. Ähnliches gilt generell für Behandlungsverfahren; durch zunehmende Forschungstätigkeit im medizinischen Bereich werden immer weitere Diagnostiken und Therapien entwickelt, deren Wirkungen unklar oder sehr spezifisch sind. Um aus der Fülle der Medikamente und Behandlungsverfahren die geeigneten herauszufiltern, ist es offensichtlich sinnvoll zu wissen, von welchem medizinischen Nutzen sie sind und in welchem Verhältnis diese Nutzen zu den entstehenden Kosten stehen. Auf der Grundlage von ökonomischen Evaluationsverfahren gewonnene Erkenntnisse bieten insofern Ärzten eine Hilfe bei der Gestaltung von effizienten Behandlungsabläufen.

10.1.3   Die Öffentlichkeit als Adressat

Jedoch nicht nur für staatliche Entscheidungsträger, behandelnde Ärzte und Krankenversicherungen ist eine Offenlegung der Kosten und Nutzen medizinischer Leistungen durch ökonomische Evaluationsverfahren von Bedeutung. Auch für Dritte, die nicht Nachfrager oder Anbieter oder Regulierer der betrachteten Gesundheitsleistung sind – etwa für die Steuerzahler, interessierte Bürger, die Fachpresse oder kurz: für die interessierte Öffentlichkeit – machen ökonomische Evaluationsverfahren gesundheitspolitische Entscheidungen transparenter, da sie offen legen, welche konkreten Kosten und Nutzen in die Betrachtung einfließen. Erst diese Transparenz macht legitimes kollektives Handeln in einer demokratischen Gesellschaft möglich.

Für alle genannten Gruppen – gesundheitspolitische Entscheidungsträger, Ärzte, Krankenversicherungen und Öffentlichkeit – wird sich in schon naher Zukunft die Notwendigkeit ökonomischer Evaluation noch dringlicher als heute darstellen. Der Bedarf an Gesundheitsleistungen wird sich angesichts der demographischen Entwicklung erhöhen. Diese Entwicklung wird begleitet durch medizintechnischen Fortschritt, der nützliche, aber bisweilen kostenintensive Behandlungsverfahren und -techniken sowie Medikamente hervorbringt. Vor diesem Hintergrund wird sich geradezu ein Zwang ergeben, im medizinischen Bereich stärker als heute auf Effizienz zu achten, und Grundlage von mehr Effizienz ist nun einmal die Beachtung von Kosten und Nutzen.

Damit lassen sich die Funktionen und die Relevanz der ökonomischen Evaluation im Gesundheitswesen im Wesentlichen in drei Punkten zusammenfassen. Sie dient:

- Als Ersatz für die Kosten-Nutzenabwägung der Konsumenten auf einem funktionierenden Markt und somit einer Erfassung der Präferenzen für Gesundheitsgüter (Präferenzaspekt)

- Als Prüfinstrument für Wirtschaftlichkeit (Ökonomischer Aspekt, Wirtschaftlichkeit)

- Als Entscheidungshilfe für Diagnose- und Behandlungsmethoden (Medizinischer Aspekt, Wirksamkeit)

Bei steigendem Anspruchsniveau und neuen technischen Möglichkeiten müssen Methoden angewendet werden, die Entscheidungshilfen und Transparenz bei der Produktion und dem Konsum von Gesundheitsgütern liefern.

10.2   Theoretische Grundlagen der ökonomischen Evaluation

Die ökonomische Evaluation beruht auf der mikroökonomischen Wohlfahrtstheorie, wie sie in den ersten Kapiteln dieses Buches in den Grundzügen vorgestellt wurde. Insofern ist das Phänomen Knappheit der Ressourcen und ihre Verwendung im Wirtschaftsprozess ihr Ausgangspunkt. Sie fragt: Unter welchen Bedingungen kann ein gesellschaftliches Optimum der Ressourcenallokation erreicht werden? Wie und unter welchen Bedingungen wird die Wohlfahrt bei Allokationsänderungen verbessert? Wie kann man Wohlfahrtsänderungen messen?

Dabei bedient sich die gesundheitsökonomische Evaluation aber auch der verschiedensten Methoden der Betriebswirtschaftlehre, vor allem der betriebswirtschaftlichen Kostenrechnung sowie der der Betriebs- und Volkswirtschaftslehre gemeinsamen quantitativen Methoden. Vor diesem Hintergrund lassen sich die Ziele, welche mit ökonomischen Evaluationsverfahren im Gesundheitswesen verfolgt werden, in zweierlei Hinsicht konkretisieren.

Es geht um die Herstellung von:

- Technischer Effizienz: D. h., die medizinische Leistung soll mit dem geringstmöglichen Mitteleinsatz erstellt werden

- Kosten-Effektivität: D. h., die Versorgungsleistung soll zu möglichst geringen Kosten erstellt oder es soll mit einem gegebenen Budget ein Maximum an Versorgung erreicht werden.

So unmittelbar plausibel diese Ziele auf den ersten Blick auch sein mögen, sie haben doch ein eklatantes Defizit. Der Umstand, dass eine medizinische Leistung technisch effizient und kosteneffektiv erstellt wird, stellt noch nicht sicher, dass es sich bei diesen Leistungen auch um eine solche handelt, die den Präferenzen der Nachfrager, also der Patienten, auch entspricht; oder anders gewendet: Benötigt und will ein Patient diese Leistung überhaupt? Diesen Aspekt berücksichtigen zwei weitergehende Effizienzbegriffe, welche in umfassenden gesundheitsökonomischen Evaluationen verwendet werden.

Dann geht es um die Herstellung:

- Allokativer Effizienz: D. h., Versorgungsleistungen sollen den Präferenzen des Patienten entsprechen

- Globaler Effizienz: D. h., Versorgungsleistungen sollen technisch effizient produziert werden und gleichzeitig würden vollkommen informierte Patienten diese Leistung nachfragen und wären auch bereit, dafür Marktpreise oder Beiträge zur Krankenversicherung zu zahlen.

Vor dem Hintergrund dieser methodisch-theoretischen Grundlagen und er dazugehörenden Ziele wird nochmals deutlich, dass es bei der ökonomischen Evaluation im Gesundheitswesen rein um Effizienzaspekte geht und dass verteilungspolitische oder gar stabilitätspolitische Gesichtspunkte bei dieser Form der Bewertung außen vor bleiben.

Dass die Frage nach der Verteilungsgerechtigkeit von Gesundheitsleistungen nicht gestellt wird, wird bisweilen kritisch betrachtet. Doch dieser Vorwurf mag nicht wirklich treffen, ist es doch, bevor man fragt, wem denn eine Leistungen zugutekommen soll (Arm oder Reich, Jung oder Alt, Mann oder Frau etc.) zunächst einmal zweckmäßig, grundlegender zu klären, ob eine Leistung überhaupt geeignet ist, bestimmte Ziele zu erfüllen. Auch hier macht es somit Sinn, auf eine vorschnelle Durchmischung von Effizienz- und Verteilungsgesichtspunkten zu verzichten und diese analytisch getrennt zu behandeln. Die Verteilungsfrage zu stellen ist elementar, dies sollte in den vorhergehenden Kapiteln deutlich geworden sein, dies geschieht aber mit anderen Mitteln als den in diesem Kapitel vorgestellten Verfahren.

10.3 Was ist ökonomische Evaluation? – Ein Überblick

Zwei zentrale Eigenschaften machen ganz allgemein ökonomische Evaluationsanalysen von Aktivitäten und Maßnahmen aus:

- Sie betrachten Inputs und Outputs oder anders gewendet: Kosten und Konsequenzen – etwa in Form von Ergebnissen, Wirksamkeit, Effektivität, Outcome etc.

- Sie handeln immer auch von „Alternativen".

Damit ist ökonomische Evaluation im Allgemeinen die vergleichende Analyse von alternativen Vorgehensweisen in Bezug auf Kosten und – ganz allgemein – Konsequenzen. Bezogen auf den medizinischen Bereich ist dann die gesundheitsökonomische Evaluation die vergleichende Analyse von alternativen Vorgehensweisen zur Prävention, Diagnostik und Behandlung von Krankheiten in Bezug auf Kosten und ganz allgemein Ergebnisse.

10.3.1   Ein Bündel von Fragen und Feldern

Steht man vor der Aufgabe eine medizinische Maßnahme ökonomisch zu evaluieren, so stellen sich ad hoc eine Fülle von zunächst noch unsystematischen Fragen. So ist beispielsweise zu problematisieren:

- Hat ein bestimmtes medizinisches Verfahren überhaupt einen Effekt?

- Welche unterschiedlichen Effekte gibt es?

- Welches medizinische Verfahren ist das kostengünstigste?

- Wie sieht es aus mit der Kosten-Effektivität?

- Welchen Nutzen hat ein bestimmtes medizinisches Verfahren für den Patienten?

- Welche medizinischen Verfahren sind die nützlichsten?

- Aber: Wie misst man den Nutzen?

- Rechtfertigen die Nutzen eines Verfahrens die Kosten?

- Bleibt die Analyse auf medizinische Verfahren beschränkt oder kann man die Analyse ausweiten?

Zudem kann die Evaluation für die unterschiedlichsten Gesundheitsleistungen und -maßnahmen durchgeführt werden, so z. B. für:

- Einzelne Behandlungsmethoden

- Behandlungsabläufe

- Investitionsentscheidungen

- Breit angelegte Präventionsmaßnahmen

- Medikamente

- Diagnostiken

- Therapien

- Medizinische Programme

- Technische Geräte etc.

Um in das Dickicht dieser Fragen und potentiellen Anwendungsfelder ein wenig mehr Licht zu bekommen ist es offensichtlich notwendig, nach einer Systematik und einem Ordnungsschema für verschieden Evaluationsverfahren zu suchen.

10.3.2   Eine erste Systematik

Zur Systematisierung können zwei Ordnungskriterien herangezogen werden. Das eine Ordnungskriterium für Evaluationsverfahren ist, ob prinzipiell ein Vergleich zwischen Alternativen – also unterschiedlichen Medikamenten oder diagnostischen oder therapeutischen Verfahren – stattfindet und ob es sich somit um ein echtes Evaluationsverfahren im Sinne der obigen Definition handelt. Werden keine Alternativen in die Betrachtung mit einbezogen, so handelt es sich nicht um echte ökonomische Analysen. Solche Partialanalysen finden sich in der Praxis häufig.

Das zweite Ordnungskriterium ist, ob die Betrachtung sowohl Kosten als auch Ergebnisse einbezieht oder nur eine Seite betrachtet wird – also entweder nur die Kosten oder nur die Ergebnisse, d. h. auf dieser Ebene nur die Wirksamkeit zu betrachten. Verschränkt man diese beiden Dimensionen, so ergibt sich in eine erste Matrix, welche verschiedene Evaluierungsverfahren systematisiert.

Findet ein
Vergleich zwischen
mehreren   Werden Kosten (Input) und
Alternativen statt?   Konsequenzen (Ergebnis) betrachtet?

	Nein	Ja
Nein	Partial (Evaluation) Analyse (1) Betrachtet nur Konsequenzen: Outcome Beschreibung (2) Betrachtet nur Kosten: Kostenanalyse (3) Krankheitskostenanalyse	Partial (Evaluation) Analyse (4) Kosten – Outcome Beschreibung
Ja	Partial (Evaluation) Analyse (5) Wirksamkeitsvergleich (6) Kosten – Kosten - Analyse	Ökonomische Evaluation (7) Kosten - Wirksamkeitsanalyse (8) Kosten – Nutzwert - Analyse (9) Kosten – Nutzen - Analyse

Abbildung 10-1: Eine Systematik der Evaluationsverfahren

In Abbildung 10.1 finden sich im Quadranten links oben (nein/nein) die Methoden:

- Outcome-Beschreibung (nur Betrachtung der Konsequenzen) (1)

- Kostenanalyse (nur Betrachtung der Kosten) (2)

- Krankheitskostenanalyse (Cost Of Illness) (3),

weil diese Methoden keines der beiden Kriterien erfüllen, also weder Vergleich noch Kosten und Konsequenzen betrachtet werden.

Im Quadraten rechts oben (nein/ja) findet sich die:

- Kosten-Outcome-Beschreibung (4),

welche als einzige Methode zwar Kosten und Konsequenzen betrachtet, aber keinen Vergleich anstellt.

Im Quadraten links unten (ja/nein) finden sich die Methoden:

- Wirksamkeitsvergleich (5)

- Kosten-Kosten-Analyse (6),

weil diese Methoden zwar einen Vergleich anstellen, nicht aber Kosten und Konsequenzen betrachten.

Und im Quadraten rechts unten (ja/ja) finden sich die Methoden:

- Kosten-Wirksamkeits-Analyse (7)

- Kosten-Nutzwert-Analyse (8)

- Kosten-Nutzen-Analyse (9),

weil diese Methoden beide Kriterien erfüllen, also sowohl ein Vergleich als auch Kosten und Konsequenzen betrachtet werden.

Im weiteren Verlaufe dieses Kapitels werden die ökonomisch relevanten Methoden nochmals eingehender erläutert, an dieser Stelle seien jedoch zunächst alle in der Matrix erwähnten Methoden im Überblick vorgestellt.

- Methode (1), die Outcome-Beschreibung, ist eine reine Beschreibung der medizinischen Wirkungen einer Maßnahme, sie hat somit ihren primären Wert für Mediziner und nicht für Ökonomen. Die Outcome-Beschreibung ist im medizinischen Gebiet natürlich wichtig, da sie die Wirkungen einer Maßnahme eingehend erfasst. Sie ist oftmals eine erste Grundlage für echte ökonomische Evaluationen. Eine solche echte Evaluationsmethode ist sie aber offensichtlich nicht, da Evaluation auch immer einen Vergleich beinhaltet.

- Methode (2), die Kostenanalyse, versucht allein die Kosten einer bestimmten Maßnahme zu erfassen, was mit verschiedensten Problemen behaftet ist, wie in diesem Kapitel noch zu sehen sein wird. Mangels Vergleich ist auch dies keine echte Evaluationsmethode.

- Methode (3), die Krankheitskosten-Analyse, ist auch kein echtes Evaluationsverfahren, da sie nicht vergleichend vorgeht. Die Krankheitskosten-Analyse erhebt die gesamten volkswirtschaftlichen Kosten einer speziellen Krankheit, um damit deren volkswirtschaftliches Gewicht für die Gesellschaft zu bestimmen. Ihre Frage ist: Wie hoch sind die „Costs of Illness"? Sie ist somit eher ein Sonderfall der Methode 2, Kostenanalyse, welcher nicht eine bestimmte Maßnahme, sondern ein gesamtes Krankheitsbild zum Gegenstand hat. Sinnvollerweise sollten dort Prävention und Forschung ansetzen, wo die höchsten Kosten durch eine Krankheit entstehen.

- Methode (4), die Kosten-Outcome-Beschreibung, erfasst ohne weitere Vergleiche die Kosten und den medizinischen Outcome einer Maßnahme oder eines medizinischen Programms. Sie führt damit also die Methoden 1 und 2 zusammen, zumindest die Outcome-Seite bleibt also wieder rein medizinisch orientiert. Sie ist ebenfalls keine echte Evaluationsmethode, da keine medizinischen Maßnahmen oder Programme im Vergleich betrachtet werden. Es sei ausdrücklich darauf hingewiesen, dass solche Studien oftmals – aber fälschlich – unter dem Titel Kosten-Nutzen-Analysen geführt werden.

- Methode (5), die Wirksamkeitsvergleiche, vergleichen die medizinische Wirksamkeit alternativer Maßnahmen. Hierunter fällt die gesamte Literatur der vergleichenden „klinischen Studien", auch hier geht es also um Studien, die eher für Mediziner als für Ökonomen von Interesse sind. Sie ist keine echte Evaluationsmethode, da die Kostenseite vernachlässigt wird.

- Methode (6), die Kosten-Kosten-Analyse, vergleicht die Kosten zweier Maßnahmen, welche identische Wirksamkeit haben, wie etwa die Kosten eines operativen Eingriffs mit der Medikamentierung eines identischen Befundes. Eine solche Studie kann offensichtlich nur dann sinnvoll angewendet werden, wenn die medizinische Wirksamkeit der betrachteten Maßnahmen gesichert gleich ist. Alle Probleme der Kostenerfassung, die sich bei Anwendung der Methode (2) ergeben, gelten hier offensichtlich auch. Sie ist keine echte Evaluationsmethode, da die Wirksamkeitsseite vernachlässigt bzw. als konstant angenommen wird.

- Methode (7), die Kosten-Wirksamkeits-Analyse, ist eine echte Evaluationsmethode, welche die Methode (3) für verschiedene Maßnahmen vergleichend anlegt.

- Methode (8), die Kosten-Nutzwert-Analyse, ist eine echte Evaluationsmethode, welche versucht, die Nutzenseite und die Kostenseite für verschiedene Maßnahmen praktisch handhabbar zu machen.

- Methode (9), die Kosten-Nutzen-Analyse, ist eine echte Evaluationsmethode, welche versucht, die Nutzenseite und die Kostenseite für verschiedene Maßnahmen vollständig zu erfassen; sie erweist sich dabei oft als wenig praktikabel oder zumindest sehr aufwendig.

10.3.3   Methoden mit besonderer Relevanz

Die folgend aufgelisteten Methoden, welche aus einer ökonomischen Perspektive und nicht nur aus einer medizinischen von besonderem Interesse sind, sind in diesem Kapitel näher zu läutern. Dies sind auch die Methoden, welche in praktischer Hinsicht in der Gesundheitsökonomik relevant sind.

(a)   Kostenanalyse (Methode 2)

(b)   Kosten-Kosten-Analyse (Methode 6)

(c)   Kosten-Wirksamkeits-Analyse (Methode 7)

(d)   Kosten-Nutzwert-Analyse (Cost-Utility-Analysis) (Methode 8)

(e)   Kosten-Nutzen-Analyse (Cost-Benefit-Analysis) (Methode 9)

Wie schon gesehen betrachten (a) und (b) nur die Kostenseite, während (c), (d) und (e) ganz allgemein gesehen zeigen, wie viele zusätzliche Kosten man bei unterschiedlichen Maßnahmen aufwenden muss, um einen bestimmten Nutzenzuwachs (z. B. Verbesserung der Gesundheitssituation) zu erhalten. Im Idealfall lassen sich Kosten und Nutzen exakt berechnen und die verschiedenen Maßnahmen werden vergleichbar, so dass eine eindeutige Entscheidung für den Vorzug einer Maßnahme möglich ist.

Beispielsweise könnte ein Ergebnis lauten: Wenn man die Behandlungsmethode 1 über einen Zeitraum von einem Jahr bei 100 Patienten anwendet, hat man einen Kostenzuwachs von 100.000 Euro und gleichzeitig einen Nutzenzuwachs von 5 verlängerten Lebensjahren pro Patient. Eine grundlegende Voraussetzung für die genannten Studien ist es offensichtlich, genau bestimmen und eingrenzen zu können, welche Kosten hier gemeint sind und bei den Methoden (c), (d) und (e) ist zudem noch die Nutzen- oder Wirksamkeitsseite näher zu definieren. Daher ist es notwendig, bevor die genannten Verfahren näher erläutert werden, zu klären, was man in den verschiedenen Methoden unter Kosten und Nutzen versteht und mit welchen Problemen Kosten- und Nutzenerhebungen bei den Evaluationsverfahren behaftet sind.

10.4   Probleme der Kosten- und Nutzenerhebung

Anders als im Alltagsgebrauch oder auch aus einer buchhalterischen Perspektive erfassen Ökonomen im Allgemeinen und auf abstrakter Ebene Kosten nach dem Opportunitätskostenkonzept. Wie bereits in den einführenden Kapiteln dargestellt sind Kosten hiernach die Menge an anderen Gütern, auf die verzichtet werden muss, wenn man sich für die Produktion oder den Konsum eines bestimmten Gutes entscheidet. Es ist also der entgangene Nutzen, den die anderen Güter potentiell gestiftet hätten.

Da Kosten in diesem Sinne häufig schwierig zu ermitteln sind, werden Kosten oft und gerade auch in der gesundheitsökonomischen Evaluation mit Marktpreisen angesetzt. Vor diesem Hintergrund ist es nicht notwendig, hier das Opportunitätskostenkonzept inhaltlich zu vertiefen; aber es macht Sinn dieses Konzept zu erwähnen, da es einen wichtigen Umstand zeigt: Kosten und Nutzen sind zwei Seiten derselben

Münze. Kosten sind nichts anderes als entgangene Nutzen. Insofern sind die Probleme, welche mit der Erfassung von Kosten einerseits und Nutzen andererseits verbunden sind, in einem abstrakten Sinne ähnlich, weshalb sie hier gemeinsam behandelt werden können.

Einige Differenzierungen des Kostenbegriffs – und bisweilen auch des Nutzenbegriffs – sind für den Gesundheitsbereich von besonderer Bedeutung. Es sind zu unterscheiden:

- direkte und indirekte Kosten und Nutzen, sowie

- tangible und intangible Kosten und Nutzen.

Zudem ist eine Differenzierung möglich nach dem:

- Zeithorizont der Kosten bzw. Nutzen, sowie dem

- Träger der Kosten bzw. Nutzen.

Beide Unterscheidungsmerkmale werden folgend näher betrachtet.

10.5   Direkte Kosten und Nutzen

Direkte Kosten sind die Kosten, die durch den Ressourcenverbrauch bei der Produktion eines Gutes oder bei der Bereitstellung einer Dienstleistung entstehen. Im Gesundheitswesen fallen direkte Kosten vor allem durch den Ressourcenverbrauch, der in eine medizinische Maßnahme eingeht, an. Direkte Kosten können Materialkosten und Personalkosten sein, im Gesundheitswesen insbesondere auch Medikamentenkosten, Labor-, Verwaltungs- und medizinische Gerätekosten etc. Die Messung der direkten Kosten im Gesundheitswesen wird entsprechend der Messung der direkten Kosten in der betrieblichen Kostenrechnung vorgenommen; sie können zugeordnet werden:

- auf welche Art sie entstanden sind (Kostenartenrechnung),

- wo sie angefallen sind (Kostenstellenrechnung) und

- für welche Leistungen sie angefallen sind (Kostenträgerrechnung).

Direkte Nutzen gewinnt man, wenn durch eine medizinische Maßnahme bestimmte Ressourcen eingespart werden können, z. B. wenn durch eine neue Diagnostik Laborleistungen wegfallen oder durch eine neue Behandlungsmethode eine Verkürzung der stationären Behandlung erreicht wird. Alle direkten Kosten, welche durch eine neue Methode eingespart werden können, sind also direkte Nutzen dieser Maßnahme.

Die direkten Kosten ist noch die am einfachsten handhabbare Kostenkategorie; trotzdem ergeben sich bei ihrer Bewertung erhebliche Probleme. Typisch für die Kostenerhebung in Krankenhäusern ist z. B. das Problem, welche Kosten welcher Abteilung zuzurechnen sind oder wie Abschreibungen ökonomisch sinnvoll zu berücksichtigen sind. Genereller Natur ist die Frage danach, welche Kosten einfließen sollen: totale Kosten, fixe Kosten oder nur variable Kosten. Allgemeine Antworten gibt es auf diese Fragen offensichtlich nicht, sondern dies kann nur im Einzelfall entschieden werden.

Beispielsweise kann es Sinn machen, auf die Berücksichtigung der Fixkosten einer Röntgenapparatur bei der Evaluation einer bestimmten Diagnostik im Bereich Radiologie zu verzichten – also nur die variablen Kosten anzusetzen –, wenn diese Apparatur sehr häufig und für verschiedenste Diagnosen eingesetzt wird, oder technisch gewendet, wenn eine starke Fixkostendegression vorliegt; hingegen wäre es unzweckmäßig nur die variablen Kosten für eine Diagnostik anzusetzen, wenn hierfür eine bestimmte Apparatur speziell angeschafft wurde, die zudem selten verwendet wird.

10.5.1   Direkte Folgekosten und -nutzen

Direkte Kosten können nicht nur durch eine medizinische Maßnahme oder Behandlung entstehen, sondern auch als Folge einer medizinischen Maßnahme, z. B. wenn durch eine verbesserte Diagnostik mehr Krankheitsfälle erkannt werden und dadurch auch mehr Fälle behandelt werden müssen. Dies mag man als Nutzen bezeichnen wollen, aber offensichtlich werden dadurch auch zusätzliche direkte Kosten entstehen. Beispielsweise können durch Brustkrebsfrüherkennungs-Screenings mehr Brustkrebserkrankungen in einem früheren Stadium diagnostiziert werden, und diese müssten dann auch in einem früheren Stadium behandelt werden, was sicher vielen erkrankten Frauen nutzen wird, was aber auch zusätzliche Kosten hervorruft.

Auf der anderen Seite können natürlich auch in der Folge Kosten vermieden werden – also Nutzen anfallen. Um bei dem genannten Beispiel zu bleiben: wenn bei einer Brustkrebsbehandlung die Behandlung in einem Frühstadium preisgünstiger ist als in einem weit fortgeschrittenen Stadium, kann dies trotz gestiegener Behandlungszahlen insgesamt zu Kostensenkungen führen. Zudem können direkte Kosten entstehen, wenn durch die medizinische Maßnahme Nebenwirkungen entstehen, die behandelt werden müssen, bzw. Nutzen anfallen, wenn bestimmte Nebenwirkungen nicht mehr auftreten. Wiederum bezogen auf unser Beispiel mag die Nicht-Notwendigkeit einer Chemotherapie bei Früherkennung ein solcher Nutzen sein.

Ein besonderes Problem der Folgekosten und -nutzen ist, dass sie bisweilen erst sehr spät sichtbar werden, womit das Problem des Zeithorizontes angesprochen ist. Für welchen Zeitraum sollen die Folgekosten und -nutzen berücksichtigt werden. Auch hier gibt es keine allgemeingültige Antwort; es ist aber zu beachten, dass mit größer werdender zeitlicher Distanz eine exakte Zurechnung von Kausalitäten zunehmend problematischer wird.

10.5.2   Preise im Gesundheitswesen

Obschon die direkten Kosten im Gesundheitswesen genauso wie in anderen produzierenden Betrieben den direkten Ressourcenverzehr bewerten, ist dieser Vorgang nicht unproblematisch. Die Schwierigkeit, die direkten Kosten im Gesundheitswesen zu erheben, ist die Bewertung des Ressourcenverbrauchs, da viele Behandlungsleistungen keinen Marktpreis haben. So werden die meisten medizinischen Maßnahmen im ambulanten Bereich über die Gebührenordnung der Ärzte bewertet, im stationären Bereich traditionell entsprechend der Tagessätze oder heute über die DRGs. In jedem Fall sind dies keine Marktpreise, sondern politisch administrierte Sätze.

Erschwerend kommt hinzu, dass die Evaluationsverfahren, die meist in den USA entwickelt wurden, nicht ohne weiteres als Entscheidungsgrundlage im deutschen Gesundheitssystem hinzugezogen werden können. Auch im Ausland bestehen Bewertungsprobleme medizinischer Leistungen, die entsprechend des dort vorherrschenden Gesundheitssystems gelöst werden. Das über weite Strecken privat- und erwerbswirtschaftlich geprägte US-amerikanische Gesundheitssystem kennt jedoch in viel höherem Maße Marktpreise als Kostengrundlage. Somit ist die monetäre Bewertung von Leistungen im Ausland nicht einfach übertragbar auf deutsche Verhältnisse. Will man Evaluationsanalysen, welche im Ausland gemacht wurden, als Grundlage für Bewertungen im Inland hinzuziehen, dann müssen Kosten an die heimische Kostenstrukturen angepasst werden.

10.5.3   Kosten und Nutzen aus welcher Perspektive?

Ein weiteres Problem ist, bei wem und aus welcher Perspektive Kosten bzw. Nutzen berücksichtigt werden sollen. Wenn eine gesetzliche oder private Krankenversicherung eine Studie aus ihrer Sicht macht, dann hat sie eine andere „Kostenperspektive" als ein Krankenhaus oder ein Patient. Dies kann an dem im vorhergehenden Absatz benannten Beispiel der Abrechnung von medizinischen Maßnahmen über DRGs im stationären Bereich – und nicht nach Marktpreisen – illustriert werden. Diese Abrechnung macht Sinn, wenn eine Kosten-und-Nutzen-Bewertung eines medizinischen Eingriffs aus der Sicht der Krankenkassen erfolgt. Denn für die Krankenkasse stellen diese Sätze in der Tat die zu erstattenden Kosten dar.

Wird dieselbe medizinische Maßnahme aus der Sicht des Krankenhauses evaluiert, so sieht die Berechnung natürlich anders aus: Dann werden tatsächliche Sach-, Personal- und Verwaltungskosten sowie Medikamente, Laboruntersuchungen oder Röntgenaufnahmen bewertet. Auf der Nutzenseite, hier in Form von Kostenersparnissen aus Sicht des Krankenhauses, wären Einsparungen bei den Erstattungspauschalen der Krankenversicherer oder Einsparungen bei den Tagespflegesätzen zu verbuchen. Allerdings ist auch hier mit Bewertungsproblemen zu rechnen.

Der Ausweg aus diesem Perspektivenproblem ist, in Studien immer explizit zu machen, welche Kosten berücksichtigt wurden und vor allem klar zu definieren, welche Kosten bei welchem Träger angesetzt wurden. Damit ist zwar keine Eindeutigkeit gewonnen, nach wie vor besteht das Problem, dass sie aus einer anderen Perspektive anders zuzuordnen wären, aber zumindest liegt dann eine Transparenz der Kostenansätze vor.

10.6   Indirekte Kosten und Nutzen

Anders als in vielen anderen Bereichen fallen im Gesundheitssektor die so genannten indirekten Kosten und Nutzen an. Sie sind „indirekt", da sie nicht im medizinischen Sektor selbst anfallen, sondern außerhalb des Gesundheitssektors. Indirekte Kosten werden vor allem durch Krankheiten verursacht und sie ergeben sich als:

- vermehrte Krankheitstage (als Kosten) bzw. weniger Krankheitstage (als Nutzen)

- geringere Lebenserwartung (als Kosten) bzw. höhere Lebenserwartung (als Nutzen)

- geringere Produktivität (als Kosten) bzw. höhere Produktivität (als Nutzen)

Die Ermittlung der indirekten Kosten und Nutzen einer medizinischen Maßnahme wird vor allem mit zwei Verfahren vorgenommen: zum einen mit dem Humankapitalansatz und zum anderen mit dem Friktionskostenansatz. Beide Ansätze seien folgend kurz erläutert.

10.6.1   Humankapitalansatz

Der Humankapitalansatz besagt, dass aus volkswirtschaftlicher Sicht die Einschränkung der Gesundheit immer auch mit Arbeitskraft- und Produktivitätsverlusten einhergeht. Eine Ausgabe für Gesundheitsleistungen wird somit als eine Investition in das Humankapital gesehen, wobei das Humankapital als Bestand an Wissen und Fertigkeiten eines Individuums, dessen Zunahme seine Produktivität erhöht, definiert ist. Das Berechnungsverfahren der indirekten Kosten selbst erfolgt durch Ermittlung des statistisch erwarteten Lebenseinkommens, d. h., die indirekten Kosten sind gleich dem durch Krankheit entgangenen Arbeitseinkommen, bzw. die indirekten Nutzen sind die durch eine Maßnahme gewonnenen Arbeitseinkommen.

Indirekte Kosten:	Verminderung des Arbeitspotentials (Fernbleiben der Arbeit) oder der Arbeitsproduktivität (durch krankheitsbedingte verminderte Leistungsfähigkeit)
Indirekte Nutzen:	Erhöhung des Arbeitspotentials (Zusätzliche Arbeitskapazität) oder der Arbeitsproduktivität (Erhöhung der Leistung durch verminderte Krankheit)

Abbildung 10-2: Direkte und indirekte Nutzen und Kosten im Humankapitalansatz

10.6.2   Friktionskostenansatz

Die andere geläufige Methode die indirekten Kosten zu messen, bietet der Friktionskostenansatz. Er misst nicht den potentiellen Ausfall an Produktivität, sondern den tatsächlichen. Er misst also nur die Kosten, die entstehen in der Zeitspanne, die gebraucht wird, bis der krankheits- oder todesbedingte Arbeitsausfall vollständig durch einen anderen Arbeitnehmer ersetzt wird. Diese Zeitspanne ist die so genannte Friktionsperiode. Der Friktionskostenansatz bildet die indirekten Kosten genauer ab, benötigt aber wesentlich mehr Informationen als der Humankapitalansatz, weshalb letzterer vorrangig angewendet wird.

Die Berechnung der individuellen Produktivität eines Menschen ist nicht unumstritten und mit verschiedensten Bewertungsproblemen behaftet. So ist gegen den Humankapital- und den Friktionskostenansatz kritisch einzuwenden, dass die Errechnung der Kosten und Nutzen nur bezogen auf Dritte, also z. B. auf den Arbeitgeber oder die gesamten Gesellschaft, erfolge; die individuellen Kosten und Nutzen der Patienten werden hier ausgeblendet, vor allem Lebensqualitätsaspekte werden nicht berücksichtigt.

Schwerwiegender noch ist, dass bei strikter Anwendung dieser Ansätze nur die arbeitende Bevölkerung indirekte Kosten oder Nutzen durch eine medizinische Maßnahme verursachen oder erbringen kann. Kinder, Rentner oder Arbeitslose gehen nicht in die Betrachtung mit ein. Unter ethischen Gesichtspunkten ist dieser Ansatz, der den Menschen nur einen Wert zuordnet durch das Maß seines Arbeitsbeitrags zur Gesellschaft – also seines Arbeitseinsatzes und seiner Arbeitsmöglichkeiten –, sehr umstritten. Trotzdem kann dieser Ansatz Aufschluss darüber geben, welche Bedeutung Krankheit allgemein für den Arbeitsmarkt und folglich für die gesamte Volkswirtschaft hat.

10.7 Intangible Kosten und Nutzen

Bisher haben wurden nur Kostenarten vorgestellt, die grundsätzlich monetär bewertbar sind, da ein Marktpreis besteht oder durch Berechnungsmethoden prinzipiell eine monetäre Bewertung vorgenommen werden kann, auch wenn es wie beim Humankapitalansatz problematisch ist, eine monetäre Bewertung vorzunehmen. Intangible Kosten sind hingegen monetär grundsätzlich kaum messbare Auswirkungen.

Bei einer medizinischen Maßnahme können solche intangiblen Kosten in der Folge der Maßnahme auftretende Schmerzen, Unannehmlichkeiten, physische und psychische Belastungen sein. Umgekehrt kann man auf der Nutzenseite Schmerzlinderungen, verringerte Belastungen, höhere Mobilität etc., welche mit einer medizinischen Behandlung oder Maßnahme einhergehen, als intangible Nutzen ansehen. Generell reflektieren intangible Kosten und Nutzen also Veränderungen der Lebensqualität des behandelten Individuums.

Diese Kosten und Nutzen werden natürlich vor allem aus der Sicht der Patienten relevant. Zur Messung solcher Effekte hat man verschiedene Konzepte der Lebensqualitätsmessung mit Hilfe von Interviews, Fragebögen oder Fremdeinschätzungen entwickelt, auf die hier nicht näher eingegangen wird. Es ist aber offensichtlich, dass der Begriff „Lebensqualität" sehr vieldeutig ist und dementsprechend auch die Methoden und Konzepte vom jeweiligen begrifflichen Verständnis geprägt sind.

Die Diskussion der verschiedenen Kosten- und Nutzenbegriffe zusammenfassend hat sich gezeigt, dass diese durchaus heterogen und vielschichtig sind. Mit dieser Diskussion ist die Grundlage gelegt, um die verschiedenen gesundheitsökonomischen Evaluationsverfahren selbst vorzustellen.

10.8 Kosten-Analyse und Kosten-Kosten-Analyse

Die einfachste Methode eine Maßnahme zu evaluieren, ist die reine Kosten-Analyse. Bei dieser Methode werden alle Kosten, die eine Behandlung oder medizinische Maßnahme verursacht, aufgelistet und addiert. Diese Analyse kann entweder nur die direkten Kosten enthalten oder die indirekten Kosten mit einbeziehen. Allerdings lässt das Ergebnis, dass eine neue Behandlungsmethode einen bestimmten Betrag kostet, noch keine „vergleichende" Entscheidung zu. Dazu würde eine alternative Behandlungsmethode benötigt, bei der entsprechend der ersten Behandlungsmethode vorgegangen wird um zu sehen, welche Methode günstiger ist. Diese Vorgehensweise nennt man dann eine Kosten-Kosten-Analyse oder Kosten-Minimierungs-Analyse.

Im Idealfall würde man nur solche Behandlungen, medizinischen Eingriffe oder Medikamente mit dieser Methode auf ihre Kosten untersuchen, die den gleichen

Effekt, die gleichen Nebenwirkungen und die gleiche Verträglichkeit haben, also insgesamt ein identisches Ergebnis aufweisen. Dies ist aber nur in Ausnahmefällen so. Wahrscheinlicher ist, dass unterschiedliche medizinische Maßnahmen auch unterschiedliche Wirkungen haben, was zu einer Verzerrung der Ergebnisse führt, da dann Dinge verglichen werden, die streng genommen nicht vergleichbar sind. Die Wirkungsseite wird bei dieser Analyse komplett ausgeblendet.

Trotzdem sind Kosten-Kosten-Analysen recht beliebt, da sie nur die Kosten ermitteln und die oftmals viel kompliziertere monetäre Bewertung aller Effekte auf der Outcome-Seite komplett vernachlässigen; dies macht sie einfach zu handhaben und kostengünstig. Eine solche Vorgehensweise macht dann durchaus Sinn, wenn prinzipiell und ohne weitere Untersuchungen und Analysen offensichtlich ist, dass das Ergebnis der neuen Maßnahme qualitativ besser ist als die bisherigen Verfahren und somit einiges für das neue Verfahren spricht. Wenn dann zudem noch die Kosten des neuen Verfahrens geringer sind, als die des alten Verfahrens, reicht eine solche Kosten-Kosten-Analyse meist aus, um zu einer Entscheidung zwischen diesen Verfahren zu kommen. In der folgenden Abbildung 10.3 ist dies die Situation, welche im Quadranten Links Oben wiedergegeben wird.

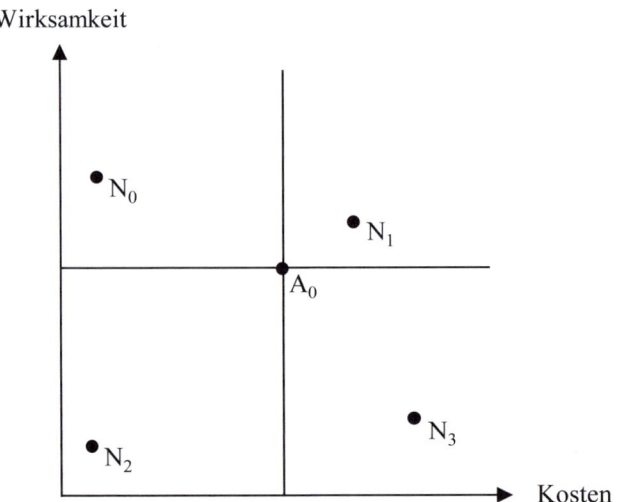

Abbildung 10-3: Vergleich medizinischer Maßnahmen

Auf der Ordinate ist die Wirksamkeit der betrachteten Maßnahmen abgetragen, auf der Abszisse die Kosten. Zwei Maßnahmen, z. B. zwei Medikamente, welche mit A (altes Medikament) und N (neues Medikament) bezeichnet seien, seien hier verglichen. Im gerade erwähnten Fall sind sowohl die Kosten des neuen Medikamentes N geringer als die des alten Medikamentes A als auch die Wirksamkeit höher. Hier fällt die Entscheidung offensichtlich für N aus.

Komplizierter wird eine Entscheidung zwischen den Alternativen, wenn die Wirksamkeit zwar besser ist, aber auch die Kosten höher sind; dann reicht die reine Kostenbetrachtung offensichtlich nicht mehr aus. In der Abbilddung 10.3 ist dies die Situation, welche im Quadraten Rechts Oben wiedergegeben wird; dies ist der Vergleich von A mit N_1.

Eine weitere Möglichkeit ist, dass das neue Medikament – vielleicht nur geringfügig – schlechter ist in seiner Wirksamkeit, dafür die Kosten – aber vielleicht wesentlich – geringer. In der Abbilddung 10.3 ist dies die Situation, welche im Quadraten Links Unten wiedergegeben wird; dies ist der Vergleich von A mit N_2. Auch dann wäre eine Kosten-Nutzen-Abwägung sinnvoller und eine Kosten-Kosten-Betrachtung noch nicht eindeutig.

Offensichtlich eindeutig gegen das neue Medikament fällt die Entscheidung hingegen aus, wenn dessen Kosten höher und dessen Wirksamkeit niedriger ist. In der Abbilddung 10.3 ist dies die Situation, welche im Quadraten Rechts Unten wiedergegeben wird; dies ist der Vergleich von A mit N_3. Die Situationen in den Quadranten Links Oben und Rechts Unten sind also Situationen, die zu einem eindeutigen Ergebnis führen, während es in den beiden anderen Fällen – also Links Unten und Rechts Oben – auf die Intensität von Kosten und Wirksamkeit ankommt.

Es zeigt sich also, dass es in der Regel einer Konkretisierung der Kosten und der Wirksamkeit bzw. der Nutzen bedarf, um zu klareren Ergebnissen zu kommen. Dies wird in den folgend vorgestellten echten gesundheitsökonomischen Evaluierungsverfahren explizit gemacht.

10.9   Kosten-Wirksamkeits-Analyse

Bei der Kosten-Wirksamkeits-Analyse – welche mit einem verbreiteten Anglizismus häufig auch Cost-Effectiveness-Analysis genannt wird –„werden die Wirkungen eines medizinischen Eingriffs in „nahe liegenden natürlichen Einheiten" gemessen, die von der medizinischen Seite als eine sinnvolle Einheit zur Beurteilung des Erfolgs festgelegt wird. Zum Beispiel kann die Kosten-Wirksamkeit zweier Medikamente, die zur Blutdrucksenkung verordnet werden, verglichen werden, indem man für beide Medikamente auf der einen Seite die Kosten errechnet und sie jeweils in Relation zur erzielten „Wirksamkeit" setzt, in diesem Falle zur Senkung des Blutdrucks gemessen in mmHg.

Es geht hier also um medizinische Wirksamkeit und nicht um eine ökonomische, welche allerdings in Bezug gesetzt wird zu einer ökonomischen Größe, nämlich den Kosten in Euro. Eine Bedingung ist in diesem Fall, dass beide Medikamente als

Wirkung die Senkung des Blutdrucks haben und/oder keine nennenswerten Nebenwirkungen auftreten, bzw. die Medikamente die gleichen Nebenwirkungen haben.
Weitere Beispiele für Einheiten auf Seite der Wirksamkeit können sein: Reduzierung
des Gewichts, Reduzierung der Tumorgröße oder Vermeidung eines Herzinfarkts
usw. Abbildung 10.4 zeig dies exemplarisch.

KWA = Kosten / Wirkung

Bsp.: KWA (Medikament) = Kosten in EURO /
Senkung des Blutdrucks
in mm Hg

Abbildung 10-4: Kosten-Wirksamkeits-Analyse

Als Indikator für die Wirksamkeit muss nicht notwendigerweise eine Größe verwendet werden, welche direkt an ein konkretes Krankheitsbild anknüpft, wie in den gerade genannten Beispielen, sondern es können auch allgemeinere Einheiten gewählt
werden wie beispielsweise die Lebensverlängerung in Jahren; natürlich wären dafür
aber Studien in wesentlich längeren Zeiträumen nötig.

Würde man den globalen Parameter „Verlängerung der Lebensjahre" betrachten, so
könnten auch medizinische Maßnahmen verglichen werden, die völlig verschiedene
Krankheitsbilder behandeln. Gewinnt man z. B. bei gleichen Kosten mehr Lebensjahre, wenn man gezielte Brustkrebs-Screenings durchführt oder wenn man verstärk-
te Herz-Kreislauf-Präventionsprogramme einsetzt? Auch können verschiedene Stu-
fen der Intensität betrachtet werden: also bspw. Screenings regelmäßig für alle Frau-
en ab 50 oder ab 40 oder doch schon ab 30? Somit erhöht sich die Anzahl der grundsätzlich vergleichbaren Maßnahmen erheblich.

Ein großes Defizit dieses Ansatzes ist, dass er nicht einsetzbar ist für die Bewertung
von Interventionen oder medizinischen Maßnahmen, die viele verschiedene Wirkungen haben können oder erhebliche Nebenwirkungen mit sich bringen. Wenn bei
einem Vergleich von zwei Medikamenten, die für die gleiche Therapie eingesetzt
werden, auch nur bei einem dieser Medikamente weitere nicht unerhebliche Nebenwirkungen auftreten, ist dieser Ansatz nur noch ungenügend einsetzbar, da er dann
nur stark verzerrte Vergleiche liefert.

Das Nebeneinander von medizinischen Größen auf der Wirksamkeitsseite und ökonomischen Größen auf der Kostenseite mag zunächst inkonsistent erscheinen. Ein
großer Vorteil dieser Methode ist aber, dass Effekte einer medizinischen Maßnahme
nicht monetär bewertet werden müssen, was sie verglichen mit anderen Methoden
relativ praktikabel und weit einsetzbar macht. Deswegen ist sie auch die heute am
häufigsten eingesetzte Analyseform. Andererseits ist sie für bestimmte Fragestellun-

gen nicht anwendbar. Kritisiert wird vor allem, dass Aspekte der Auswirkungen auf den Patienten weitgehend unberücksichtigt bleiben.

Aus Sicht des Patienten geht es nicht primär darum, um wie viel der Blutdruck gesenkt werden konnte oder wie viel Gewicht er verloren hat – ja sogar die Frage nach den gewonnenen Lebensjahren ist nur von Bedeutung, wenn sie auch eine bestimmte Lebensqualität haben. Für den Patienten ist es wichtig, wie er sich fühlt, ob er schmerzfrei ist, ob er sich mit weniger Gewicht oder gesenktem Blutdruck besser fühlt oder ob er in den gewonnenen Lebensjahren bettlägerig ist und sich nicht selbst versorgen kann. Will man solche Aspekte – wie z. B. Schmerzen, physische und psychische Zustände, Selbstständigkeit etc.) – in eine Betrachtung mit einbeziehen, dann müssen weitere Faktoren mit in die Analyse einbezogen werden. Diese Aspekte werden von der Kosten-Nutzwert-Analyse berücksichtigt.

10.10   Kosten-Nutzwert-Analyse

Bei der Kosten-Nutzwert-Analyse – welche wiederum mit einem verbreiteten Anglizismus häufig auch Cost-Utility-Analysis genannt wird –, werden die Kosten einer medizinischen Maßnahme in Relation zu ihrem Nutzwert gesetzt. Der Nutzwert ist das Ergebnis von unterschiedlichen möglichen Wirkungen der zu bewertenden Maßnahme auf den Gesundheitszustand; es wird also nicht nur betrachtet, um wie viele Jahre das Leben verlängert wird, sondern auch ob es entscheidende Veränderungen des Gesundheitszustandes gibt. Dabei wird die Perspektive des Patienten wichtig, da sie mit in die Bewertung einbezogen wird, d. h., die Wirksamkeit einer Maßnahme wird aus der subjektiven Patientensicht bewertet. Die folgende Abbilddung 10.5 fasst dies wiederum exemplarisch zusammen.

KNWA = Kosten / Nutzwert

Bsp.: KNWA (Medikament) = Kosten / QALY s

Abbildung 10-5: Kosten-Nutzwert-Analyse

Um allerdings den Nutzwert verschiedener Maßnahmen vergleichbar zu machen, muss es für die verschiedenen positiven und negativen Wirkungen einer medizinischen Maßnahme eine einheitliche und leicht zu handhabende Bemessungsgrundlage geben. Das gegenwärtig am häufigsten angewendete Konzept, um die Wirkungen einer medizinischen Maßnahme vergleichbar zu machen, ist das Konzept der QALYs, der Quality-Adjusted Life Years.

10.10.1   Das QALY Konzept

Das Konzept der QALYs hat zwei Dimensionen: Es betrachtet zum einen die gewonnenen Lebensjahre einer medizinischen Maßnahme und zum anderen die Qualität dieser gewonnenen Jahre. Man kann sich leicht vorstellen, dass ein gewonnenes Lebensjahr schmerzfrei sowie sich selbst bestimmend und versorgend subjektiv vom Patienten als wertvoller empfunden wird, als ein gewonnenes Lebensjahr voller Schmerzen und pflegebedürftig.

Aber wie bewertet man ein halbes gewonnenes Lebensjahr absolut schmerzfrei gegenüber einem ganzen gewonnenen Jahr mit mittleren bis großen Schmerzen? Um solche Bewertungen vorzunehmen, betrachtet das QALY-Konzept auf der einen Seite die Restlebenserwartung, die vom Beobachtungszeitraum bis zum Tod reicht, und auf der anderen Seite die Lebensqualität, die durch die Werte 1 (= vollständige Gesundheit) bis 0 (= Tod) normiert ist. Dabei lässt sich dann die Restlebenserwartung noch recht gut messen, aber zur Beurteilung der Lebensqualität müssen die Präferenzen der Individuen ermittelt werden, die mit sehr subjektiven Erfahrungen der Patienten verbunden sind, und welche wiederum bewertet werden müssen, damit sie letztendlich in einer Zahl ausgedrückt werden können.

Man kann sich beispielsweise vorstellen, dass durch ein bestimmtes therapeutisches Verfahren das Leben eines Patienten tatsächlich um drei Jahre verlängert werden kann. Aber wie verbringt er diese drei Jahre, d. h., welche Dimensionen der Lebensqualität sollen in die Beurteilung mit einfließen? Geht man vereinfachend davon aus, man könnte sich auf die folgenden fünf Dimensionen der Lebensqualität einigen:

- Schmerzen

- Mobilität

- Psychisches Befinden

- Soziale Kontakte und

- Allgemeine Gesundheit,

so stellen sich weitere Probleme:

- Wie soll man alle diese Dimensionen angemessen erfassen? Es ist bekannt, dass Schmerz bei Patient A wahrscheinlich nicht mit Schmerz bei Patient B gleichzusetzen ist. Arbeitet man mit einer Schmerzskala, dann ist zu entscheiden, welche Abstände diese Skala haben sollte. Für jede Dimension ist somit ein angemessenes Messverfahren zu finden.

- Hat man sie angemessen erfasst, dann müssen sie aggregiert werden – auch hier ist angemessen zu verfahren.

- Hat man nun für jede Dimension einen Wert, so kann es beispielsweise möglich sein, dass drei Werte auf eine verbesserte Lebensqualität und zwei Werte auf eine verschlechterte Lebensqualität hinweisen. Will man aber nur eine Kennziffer haben, so ist eine weitere Bewertung notwendig, nämlich mit welchem Gewicht nun die einzelnen Dimensionen in eine einzige Größe überführt werden.

Die hier angedeuteten Probleme sind nicht vollzählig und noch vielschichtiger, als hier beschrieben. So gibt es Probleme bei der praktischen Erfassungsmethode von Lebensqualität. In der Regel werden dazu Patienten befragt mit Methoden wie Rating-Scale-Verfahren, Standard-Gamble-Verfahren, Time-Trade-off-Verfahren oder das Willingness-to-pay-Verfahren. Mit ihnen wird versucht, die subjektive Wertschätzung der Patienten – und nicht objektivierte Gesundheitszustände – zu ermitteln.

10.10.2 Ranglisten

Unter der Voraussetzung, dass all diese Probleme als bewältigt gelten können, steht am Ende auf der Nutzwertseite die Anzahl der um die Lebensqualität bereinigten zusätzlichen Lebensjahre einer Maßnahme. Damit ist es dann vergleichsweise einfach, diese den Kosten für die weiteren Lebensjahre gegenüberzustellen. Damit wird offensichtlich, dass die Kosten verschiedener Maßnahmen für ein weiteres qualitätsbereinigtes Lebensjahres höchst unterschiedlich sind. Ein prominentes Beispiel für die vergleichende Gegenüberstellung der Kosten eines weiteren qualitätsbereinigten Lebensjahres sind die so genannten League-Tabellen, eine Art Rangliste der medizinischen Maßnahmen zur Lebensverlängerung. Abbildung 10.6 zeigt eine in der gesundheitsökonomischen Literatur bekannte Rangliste.

Intervention	Kosten pro gerettetes Lebensjahr (Euro*, median)
Kinderschutzimpfungen	<0
Grippe Schutzimpfung für alle Bürger	238
Mammographie für Frauen ab 50 Jahren	1.377
Einmaliges Zervixkarzinomscreening Alter ab 65	3.570
Arzneimittel (Medianwert)	8.500
Pneumokokken Impfung bei Personen 45-64 Jahre	17.000
Knochenmarktransplantation bei akuter nicht- lymphozytärer Leukämie	20.400
Lebertransplantation	24.532
Koronarer Bypass bei Dreigefäss-Erkrankung	25.500
Brustkrebs-Reihenuntersuchung	28.900
Nierentransplantation	37.400
Neonatale Intensivmedizin (Geburtsgewicht > 1000g)	37.400
Koronarer Bypass bei Eingefäss-Erkrankung	93.500
Hämodialyse	144.500
Hysterektomie bei asymptomatischen Frauen Alter 35	391.000

Abbildung 10-6: Beispiel einer League-Tabelle

Angesichts der oben genannten Probleme mag man die in dieser Tabelle aufgelisteten Zahlenwerte kritisch hinterfragen. Aber selbst bei erheblicher methodischer Un-
genauigkeit erscheinen die Unterschiede in den Kosten, mit welchen ein weiteres

Lebensjahr identischer Lebensqualität gewonnen werden kann, doch bemerkenswert zu divergieren.

Der große Vorteil des Kosten-Nutzwert-Konzepts ist, dass nicht nur der Vergleich unterschiedlicher medizinischer Maßnahmen, die auf unterschiedliche Krankheiten abzielen, möglich gemacht wird, sondern dass weitergehend verglichen werden kann, ob eine medizinische Maßnahme besser ist zur Gewinnung eines QALYs als sonstige nicht medizinische Maßnahmen, z. B. Hygienemaßnahmen oder Umweltschutzverbesserungen. Aber auch ihre Aussagen sind begrenzt: Die Kosten-Nutzwert-Analyse kann noch nicht aufzeigen, welche Kosten und Nutzen im eigentlichen ökonomischen Sinne medizinische Maßnahmen haben. Auf dies hingegen stellt die Kosten-Nutzen Analyse ab.

10.11   Kosten-Nutzen-Analyse

Es ist die Besonderheit der Kosten-Nutzen Analyse – wiederum mit einem Anglizismus oft Cost-Benefit Analysis genannt –, dass sie sowohl Kosten als auch Nutzen in monetären Einheiten bewertet und diese zueinander in Beziehung stellt. Da in den meisten anderen Wirtschaftssektoren die monetäre Bewertung dieser Größen kein großes Problem darstellt, ist die Kosten-Nutzen-Analyse die ökonomische Evaluationsmethode, die in weiten Bereichen der Wirtschaft angewendet wird. Im Gesundheitsbereich stellt sich die Situation allerdings etwas anders dar.

Wie gezeigt wurde, gibt es im Gesundheitsbereich oft intangible Kosten und Nutzen, die monetär nur sehr bedingt zu bewerten sind, da kein Marktpreis vorliegt, und meist liegt noch nicht einmal ein administrierter Preis vor. Will man aber dieses Verfahren anwenden, so muss man Wege finden, auch solche Kosten und Nutzen monetär zu bewerten. Somit geht die Kosten-Nutzen Analyse einen Schritt weiter als die Kosten-Nutzwert-Analysen, indem sie z. B. die Erhöhung der Lebenserwartung und sämtliche Veränderungen des Gesundheitszustandes monetär bewertet. Abbilddung 10.7 fasst dies zusammen.

KNA = Kosten (direkte, indirekte und intangible)
          in EURO /
          Nutzen (direkter, indirekter und intangibler)
          in EURO

Abbildung 10-7: Kosten-Nutzen-Analyse

Der Vorteil dieser Methode ist, dass durch die Bewertung in Geldeinheiten verschiedene medizinische Maßnahmen sehr gut verglichen werden können. Darüber hinaus können auch Bewertungen vorgenommen werden, ohne dass weitere Vergleiche stattfinden, da Kosten und Nutzen in der gleichen Einheit dargestellt werden. Erinnert man sich an die ersten allgemeinen Kapitel dieses Buches, in denen es um das Denken in Grenzkosten und Grenznutzen ging, so kann durch die Kosten-Nutzen-Analyse eine solche Betrachtung vorgenommen werden; es können also Aussagen bezüglich der Intensität einer medizinischen Maßnahme gemacht werden. Wie intensiv sollte ein bestimmtes medizinisches Verfahren (z. B. eine Präventionsmaßnahme) eingesetzt werden, so dass der zusätzliche Kostenzuwachs kleiner ist als der zusätzliche Nutzenzuwachs.

Dies kann anhand eines fiktiven Beispiels in Abbildung 10.8 illustriert werden. Hier ist angenommen, dass die Kosten und Nutzen einer bestimmten Behandlung, z. B. einer bestimmten Krebsvorsorgeuntersuchung, in monetären Größen ausgedrückt werden können. Diese Nutzen und Kosten sind hier, jeweils in Form der Gesamtgrößen, der Durchschnittsgrößen und der Grenzgrößen, aufgelistet. Aus der Perspektive der Kosten-Nutzen-Analyse ist die richtige Anzahl von Untersuchungen offensichtlich 5.000, weil bis dahin die Grenzkosten der Vorsorgeuntersuchung geringer sind als ihre Grenznutzen und darüber hinaus ihre Grenzkosten höher sind als ihre Grenznutzen.

Anzahl der Trans- plantationen	Gesamt- kosten	Gesamt- nutzen	Durch- schnitts- kosten	Durchschnitts -nutzen	Grenzkosten	Grenznutzen
1000	100	500	100	500	100	500
2000	150	900	5	450	50	400
3000	180	1200	60	400	30	300
4000	230	1400	58	350	50	200
5000	330	1500	66	300	100	100
6000	530	1550	88	258	200	50
7000	1030	1600	147	229	500	50

Abbildung 10-8: Ein fiktives numerisches Beispiel der Kosten-Nutzen-Abwägung

Anhand dieses Beispiels wird nochmals deutlich, dass die ökonomische Evaluation versucht, wenn sie umfassende Kosten- und Nutzenbegriffe verwendet wie in der Kosten-Nutzen-Analyse, den für funktionierende Märkte typischen Mechanismus der Abwägung von Grenzkosten und Grenznutzen zu simulieren.

So gut das Verfahren auch zur theoretischen Grenzbetrachtung geeignet ist, so stellen sich doch die schon diskutierten Probleme bei der Einzelbewertung der intangiblen Kosten und Nutzen. Akzeptiert man – trotz ethischer Bedenken – die

Vorgehensweise ein Leben mit einem Geldwert zu bewerten, so stellt sich die Frage nach der Höhe. Weiterhin müssen auch Einschränkungen oder Verbesserungen der Lebensqualität monetär bewertet werden.

Um eine solche Bewertung vorzunehmen, kennt die Ökonomie den Ansatz der Zahlungsbereitschaft der Individuen: Man versucht mittels verschiedener Befragungen die Zahlungsbereitschaft eines Individuums bezüglich bestimmter medizinischer Maßnahmen herauszufinden, um eine monetäre Bewertung der Kosten und Nutzeneffekte zu erreichen. Solche Verfahren arbeiten mit vielen Annahmen, Wahrscheinlichkeiten und sehr subjektiven Einschätzungen von Menschen, die vielleicht in der tatsächlichen Situation ganz anders ausfallen können. Trotzdem ist es ein brauchbarer Versuch, eine Bewertung von intangiblen Kosten und Nutzen vorzunehmen. Die Kosten-Nutzen-Analyse ist somit die theoretisch sicher eleganteste und überzeugendste Evaluationsmethode, welche aber in der praktischen Umsetzung mit den meisten Problemen behaftet ist.

10.12 Kritische Würdigung und politische Praxis der gesundheitsökonomischen Evaluation

Wie gezeigt wurde, stehen für unterschiedliche Fragestellungen im Gesundheitssektor unterschiedliche Evaluationsverfahren zur Verfügung. Dabei ist die Ermittlung der Kosten und Nutzen oftmals problematisch. Trotzdem ist es bei vielen Entscheidungen hilfreich, solche Bewertungen vorzunehmen; allerdings sollten auch die Kosten der Evaluation selbst in Verhältnis gesetzt werden zum Erkenntnisgewinn. Dabei kann es dann manchmal günstiger sein, eine ungenauere oder einfache, aber wesentlich günstigere Evaluationsanalyse vorzunehmen, als aufwendige und genauere Verfahren zu wählen. Es wurde deutlich in diesem Kapitel, dass der Gesundheitssektor eben nicht so einfach zu bewerten ist wie andere Industriezweige und eine Diskussion nur um vordergründige Kosten- und Nutzeneffekte oftmals viel zu kurz greift.

10.12.1   Eine Synopse der Evaluationsmethoden

In der folgenden Abbildung 10.9 sind nochmals die elementaren Bewertungsvorgänge, welche in den einzelnen Methoden vorgenommen werden, zusammengefasst.

Methode	Bewertung von Kosten	Bewertung von Effekten	Kosten-Outcome Vergleich
Krankheitskosten -Analyse (Cost of Illness)	Ja, z.B. in $ oder Euro	Nein	Findet nicht statt
Kosten-Kosten-Analyse (Kosten-Mini-mierungs-Analyse)	Ja, z.B. in $ oder Euro	Nein	Nur Kostenvergleiche
Kosten-Wirk-samkeits-Analyse (Cost-Effectiveness Analysis)	Ja, z.B. in $ oder Euro	Natürliche Einheiten	Kosten je Outcome-Einheit
Kosten-Nutzwert-Analyse (Cost-Utility-Analysis)	Ja, z.B. in $ oder Euro	Nutzwerte	Kosten je Outcome-Einheit (Konzept meist QALY)
Kosten-Nutzen-Analyse (Cost-Benefit-Analysis)	Ja, z.B. in $ oder Euro	Nutzen, bewertet z.B. in $ oder Euro	Nettokosten

Abbildung 10-9: Eine Synopse der Evaluationsmethoden

Unter Ökonomen ist es weitgehend unstrittig, dass es bei gesundheitspolitischen Entscheidungen in einem weiten Sinne, wie z. B. bei der Entscheidung über die Aufnahme und Erstattungshöhe eines Arzneimittels in den Leistungskatalog der gesetzlichen Krankenversicherung, sinnvoll erscheint, eine ökonomische Evaluation von Kosten und Nutzen oder Nutzwert bzw. Wirksamkeit dieser Maßnahme oder dieses Arzneimittels zu erstellen. Und auch politisch stößt diese Forderung mehr und mehr auf Gehör, vor allem wenn es um die gerade schon erwähnte Frage geht, ob und wie ein Arzneimittel in den Leistungskatalog der gesetzlichen Krankenversicherung aufgenommen werden soll.

10.12.2   Anwendungspraxis der Methoden

War es bis vor einigen Jahren im Deutschland gesetzlich hinreichend, nur eine Bewertung des Nutzens von Arzneimitteln durch das Institut für Qualität und Wirtschaftlichkeit im Gesundheitswesen (IQWiG) durchzuführen, so hat der Gesetzgeber neuerlich neben der reinen Nutzenbewertung auch eine Kosten-Nutzen-Bewertung möglich gemacht.

Dabei soll die Bewertung einer Behandlungsmethode bzw. eines Arzneimittels durch den Vergleich mit anderen Arzneimitteln oder Behandlungsformen erfolgen. Der Gesetzgeber möchte dabei insbesondere die folgenden patientenbezogenen Nutzen berücksichtigt wissen.

*   Verbesserung des Gesundheitszustandes

*   Verkürzung der Krankheitsdauer

*   Verlängerung der Lebensdauer

*   Verringerung der Nebenwirkungen

*   Verbesserung der Lebensqualität

Bei der wirtschaftlichen Bewertung sei vor allem die Angemessenheit und Zumutbarkeit einer Kostenübernahme durch die Versichertengemeinschaft zu erwägen. Dabei liegt es im Ermessen des schon genannten Instituts für Qualität und Wirtschaftlichkeit im Gesundheitswesen (IQWiG), welches mit solchen Evaluationen durch den Gesetzgeber beauftragt ist, über Evaluationsmethoden und Bewertungen zu entscheiden, allerdings soll dies „ … auf der Grundlage der in den jeweiligen Fachkreisen anerkannten internationalen Standards der evidenzbasierten Medizin und der Gesundheitsökonomie" geschehen.

In Fachkreisen ist die vom Institut für Qualität und Wirtschaftlichkeit im Gesundheitswesen vorgeschlagene Methodik verschiedenen sehr kritischen Stellungnahmen unterzogen worden. Jenseits dieses inhaltlichen Dissenses zeigt der Umstand, dass der Gesetzgeber aber nunmehr in bestimmten Fällen gesundheitsökonomische Evaluationsverfahren vorsieht und dass dieser Vorgang eine solch heftige Diskussion in der Fachöffentlichkeit und der Presse hervorruft, dass es sich bei den gesundheitsökonomischen Evaluationsverfahren um ein Zukunftsthema handelt.

10.13   Literatur zum Kapitel 10

Als Quellen für dieses Kapitel wurde primär die folgend aufgeführte Literatur genutzt, welche auch als vertiefende Lektüre empfohlen wird.

Das englischsprachige Standardbuch zur ökonomischen Evaluation im Gesundheitswesen ist:

- *Drummond, M. F./Sculpher, M.J./Torrance, G.W./O'Brien, B.J./Stoddart, G.L. (2005)*

Einen Überblick bietet auch:

- *Briggs, A./Claxton, K./Sculpher, M. (2006)*

Im deutschsprachigen Raum ist das Standardlehrbuch zur ökonomischen Evaluation
im Gesundheitswesen:

- *Schöffski, O./Graf v.d. Schulenberg, J.-M. (Hrsg.) (2007)*

Einen Überblick über die allgemeinen Methoden der ökonomischen Evaluation findet sich auch in:

- *Blankart, C. B. (2008)*
- *Greß, S. et al. (2004)*

11 Zukünftige Herausforderungen an das Gesundheitswesen – Ein Ausblick

In den Kapiteln dieses Buches wurde deutlich, dass die Themenbereiche und Probleme der Gesundheitsökonomie vielschichtig sind. Deutlich wurde auch, dass es im Gesundheitssektor oft keine alleinige und optimale Lösung für diese Problem gibt, sondern dass man es oft mit verschiedenen Lösungsalternativen zu tun hat, welche dann verschiedene Vor- und Nachteile haben. So wird oft Marktversagen durch staatliche Bereitstellung von Gesundheitsgütern ersetzt, oftmals versagt aber auch der Staat, da es ihm an Information fehlt oder die Politiker andere Interessen verfolgen, als die effizienteste Lösung für das Gesundheitswesen zu schaffen, oder weil so viele Interessen involviert sind, dass eine Entscheidung nur für den kleinsten gemeinsamen Nenner möglich ist. Die Herleitung und Durchsetzung von „optimalen Lösungen" ist unter diesen Bedingungen kaum möglich, egal ob ein Gesundheitssystem eher privat-, steuer- oder beitragsfinanziert ist.

Bezogen auf die Gesundheitssysteme im deutschsprachigen Raum gibt es nach wie vor kontroverse Diskussionen, so z. B. betreffend die folgenden Problemkreise:

- Die Finanzierbarkeit der gesetzlichen Krankenversicherung und damit verbunden die Bedeutung der Finanzierung der gesetzlichen Krankenkassen für den Arbeitsmarkt

- Geeignete Steuerungsmechanismen in den gesetzlichen und den privaten Krankenversicherungen

- Mehr Effizienz im Gesundheitswesen bei gleichzeitiger Verteilungsgerechtigkeit

- Qualitätsmanagement und -sicherung

- Anreizkompatible Vergütungsformen für die Leistungserbringer

- Erhaltung der Solidarität bei Einführung von Wettbewerbselementen im Gesundheitsmarkt

Zusätzlich zu diesen immanenten Organisations- und Strukturfragen des Gesundheitssystems werden in naher Zukunft von außen neue Herausforderungen an die

Gesundheitssysteme herangetragen; dies beispielsweise durch die folgenden vier Faktoren und Entwicklungen:

* Demographische Entwicklung

* Entwicklung des medizinisch-technischen Fortschritts

* Europäisierung und Internationalisierung der Gesundheitsmärkte

* Zunehmende Vernetzung von Gesundheitseinrichtungen.

Abschließend werden diese Problemfelder hier kurz skizziert.

11.1   Demographische Entwicklung

Die demographische Entwicklung stellt eines der größten Probleme für alle sozialen Sicherungssysteme dar, insbesondere auch für das Gesundheitssystem. „Die Bevölkerung altert", dies bedeutet nicht nur, dass es immer mehr alte Menschen gibt, sondern auch, dass es im Verhältnis zur gesamten Bevölkerung eine wachsende Anzahl älterer Menschen gibt. Die Abbildungen 11.1 bis 11.3 zeigen anhand so genannter Alterspyramiden, wie sich in Deutschland die Altersstruktur von 1970 bis 2050 hin zu den alten Kohorten verschiebt und es somit einen immer größer werdenden Anteil von alten Menschen an der Gesamtbevölkerung gibt. Auch in Österreich und der Schweiz findet sich diese Entwicklung.

Dass vor circa 40 Jahren noch eine fast pyramidenförmige Bevölkerungspyramide vorhanden war, zeigt Abbildung 11.1. Der Anteil der über 65-Jährigen betrug nur 14 Prozent, während im typischen Alter der Erwerbstätigkeit über 60 Prozent der Bevölkerung waren. Heute sind hingegen schon 21 Prozent der Bevölkerung über 65 Jahre, aber nach wie vor über 60 Prozent im typischen erwerbsfähigen Alter.

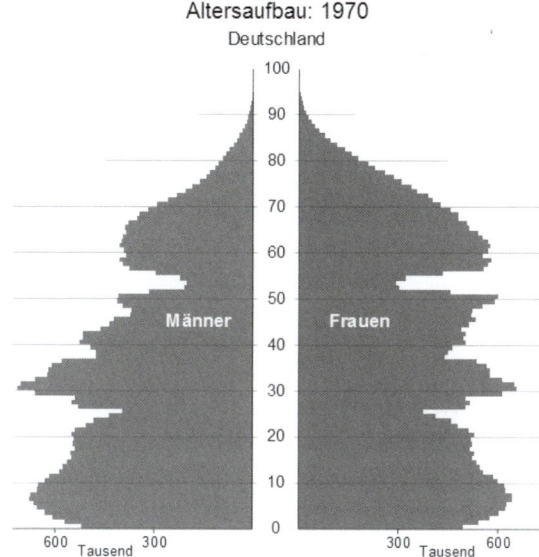

Abbildung 11-1: Die Altersstruktur in Deutschland 1970

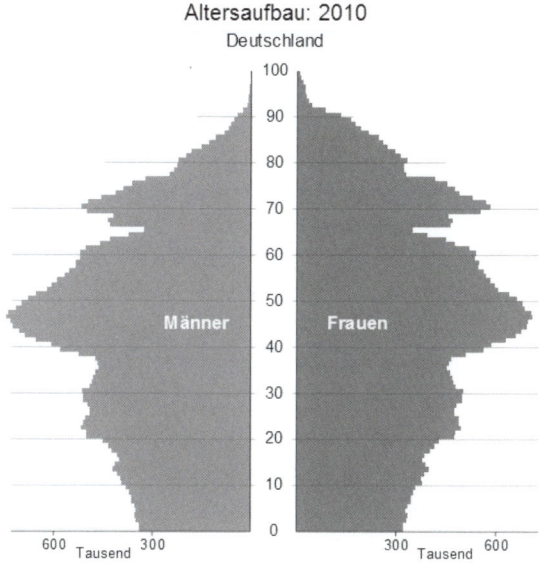

Abbildung 11-2: Die Altersstruktur in Deutschland 2010

Dies wird sich nach Berechnungen des Statistischen Bundesamtes bis 2050, also in circa 40 Jahren, drastisch verändern. Dann werden nur noch 52 Prozent der Bevölkerung im typischen Alter der Erwerbsfähigkeit sein, aber 33 Prozent werden über 65 Jahre sein. Zudem wird dann der Anteil der 80- bis 90-Jährigen besonders hoch sein.

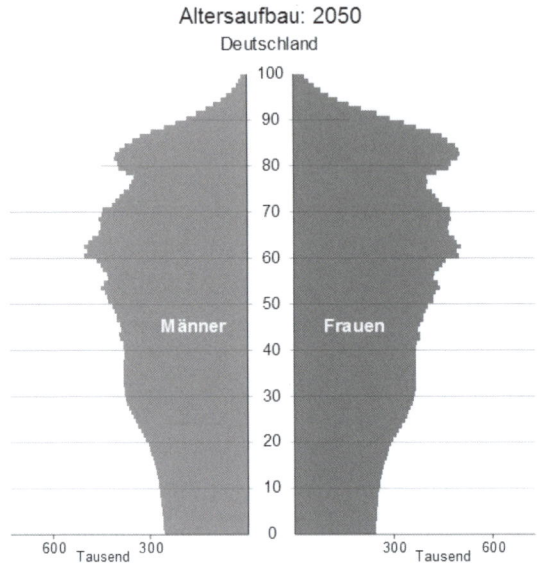

Abbildung 11-3: Die Altersstruktur in Deutschland 2050

Dass es zunehmend mehr ältere Menschen in westlichen Industriegesellschaften gibt, ist nicht neu, sondern diese Entwicklung hat bereits vor 100 Jahren begonnen. Ursachen dieser Alterung sind:

- Der Rückgang der Geburtenhäufigkeit.

- Die zunehmende Lebenserwartung.

Das Gesundheitswesen ist – wiederum ganz unabhängig davon, ob es eher privat-, steuer- oder beitragsfinanziert ist – von dieser demographischen Entwicklung gleich in zweierlei Hinsicht betroffen:

- In der Regel werden alte Menschen häufiger krank. Dies bedeutet für das bestehende Gesundheitssystem ein Anstieg der Krankheitshäufigkeit. Damit einher geht offensichtlich ein Kostenanstieg im Gesundheitswesen.

- Der altersinduzierte Kostenanstieg muss zudem durch einen immer geringeren Teil der arbeitenden Bevölkerung finanziert werden, weil die Kohorten im arbeitsfähigen Alter gering besetzt sind. Auch dies ist weitgehend unabhängig vom Finanzierungssystem, da die laufende Wertschöpfung in jedem Fall von der arbeitenden Bevölkerung erbracht werden muss. Abnehmende Geburtenzahlen haben also auch einen Einfluss auf das Gesundheitswesen.

Wie Abbildung 11.4 zeigt, liegen die durchschnittlichen Krankheitskosten eines Individuums im Alter zwischen 30 und 64 bei circa 2.300 Euro pro Jahr, wohingegen diese durchschnittlichen Kosten bei der Gruppe im Alter zwischen 65 und 84 bei circa 6000 Euro pro Jahr und bei denen über 85 bei circa 12000 Euro pro Jahr liegen. Oben wurde gezeigt, dass diese Gruppe in naher Zukunft stark zunehmen wird.

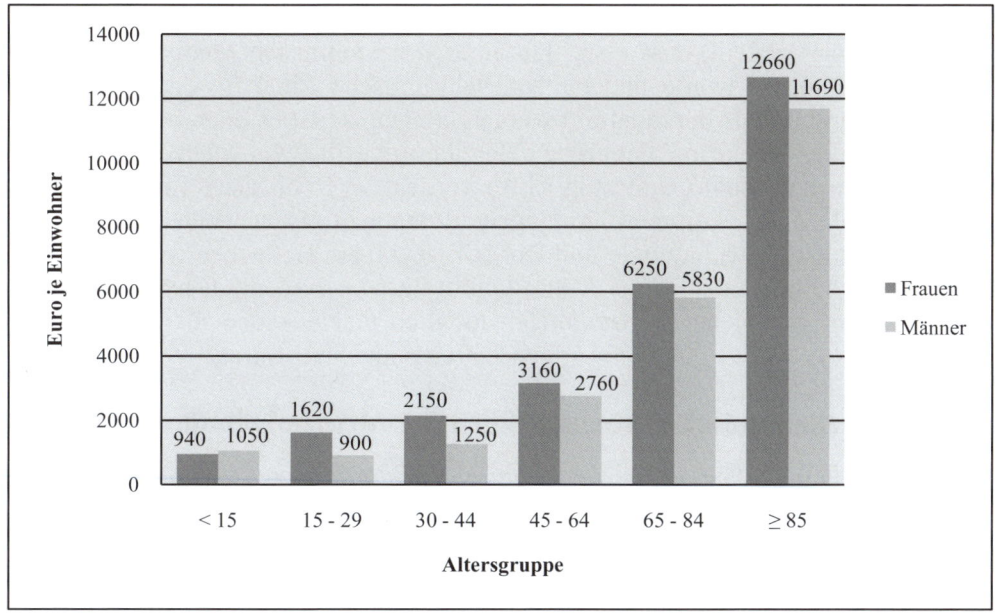

Abbildung 11-4: Krankheitskosten nach Alter und Geschlecht pro Jahr 2002

Die hier vorgestellten Aussagen zum Zusammenhang zwischen Lebenserwartung und Krankheitskosten sind nicht unwidersprochen geblieben. Die in der Abbildung referierten Daten sind unbestritten, es findet sich jedoch eine etwas andere Interpretation. Nicht der Umstand an sich, dass Menschen älter werden, verursache solch hohe Kosten, sondern hohe Kosten entstehen in den letzten Jahren und v. a. Monaten vor dem Lebensende, und zwar weitgehend unabhängig davon, in welchem Alter der Tod eintritt. Wenn dem so wäre, dann ist die bloße Alterung der Bevölkerung unter dem hier angesprochenen Aspekt der Kostenerhöhung weniger von Bedeutung, da diese Kosten dann in jedem Fall anfallen würden, auch bei nicht verlängerter Lebenserwartung. Die empirischen Studien zu dieser Frage sind nicht eindeutig, jedoch sprechen gerade für die Schweiz vorgenommenen Untersuchung für diese These.

Unabhängig davon, ob eine gestiegene Lebenserwartung selbst oder eine Kostenausdehnung in den letzten Lebensjahren und Monaten der entscheidende Faktor ist, dass immer weniger Personen im erwerbstätigen Alter aus ihrer Wertschöpfung die Krankheitskosten der Kranken und Alten tragen müssen, wird in Zukunft ein wichtiges Problem darstellen. Die gestiegen Lebenserwartung hängt eng mit der folgend skizzierten Zukunftsentwicklung zusammen, der medizinisch-technischen Entwicklung.

11.2   Medizinisch-technische Entwicklung

Wenn man sich vorstellt, dass erst 1928 eines der wichtigsten Medikamente – das Penicillin – entdeckt wurde und einfache chirurgische Eingriffe erst seit einigen Jahrzehnten problemlos durchgeführt werden können, so ist es doch beachtlich, was in relativ kurzer Zeit im medizinischen Bereich mit Hilfe von Medikamenten oder medizinisch-technischem Gerät möglich geworden ist. Doch diese Entwicklung ist nicht zum Stillstand gekommen, im Gegenteil, sie geht rasant weiter. Vor allem in den von Informationstechnologie und Robotik geprägten Bereichen wie etwa in der Computertomografie oder in der Mikro-Chirurgie ist ein medizintechnischer Fortschritt im Gange, welcher Behandlungen möglich macht – und in naher Zukunft machen wird –, welche noch vor wenigen Jahren undenkbar waren.

11.2.1   Ökonomisch-ethische Fragen der Medizintechnik

So unbestritten positiv diese Entwicklungen aus medizinischer Sicht auch sind, so ist doch nicht zu übersehen, dass in der Regel mit jeder weiteren Diagnose- oder Therapiemöglichkeit die Kosten im Gesundheitswesen steigen. Seltener werden Diagnose- oder Therapiemöglichkeiten geschaffen, welche die Kosten zur Behandlung eines bestimmten Krankheitsbildes lediglich senken; meist ist dann eine bessere Behandlung möglich, die wiederum kostentreibend ist. Offensichtlich bedeutet diese Entwicklung auf der einen Seite erhebliche Anstrengungen bezüglich der Finanzierung des Gesundheitswesens; für die teureren Behandlungsmethoden sind Ressourcen aufzubringen.

Schwerwiegender noch wird auf der anderen Seite sein, dass dies auch eine zunehmende Auseinandersetzung mit ethischen Fragen bedeuten wird. Schon heute ist es unmöglich, jede mögliche Therapie für alle potentiellen Patienten zu finanzieren. Konkreter bedeutet dies: Zukünftig jeden potenziellen Patienten in den Genuss solcher Behandlungstechnologien kommen zulassen, würde bedeuten, sehr hohe Anteile an der gesamtwirtschaftlichen Wertschöpfung für solche Behandlungen zu verwenden. Dies würde angesichts des ökonomischen Knappheitsproblems dann den Verzicht auf gewohnte Güter und Leistungen bedeuten, wenn denn nicht ein extrem hohes Wirtschaftswachstum dieses Problem entschärft. Oder anders gewendet: Es stellt sich die Frage, ob eine Gesellschaft als Ganzes gewillt sein wird, u. U. auf z. B. Wohnraum, Automobile oder Bildungseinrichtungen – oder was auch immer denkbar ist – zu verzichten, um jeden potenziellen Patienten mit teuren Zukunftstechnologien behandeln zu können.

Wenn dem aber so ist, so stellt sich unmittelbar die Frage, wer in den Genuss solcher nicht für alle finanzierbaren Behandlungen kommen soll. Sollen bei der Beantwortung dieser Frage in der Tat Fragen der Knappheit von Ressourcen und Kosten-Nutzen-Berechnungen erwogen werden, was Verteilungsaspekte vernachlässigen würde oder welche Kriterien sollen angewendet werden? Das Problem verschärft sich in Kombination mit der demographischen Entwicklung. Gerade angesichts der älter und damit in der Tendenz kranker werdenden Gesellschaft muss ein Umgang mit diesen durch medizintechnischen Fortschritt entstehenden Chancen und Problemen gefunden werden.

11.2.2   Baumol'sche Kostenkrankheit im Gesundheitsbereich

Doch nicht nur für die Kostenentwicklung im Gesundheitswesen insgesamt ist der technische Fortschritt von Bedeutung, sondern auch für eine schwierige Entwicklung innerhalb des Gesundheitssektors. Innerhalb des Gesundheitssektors wirkt die so genannte Baumol'sche Kostenkrankheit. Ausgangspunkt von Willam Baumols Überlegung ist, dass bestimmte Dienstleistungsbereiche arbeits- und daher auch lohnintensiv sind; er selbst nennt als Beispiele den Schulbereich oder auch Theater, aber offensichtlich gehören im Gesundheitsbereich viele Segmente ebenfalls dazu, gerade im Pflege- und Betreuungsbereich und in der „sprechenden" Medizin. Hier ist Rationalisierung nur sehr eingeschränkt machbar, es finden sich also kaum Produktivitätsfortschritte etwa durch medizinisch-technischen Fortschritt. Dies liegt in der Natur der Leistungen selbst. Zum Beispiel bei der assistierten Körperpflege eines Behinderten lässt sich die Arbeit des Pflegers nicht durch Kapital substituieren oder auch technischer Fortschritt anwenden. Die Leistung besteht in der Arbeit selbst. Diesen Segmenten des Gesundheitsbereichs ohne Produktivitätsfortschritt stehen aber innerhalb des Gesundheitssektors die oben genannten Segmente mit extrem hohem Produktivitätsfortschritt, wie z. B. in Teilen der Radiologie, der Chirurgie oder der Orthopädie, gegenüber.

In den Überlegungen Baumols ist nun weiter – durchaus realistisch – angenommen, dass die Lohnentwicklung insgesamt – hier innerhalb des gesamten Gesundheitswesens – nicht im Segment ohne Produktivitätsfortschritt bestimmt wird, sondern in dem mit den hohen Produktivitätsfortschritten. Produktivitätsfortschritte führen zu höheren Löhnen, und zwar in beiden Segmenten, also in denen mit und ohne Produktivitätsfortschritt. Diese Lohnsteigerungen können im produktiven Segment aufgefangen werden, es findet also keine Erhöhung der Lohnstückkosten in diesem Segment statt. Anders in den Segmenten ohne technischen Fortschritt und folglich ohne Steigerung der Produktivität. Hier steigen die Lohnstückkosten an und dies kann nicht durch technischen Fortschritt aufgefangen werden.

Innerhalb des Gesundheitsbereichs verschieben sich somit die Kosten pro Einheit vom technisch orientierten zum nicht technisch orientierten Segment. Dies macht offensichtlich für Betreiber von Gesundheitseinrichtungen eine Investition oder eine

Schwerpunktsetzung in die Bereiche, in die kein Produktivitätsfortschritt möglich ist, wenig attraktiv, auch wenn durchaus ein Bedarf an solchen medizinischen Leistungen vorhanden ist. Ohne weitere staatliche Intervention würden hier also Verwerfungen innerhalb des Gesundheitssektors entstehen, welche von Stückkosten getrieben sind und nicht notwendigerweise dem Bedarf an Leistungen folgen. Eine Verwerfung hin zu technisch orientierter Medizin und weg von einer Medizin, für welche der Einsatz von menschlicher Arbeit konstitutiv ist. Gegen das Wirksamwerden der Baumol'schen Kostenkrankheit im Gesundheitswesen sind bislang in Theorie und Praxis noch keine schlüssigen Lösungen gefunden worden. Das Schlagwort vom „Pflegenotstand" mag ein erster Indikator hierfür sein.

11.3   Europäisierung, Globalisierung und Vernetzung

„Die Welt wird kleiner": Diese Metapher steht für die zunehmende Integration, Kommunikation und Vernetzung von Strukturen, welche traditionellerweise von nationalen oder regionalen Akteuren bearbeitet und kontrolliert wurden. Von diesen Entwicklungen ist auch das Gesundheitswesen betroffen.

11.3.1   Nationale Gesundheitssysteme und Europäische Union

Für die Gesundheitssysteme innerhalb der Mitgliedsländer der Europäischen Union ist die zunehmende europäische Integration bisher noch nicht von augenscheinlicher Bedeutung. Bis heute hat jedes Land sein eigenes nationales Gesundheitssystem, welches bislang noch weitgehend durch die vornehmlich nationalstaatlichen Regulierungen geschützt ist. Innerhalb der Europäischen Union ist der freie grenzüberschreitende Waren- und Dienstleistungsverkehr, also der freie Fluss von Outputs – und auch der grenzüberschreitende Austausch von Arbeit und Kapital – also der freie Fluss von Inputs – mittlerweile für die allermeisten Branchen realisiert; dies gilt partiell auch schon für den Gesundheitssektor. Zudem werden die nationalen gesundheitspolitischen Regelungen durch EU-weite Regelsetzung ersetzt; alle Regelungen innerhalb des Gesundheitswesens, welche den Prinzipien des gemeinsamen europäischen Marktes widersprechen, stehen zur Disposition. Welche zukünftigen Chancen und Risiken daraus entstehen werden, ist noch nicht vollständig absehbar. Einige Implikationen der Europäisierung deuten sich jedoch schon heute an, so z. B. die folgenden:

- Ärzte und Pflegepersonal können zukünftig ohne Weiteres in anderen europäischen Ländern praktizieren und arbeiten.

- Ausländische Anbieter können auf dem bislang nationalen Markt für Krankenhäuser und andere Gesundheitseinrichtungen auftreten mit erhöhtem Wettbewerbsdruck für die traditionellen nationalen Betreiber.

- Patienten werden in (fernerer) Zukunft europaweit völlig frei einen Anbieter wählen können.

Aber auch die Zulassungsverfahren, die Ausbildung von Ärzten und Fachpersonal oder die Regulierungen des Arzneimittelmarktes ist von der Europäisierung betroffen; entweder es wird zu einer Harmonisierung dieser Bereiche über EU-Richtlinien kommen oder auch zu einer gegenseitigen Anerkennung der nationalen Regelungen in den Mitgliedsländern. Und nicht nur für die Gesundheitsmärkte selbst herrschen diese transnationalen Tendenzen, sondern auch für Krankenversicherungsmärkte, auch hier wird es auf Dauer nicht nur zu einem grenzüberschreitenden Angebot kommen, sondern auch zu einer Leistungsinanspruchnahme über die Grenzen der Nationalstaaten innerhalb der EU hinweg.

All diese europäisierenden Faktoren werden den Wettbewerbsdruck innerhalb der nationalen Gesundheitssysteme erhöhen, weil dann nicht nur nationale Anbieter auf die Gesundheitsmärkte auftreten. Neben diesem internen Wettbewerb wird es auch zu einem Wettbewerb zwischen den nationalen Gesundheitssystemen kommen. Die Implikationen des Wettbewerbs zwischen den nationalen Gesundheitssystemen und innerhalb der nationalen Gesundheitssysteme werden zu verfolgen sein.

11.3.2 Globalisierung und Vernetzung

Die skizzierte Europäisierung ist nur eine Facette innerhalb globaler Entwicklungen, wobei die Vernetzung von Akteuren eine besondere Rolle spielt. Insofern die Liberalisierung von Gesundheitsmärkten nicht nur innerhalb der EU, sondern darüber hinaus auf internationalem Niveau stattfindet, verstärken sich die gerade beschriebenen Tendenzen zu mehr Wettbewerbsdruck. Angetrieben von der Welthandelsorganisation (WTO) ist eine globale Integration und Vernetzung für andere Märkte schon heute Realität, für den Gesundheitsmarkt steht dies erst am Anfang.

Vernetzung ist aber nicht nur auf internationalem Niveau eine Zukunftstendenz, sie findet auch auf nationaler und zunehmend regionaler Ebene statt. In Deutschland wird diese Entwicklung auch aktiv vom Gesetzgeber gefördert, z. B. mit der Zulassung von medizinischen Versorgungszentren, welche sich als Netz von verschiedenen Akteuren v. a. mit Blick auf bestimmte Krankheitsbilder herausbilden; so sind vernetze Strukturen z. B. zur Behandlung von Brustkrebs schon verstärkt entstanden.

Eine Netzwerkstruktur im Angebot von Gesundheitsleistungen hat bestimmte Vor- und Nachteile. Die Nachteile sind die gestiegenen Transaktionskosten, welche durch die reduzierte Autonomie der Netzwerkpartner entstehen, etwas in Form von Verhandlungs-, Abstimmungs- und Kontrollkosten. Zu den Vorteilen gehört die gemeinsame Nutzung von Infrastruktur und Personal, welche zur Reduktion von Kosten führt. Insbesondere ist aber die Ausnutzung von Spezialisierungsvorteilen zu nennen; komparative Vorteile können in Netzen genutzt werden. Wenn nicht nur Anbieter von Gesundheitsgütern selbst in solchen Netzwerken vertreten sind, sondern auch Krankenversicherer oder Finanzierer von Gesundheitsleistungen, dann haben solche Netzwerke eine hohe Affinität zu Managed Care-Strukturen, wie sie im Kapitel 8 vorgestellt wurden.

11.4   Gesundheitsökonomie – ein Zukunftsthema

Die genannten Zukunftsprobleme wie die demographische Entwicklung, die Europäisierung und der medizintechnische Fortschritt machen nochmals deutlich, dass sich die in diesem Buch aufgeworfenen Fragen einer ökonomischen Betrachtung von Gesundheitsgütern und Gesundheitssystemen in Zukunft noch dringlicher als heute stellen werden. Aber auch die Probleme, die dem Gesundheitssystem immanent sind, wie Wettbewerb, Markt und Regulierung, sowie mehr Verteilungsgerechtigkeit im Gesundheitswesen können bis heute nicht als gelöst gelten. Die Lösung solcher Probleme bedarf – neben anderen – auch einer volkswirtschaftlichen Perspektive. Auch wenn es verbreiteten Vorstellungen zutiefst zuwider läuft: Gesundheit wird in Zukunft noch stärker ökonomisch zu betrachten sein.

11.5   Literatur zum Kapitel 11

Aus der Fülle der wissenschaftlichen, aber auch politischen und journalistischen Beiträge zu den angesprochenen Problemen seinen hier nur die folgenden wissenschaftlichen genannt:

-   *Cassel, D./Postler, A. (2007)*
-   *Felder, S./Meier, M./Schmitt, H. (2000)*
-   *Ferber, C./Radebold v., H./Schulenburg Graf v.d., J.M. (1989)*
-   *Hass, B. H./Jung, R. H./Simon, C. (Hrsg.) (2010)*
-   *Ried, W. (2007)*

12 Literaturverzeichnis

Akerlof, G. (1970), The Market for Lemmons: Quality Uncertainty and Market Mechanism, Quaterly Journal of Economics 84, S. 488 – 500

Albrecht, M./u.a. (2010), Die Bedeutung von Wettbewerb im Bereich der privaten Krankenversicherungen vor dem Hintergrund der erwarteten demografischen Entwicklung, Forschungsprojekt des Bundeministers für Wirtschaft und Technologie, Berlin

Amelung, V./Cornelius, F. (2007), Medizinische Versorgungszentren. Ambulatory Health Care Centres, Gesundheitsökonomische Forschung in Deutschland, S. 749-764

Amelung, V.E.,/Schumacher, H. (2007), Managed Care – Neue Wege im Gesundheitsmanagement, 4. Aufl., Wiesbaden

Andersen, H.H./Henke, K.-D./Schulenburg, J.-M. Graf v.d. (Hrsg.) (1992), Basiswissen Gesundheitsökonomie, Band 1: Einführende Texte, Berlin

AOK Bundesverband (o.J. a), Ambulante ärztliche Versorgung

AOK Bundesverband (o.J. b), Integrierte Versorgung

Apolte, T./Bender, D./Berg, H. (2007), Vahlens Kompendium der Wirtschaftstheorie und Wirtschaftspolitik. Band 1 und 2, 9. Aufl., München

Arnold, M./Lauterbach, K.W./Preuß, K.-J. (1997), Managed Care – Ursachen, Prinzipien, Formen und Effekte, Beiträge zur Gesundheitsökonomie Bd. 31

Atupri Krankenkasse (o.J.), Fallpauschalen und Spitäler – Die Planung schreitet voran

Badura, B./Siegrist, J. (Hrsg.) (2002), Evaluation im Gesundheitswesen: Ansätze und Ergebnisse, 2. Aufl., Weinheim, München

Baßeler, U./Heinrich, J./Utecht, B. (2010), Grundlagen und Probleme der Volkswirtschaft, 19. überarb. Aufl., Stuttgart

Bathelt, J. (2007), Das Gesundheitssystem in Österreich, Rheinisches Ärzteblatt

Baumberger, J. (2004), Managed Care, Kocher, G./Oggier, W., Gesundheitswesen Schweiz 2004-2006. Eine aktuelle Übersicht, 2. Aufl., Bern

Baumberger, J. (2007), Managed Care, Kocher, G./Oggier, W., Gesundheitswesen Schweiz 2007-2009. Eine aktelle Übersicht, 3. Aufl., Bern

Beek van der, K. (2002), Systemtransformation in den Ländern Mittel- und Osteuropas, Frankfurt u.a.

Beek van der, K./Cassel, D. (1997), Funktionsbedingungen und Funktionsprobleme des Wettbewerbs im System der deutschen Krankenversicherung, Delhaes,K./Fehl, U. (Hrsg.), Dimensionen des Wettbewerbs, Schriften zu Ordnungsfragen der Wirtschaft, Band 52, Stuttgart

Beske, F./Drabinski, T./Golbach, U. (2005), Leistungskatalog des Gesundheitswesens im internationalen Vergleich, Institut für Gesundheits-System-Forschung (IGSF), Kiel

BFS – Schweizerische Eidgenossenschaft (o.J.), Krankenhäuser – Standardtabellen A.3.

BKK Faktenspiegel (2007), Schwerpunkt ärztlicher Versorgung

Blankart, C. B. (2008), Öffentliche Finanzen in der Demokratie, 7. Aufl., München

BMG (2007), Pressemitteilung vom 16.02.2007: Deutscher Bundesrat stimmt Gesundheitsreform 2007 zu

BMG (2007), Pressemitteilung vom 28.12.2007: Caspers-Merk: Hausarztmodell läuft gut an

BMGFJ (Hrsg.) (2008), Jahrbuch der Gesundheitsstatistik 2006 in Österreich

BMGFJ (Hrsg.) (o.J. a), Krankenanstalten in Österreich

BMGFJ (o.J. b), Qualitätsentwicklung im österreichischen Gesundheitswesen

BMGFJ (o.J. c), Selbstständige Ambulatorien in Österreich

Böcken, J./Butzlaff, M./Esche, A. (Hrsg.) (2001), Reformen im Gesundheitswesen: Ergebnisse einer internationalen Recherche, 3. Aufl., Gütersloh

Breyer, F./Zweifel, P./Kifmann, M. (2004), Gesundheitsökonomik, 5. Aufl., Berlin

Briggs, A./Claxton, K./Sculpher, M. (2006), Decision Modelling for Health Economic Evaluation (Handbooks for Health Economic Evaluation), Oxford

Brümmerhoff, D. (2007), Finanzwissenschaft, 9. Aufl., München Wien

Buchner, F./Deppisch, R./Wasem, J. (2007), Umverteilungseffekte in der Finanzierung von Gesundheitsleistungen. Redistribution Effects of Health Care Financing. Gesundheitsökonomische Forschung in Deutschland, S. 699 – 724

Bundesamt für Statistik (2006), Statistik Schweiz, Gesundheitsausgaben

Bundesamt für Statistik (2006), Statistik Schweiz, Krankenhausstatistik

Bundesamt für Statistik (2008), Schweizerische Eidgenossenschaft: T1 Kosten des Gesundheitswesens nach Leistungserbringern, in Millionen Franken

Bundesamt für Statistik (o.J.), Statistik Schweiz, Ambulante Dienste – Indikatoren

Bundesärztekammer (o.J. a), Ärztestatistik der Bundesärztekammer

Bundesärztekammer (o.J. b), Ambulant tätige Ärzte

Bundesärztekammer (o.J. c), Ausländische Ärztinnen und Ärzte

Bundesärztekammer (o.J. d), Die ärztliche Versorgung in der Bundesrepublik Deutschland

Bundesärztekammer(o.J. e), Dramatischer Nachwuchsmangel in der ärztlichen Versorgung

Case, K.E./Fair, R.C. (2008), Principles of Economics, International Edition, Frankfurt

Cassel, D./Postler, A. (2007), Alternde Bevölkerung und Gesundheitsausgaben. Ageing Population and Health Care Expenditure, Gesundheitsökonomische Forschung in Deutschland, S. 578-602

Cassel, D./Sundmacher, T. (2006), Systemtransformation durch Systemwettbewerb im Gesundheitswesen, Wettbewerb und Gesundheitswesen: Konzeption und Felder ordnungsökonomischen Wirkens, in: Daumann, F./Okruch, S./Mantzavinos, C. (Hrsg.), Festschrift für Peter Oberender zu seinem 65. Geburtstag, Budapest

Dierks, M.-L./Schaeffer, D. (2005), Informationen über die Qualität der gesundheitlichen Versorgung – Erwartungen und Forderungen der Patienten, in: Klauber/Robra/Schellschmidt (Hrsg.), Krankenhausreport 2005, Qualitätstransparenz – Instrumente und Konsequenzen, Stuttgart

DKG eV, (o.J.) GKV – Modernisierungsgesetz: Neue Versorgungsformen im Krankenhaus

Donges, J./Eekhoff, J./Franz, W./Möschel, W./Neumann, M./Sievert, O. (2002), Mehr Eigenverantwortung und Wettbewerb im Gesundheitswesen. Stiftung Marktwirtschaft Frankfurter Institut, Schriftenreihe Bd. 39, Berlin

Drummond, M. F./Sculpher, M.J./Torrance, G.W./O'Brien, B.J./Stoddart, G.L. (2005), Methods for the Economic Evaluation of Health Care Programmes, 3. Aufl., Oxford

Eichhorn, P./Seelos, H.-J./Schulenburg, J.-M., Graf v.d. (Hrsg.) (2000), Krankenhausmanagement, München

Felder, S./Meier, M./Schmitt, H. (2000), Health care expenditure in the last months of life, Journal of Health Economics, 19, S. 679-95.

Felderer, B./Homburg, St. (2005), Makroökonomik und neue Makroökonomik, 9. Aufl., Berlin

Ferber, C./Radebold v., H./Schulenburg Graf v.d., J.M. (1989), Die demographische Herausforderung, Das Gesundheitssystem angesichts einer veränderten Bevölkerungsstruktur, Schriftenreihe der Robert Bosch Stiftung, Band 23, Gerlingen

Finsterwald, D. (2004), Managed Care – Pionierland Schweiz, Schweizerische Gesellschaft für Gesundheitspolitik, No. 75, Bern

Fleßa, St. (2007), Gesundheitsökonomik, 2. Aufl., Berlin Heidelberg

FMH-Ärztestatistik (2003), Berufstätige Ärzte nach Fachgebiet

FMH-Ärztestatistik (2007), Berufstätige Ärzte nach Fachgebiet

Folland, S./Goodman, A. C./Stano, M. (2007), The Economics of Health and Health Care, 5th Ed., New Jersey

Fritsch, M./Wein, Th./Ewers, H.-J. (2007), Marktversagen und Wirtschaftspolitik, 7. Aufl., München

Göpffahrt, D. (2007), Theorie und Praxis des Risikostrukturausgleichs. Risk Adjustment in Theory and Practice, Gesundheitsökonomische Forschung in Deutschland, S. 485-501

Gottheil, F.M. (2009), Principles of Economics, 6. Aufl., Kentucky USA

Greiner, W. (1995), Die Messung indirekter Kosten in ökonomischen Evaluationsstudien am Beispiel krankheitsbedingter Produktivitätsverluste, Homo Oeconomicus 13, S. 167 – 188

Greß, S./Buchner, F./Wasem, J./Hessel, F. (2004), Grundbegriffe, Fragestellungen und Vorgehensweisen in der gesundheitsökonomischen Analyse, Vogel, H./Wasem, J. (Hrsg.), Gesundheitsökonomie in Psychotherapie und Psychatrie, Stuttgart 2004, S. 7-20

Grossmann, M. (2000), The Human Capital Model, Culyer, A.J./Newhouse, J.P. (eds.), Handbook of Health Economics, vol. 1, Amsterdam, S 347-407.

Güntert, B. (2008), Die Suche nach langfristig tragfähigen Optionen für das Gesundheits- und Sozialwesen. Was können die Wirtschaftswissenschaften beitragen?, in: Meggeneder, O. (Hrsg.), Investitionen in Gesundheit – Nutzen aus Gesundheit, Frankfurt a.M.

Habermann, G. (2005), Gesundheitswesen ohne Ökonomie?, Berlin

Hajen, L./Paetow, H./Schumacher, H. (2008), Gesundheitsökonomie: Strukturen – Methoden – Praxisbeispiel, 4. Aufl., Stuttgart

Hass, B. H./Jung, R. H./Simon, C. (Hrsg.) (2010), Management in regionalen Netzwerken, Aachen

Henke, K.-D. (1992), Financing a National Health Insurance, Health Policy, 20, S. 253-268

Henke, K.-D. (2007), Zur Dualität von GKV und PKV. The Future of Private and Public Health Insurance in Germany, Gesundheitsökonomische Forschung in Deutschland, S. 502-528

Henke, K.-D. (Hrsg.) (2007), Gesundheitsökonomie Health Economics, Stuttgart

Herder-Dorneich, Ph. (1994), Ökonomische Theorie des Gesundheitswesens: Problemgeschichte, Problembereiche, Theoretische Grundlagen, Baden-Baden

Hermes, H. (2002), Die Ökonomisierung des Gesundheitswesens – Begriff, Bedeutung, Folgen: Exemplarisch dargestellt am Beispiel der Wirtschaftlichkeitsproblematik des Krankenhauses als Medizinbetrieb, Osnabrück

Hofmarcher, M./Rack, H. (2006), Gesundheitssysteme im Wandel: Österreich, WHO Regionalbüro für Europa im Auftrag des Europäischen Observatoriums für Gesundheitssysteme und Gesundheitspolitik

Indra, P. (o.J.), Die Einführung der SwissDRGs in Schweizer Spitälern und ihre Auswirkungen auf das schweizerische Gesundheitswesen, Schriftenreihe der Schweizerischen Gesellschaft für Gesundheitspolitik No. 80, Zürich

KBV (2008), Grunddaten der Vertragsärztlichen Versorgung in Deutschland

Kerber, W. (2007), Wettbewerbspolitik, Apolte, Th./Bender, D./Berg, H./, Vahlens Kompendium der Wirtschaftstheorie und Wirtschaftspolitik, Band 2, 9. Aufl., München

Knieps, G. (2008), Wettbewerbsökonomie: Regulierungstheorie, Industrieökonomik, Wettbewerbspolitik, 3. Aufl, Berlin

Kocher, G. (2007), Gesundheitsausgaben: Schweiz wiederum im zweiten und dritten Rang, Schweizerische Ärztezeitung, Bern

Kocher, G./Oggier, W. (Hrsg.) (2004), Gesundheitswesen Schweiz 2004 – 2006: Eine aktuelle Übersicht, 2. Aufl., Bern

Kocher, G./Oggier, W. (Hrsg.) (2007), Gesundheitswesen Schweiz 2007 – 2009: Eine aktuelle Übersicht, 3. Aufl., Bern

Kongstvedt, P.R. (2008), Managed Care: What It IS and How It Works (Managed Health Care Handbook), 3. Aufl., Manchester

Kopetsch, Th. (2007), Studie zur Altersstruktur- und Arztzahlenentwicklung: Daten, Fakten, Trends, 4. Aufl., Berlin

Korzilius, H. (2008), Hausarztzentrierte Versorgung: Das verlagerte Monopol, Deutsches Ärzteblatt

Lampert, H./Althammer, J. (2004), Lehrbuch der Sozialpolitik, 8. Aufl., Berlin Heidelberg

Lauterbach, K. W./Schrappe, M. (2004), Gesundheitsökonomie, Qualitätsmanagement und Evidence-based Medicine, 2. Aufl., Stuttgart New York

Lauterbach, K.W./Stock, St./Brunner, H. (Hrsg.) (2006), Gesundheitsökonomie: Lehrbuch für Mediziner und andere Gesundheitsberufe, Bern

Luce, B.R./Elixhauser, A. (1990), Standards for the Socioeconomic Evaluation of Health Care Services, Berlin

Mankiw, N.G./Taylor, M.P. (2008), Grundzüge der Volkswirtschaftslehre, 4. Aufl., Stuttgart

Mehrez, A./Gafni, A. (1978), An empirical evaluation of two assessment methods of utility measurement for life years, Socio-Economic Planning Sciences 21/6, S. 371-375

Meißner, M./Heller, H.F. (2007), Public Privat Partnership – Ansätze im Krankenhaus, Kampe, D.M./Bächstädt, K.H., Die Zukunft der Krankenhausfinanzierung, Wegscheid

Mossalios, E./LeGrand, J. (eds.) (1999), Health Care and Cost Containment in the European Union, Aldershot

Mühlbacher, A. (2007), Die Ausgestaltung von Versorgungsverträgen: Eine vertragstheoretische Analyse. A Contract Theory Approach to Health Care Contracting, Gesundheitsökonomische Forschung in Deutschland, S. 765-786

Musgrave, R.A./Musgrave, P.B./Kullmer,L. (1994), Die öffentlichen Finanzen in Theorie und Praxis 1, 6. Aufl., Tübingen

Naumann, C. (2005), Tendenzen im österreichischen Gesundheitswesen, Referat, Gesundheitsworkshop der Rosa Luxemburg Stiftung, Berlin

Neubauer, G. (2007), Von der staatlichen Angebotsplanung zur wettbewerblichen Nachfragesteuerung, in: Kampe, D.M./Bächstädt, K.H., Die Zukunft der Krankenhausfinanzierung, Wegscheid

Noweski, M. (2008), Der Gesundheitsmarkt: Liberalisierung und Reregulierung als Resultat politischer Koalitionen, Berlin

OECD (1993), Health Systems. Facts and Trends, 1960-1991, Health Policy Studies 3, Paris

OECD (2004), OECD Health Data CD, Comparative analysis of 30 Countries, Version 3, Paris

OECD (2005 – 2010), Gesundheit auf einen Blick, Indikatoren

OECD (2010 a), Gesundheitsdaten 2010, Deutschland im Vergleich

OECD (2010 b), Gesundheitsdaten 2010, Die Schweiz im Vergleich

OECD (2010 c), Gesundheitsdaten 2010, Österreich im Vergleich

OECD (2010 d), Health Data 2010

Österreichische Krankenhauszeitung (ÖKZ) (2004), Chancen und Risiken von PPP-Modellen im Gesundheitswesen, 45. Jg.

Pföhler, W. (2008), Die künftige Krankenhauslandschaft – aus Sicht eines privaten Klinikbetreibers, Wettbewerb im Gesundheitswesen, Chancen und Grenzen, Bd. 57, Frankfurt

Pindyck, R.S./Rubinfeld, D.L. (2009), Mikroökonomie, 7. Aufl., München/Wien

Rice, Th. (2004), Stichwort: Gesundheitsökonomie. Eine kritische Auseinandersetzung, Bonn

Ried, W. (2007), Medizinisch-technischer Fortschritt und altersspezifische Gesundheitsausgaben. Medical Progress and Age-specific Expenditure on Health Care, Gesundheitsökonomische Forschung in Deutschland, S. 636-659

Rosner, P. G. (2003), The Economics of Social Policy, Cheltenham (UK) Northampton, MA (USA)

Sachverständigenrat (2007), Zur Begutachtung der Entwicklung im Gesundheitswesen: Kooperation und Verantwortung – Voraussetzungen einer zielorientierten Gesundheitsversorgung, Gutachten, Bonn

Santerre, R. E./Neun, S.P. (2007), Health Economics, 4th Ed., Mason (USA)

Santésuisse (o.J.), Qualitätssicherung – Die Schweizer Krankenversicherer

Santésuisse (o.J.), Spitalfinanzierung

Schöffski, O./Graf v.d. Schulenberg, J.-M. (Hrsg.) (2007), Gesundheitsökonomische Evaluationen, 3. Aufl., Berlin Heidelberg

Schrappe, M. (2005), Qualitätstransparenz – Qualitätsmanagement und Qualität im Wettbewerb, Klauber/Robra/Schellschmidt/Henner, Krankenhausreport 2004, Stuttgart

Schulenburg, J.-M. Graf v. d./Vauth, C. (2007), Nach welchen ökonomischen Methoden sollten Gesundheitsleistungen in Deutschland evaluiert werden? According to Which Economic Methods Should Health Care Services Become Evaluated in Germany, Gesundheitsökonomische Forschung in Deutschland, S. 787-805

Schulenburg, J.-M. Graf v.d. (2006), Herausforderungen der Gegenwart und Zukunft im Gesundheitswesen, Wettbewerb und Gesundheitswesen: Konzeption und Felder ordnungsökonomischen Wirkens, Festschrift für Peter Oberender zu seinem 65. Geburtstag, in: Daumann, F./Okruch, S./Mantzavinos, C. (Hrsg.), Budapest

Schulenburg, M. F., Graf v.d./Greiner, W. (2007), Gesundheitsökonomik, 2. Aufl., Tübingen

Schulz, N. (2003), Wettbewerbspolitik: Neue ökonomische Grundrisse, Tübingen

Schwartz, A. (1997), Informations- und Anreizprobleme im Krankenhaussektor: eine institutionenökonomische Analyse, Wiesbaden

Schweizerische Eidgenossenschaft (o.J.), Statistik der stationären Betriebe des Gesundheitswesens: Krankenhaustypologie

Seidel-Kwem, B. (2005), Gesundheitspolitik vor der entscheidenen Weichenstellung – Gestaltungsaufgabe für Medizin und Management, Eichhorn, P./Püttner, G., Zeitschrift für öffentliche und gemeinwirtschaftliche Unternehmen, Gesundheitsunternehmen im Umbruch, Baden-Baden

Siebert, H. (Hrsg.) (1996), Sozialpolitik im Transformationsprozess Mittel- und Osteuropas, Tübingen

Specke, H.K. (2008), Der Gesundheitsmarkt in Deutschland: Daten, Fakten, Akteure, 3. Aufl., Bern

Statistik Austria (o.J. a), Einrichtungen im Gesundheitswesen

Statistik Austria (o.J. b), Gesundheitsausgaben in Österreich

Statistik Austria (o.J. c), Personal im Gesundheitswesen, Berufsausübende Ärzte

Statistik Austria (2008), Volkswirtschaftliche Gesamtrechnungen, Gesundheitsausgaben in Österreich

Statistisches Bundesamt Deutschland (2008), Gesundheit Ausgaben 1995 – 2006, Wiesbaden

Stiglitz, J.E. (1985), Information and Economic Analysis – A Perspective, Economic Journal Suppl. 95, S. 21 – 41

Streissler, A. (2004), Das österreichische Gesundheitswesen: eine ökonomische Analyse aus interessenpolitischer Sicht, Materialien zu Wirtschaft und Gesellschaft Nr. 89, Wien

Tiepelmann, K./van der Beek, G. (1992), Theorie der Parafiski, Berlin

Tiepelmann, K./van der Beek, G. (1997), Politik der Parafiski – Intermediäre im Balanceakt zwischen Staats- und Bürgernähe, Hamburg

Troschke, J. v./Mühlbacher, A. (2005), Grundwissen Gesundheitsökonomie, Gesundheitssystem, Öffentliche Gesundheitspflege, Querschnittsbereiche Band 3, Bern

Varian, H.R. (2007), Grundzüge der Mikroökonomik, 7. Aufl., München Wien

Wasem, J./Hessel, F. (2000), Gesundheitsbezogene Lebensqualität und Gesundheitsökonomie, in: Ravens-Sieberer, U./Cieza, A. (Hrsg.): Lebensqualität und Gesundheitsökonomie in der Medizin. Konzepte, Methoden, Anwendung. Landsberg, S. 319-335.

Wasem, J. (2007), Die Weiterentwicklung des Risikostrukturausgleichs ab dem Jahr 2009, GGW, 7. Jg., S. 15 – 22

Weinstein, M.C. (1990), Principles of cost-effecticve fresource allocation in health care organizations, International Journal of technology Assessment in Health Care 6, S. 93 – 103.

Weiss, K.B./Sullivan, S.D. (1993), The Economic Costa of Asthma – A Review and Conceptual Model, Pharmaco Economics 4/1, S. 14 – 30

Wichmann, M. (2003), Managed Care: Grundlagen, internationale Erfahrungen und Umsetzung im deutschen Gesundheitssystem, Wiesbaden

Wille, E. (2002), Reformoptionen der Beitragsgestelung in der gesetzlichen Krankenversicherung, GGW, 2. Jg., S. 7 – 14

Wille, E. (Hrsg.) (1999), Zur Rolle des Wettbewerbs in der gesetzlichen Krankenversicherung, Baden-Baden

Wille, E./Knabner, K. (Hrsg.) (2008), Wettbewerb im Gesundheitswesen: Chancen und Grenzen, Band 57, Frankfurt

World Health Organisation (2000), The World Health Report, Geneva

World Health Organisation (2005), World Health Organisation, European Observatory on Health Care Systems, Health for all Database – HFA-DB.

Zimmermann, H./Henke, K.-D. (2009), Finanzwissenschaft, 10. Aufl., München

Zweifel, P. (2004), Was können wir vom Schweizer Gesundheitssystem lernen?, in: Wille, E./Albring, M. (Hrsg.), Paradigmenwechsel im Gesundheitswesen durch neue Versorgungsstrukturen, Frankfurt

Zweifel, P./Felder, S./Meier, M. (1997), Demographische Alterung und Gesundheitskosten: Eine Fehlinterpretation?, in: Oberender, P. (Hrsg.), Alter und Gesundheit, Baden-Baden

13   Stichwortverzeichnis